일제강점기 지방의회 회의록 번역·해제집 2

1920년대 강원·경상·황해 편

동국대학교 대외교류연구원 · 인간과미래연구소 번역해제집 012

일제강점기 지방의회 회의록 번역 · 해제집 2
1920년대 강원·경상·황해 편

초판 1쇄 발행 2024년 3월 31일

편역자 | 김윤정
펴낸이 | 윤관백
펴낸곳 | **ㅈ선인**

등 록 | 제5-77호(1998.11.4)
주 소 | 서울시 양천구 남부순환로 48길 1
전 화 | 02) 718-6252 / 6257
팩 스 | 02) 718-6253
E-mail | sunin72@chol.com

정가 32,000원
ISBN 979-11-6068-797-2 94910
ISBN 979-11-6068-795-8 (세트)

· 잘못된 책은 바꿔 드립니다.

이 저서는 2017년 대한민국 교육부와 한국학중앙연구원(한국학진흥사업단)을
통해 한국학 분야 토대연구지원사업의 지원을 받아 수행된 연구임
(AKS-2017-KFR-1230007).

동국대학교 대외교류연구원
인간과미래연구소 번역해제집 012

일제강점기 지방의회 회의록 번역 · 해제집 2

1920년대 강원·경상·황해 편

김 윤 정 편역

 선인

▌ 발간사 ▌

　이 책은 동국대학교 대외교류연구원이 한국학중앙연구원의 지원을 받아 2017년 9월부터 2020년 8월까지 진행한 〈일제강점기 '지방의회 회의록'의 수집·번역·해제·DB화〉 사업의 결과물을 간행한 것이다.

　우리나라에서 지방자치제도가 본격적으로 도입된 것은 1948년 대한민국 헌법에서 지방자치를 명시하고, 이듬해인 1949년 최초의 「지방자치법」이 제정되면서부터였다. 그러나 6·25전쟁의 발발로 1952년에 와서 비로소 최초의 지방의회가 구성되었다. 이후 1960년 4·19혁명과 함께 제2공화국이 수립되면서 장면 정부(1960~1961년)는 「지방자치법」을 개정하여 지방자치제를 실시하였으나, 1961년 군사 쿠데타로 집권한 박정희 군사정부는 지방의회를 해산하고 「지방자치에 관한 임시조치법」을 제정하여 「지방자치법」의 효력을 정지시켰다. 1972년 유신헌법은 지방의회의 구성을 조국의 통일 때까지 유예한다는 부칙 규정을 두었고, 1980년 헌법도 지방의회의 구성을 지방 자치 단체의 재정자립도를 감안하여 순차적으로 하되, 그 구성 시기는 법률로 정한다는 부칙조항을 두었다. 그러다 1987년 6월 항쟁으로 개헌이 이루어지면서 1987년 헌법에서야 비로소 지방의회의 구성에 관한 유예 규정이 삭제되었고, 1988년에는 「지방자치법」이 전면 개정되었다. 이에 따라 1991년 상반기 각급 지방의회가 구성되었고, 1995년 광역 및 기초단체장과 광역 및 기초의회 의원선거를 실시하게 되었다.

그러나 우리나라에 지방자치의 전신제도가 싹트기 시작한 것은 1895년 「향회조규」 및 「향약판무규정」이 시행되면서부터라고 할 수 있다. 이 조규와 규정은 지방 공공사무를 처리할 때 주민의 참정권·발언권을 인정한 획기적인 것이었으나, 1910년 이후 모두 소멸되었다.

근대적 의미의 지방자치제도가 불완전하나마 실시된 것은 일제가 식민지정책의 일환으로 1913년 10월에 제령(制令) 제7호로 부에 「부제(府制)」를, 제령 제8호로 재한 일본인의 교육을 위한 「학교조합령」을 제정하고, 1917년에 제령 제1호로서 「면제(面制)」를 공포·시행하면서부터였다. 또한 일제는 1920년 제령 제15호로 「도지방비령(道地方費令)」, 제령 제14호로 「학교비령(學校費令)」을 제정·시행하였는데, 학교조합을 제외하고 의회는 없었고, 자문기관만이 있었으나, 그 심의사항도 극히 제한되었다.

그 후 1931년 「부제」·「읍면제」·「학교비령」의 개정 및 「학교조합령」의 개정이 있었고, 「도제(道制)」 등이 제령 제13호 내지 제15호로 공포되어 「부제」와 「읍면제」는 1931년 4월부터, 「도제」는 1933년 4월부터 시행되었다.

도·부·읍의 조직은 의결기관과 집행기관으로 구분되었는데, 의결기관으로는 도회(道會)·부회(府會)·읍회가 있었고, 그 의장은 각각 도지사·부윤(府尹)·읍장이 맡았다. 의결기관이라고는 하나 자문기관의 지위를 겨우 면한 정도였고, 권한도 도정 전반이 아니라 법령에 열거된 사항에 한정되었다.

식민지 시기에 실시된 '지방의원'의 선거는 일정액 이상의 세금을 납부한 자에 대해서만 투표권을 부여하였기에 그 요건을 충족하는 부유층, 일본인, 지역 유지만 참가할 수 있는 불공평한 선거였다. 그나마 식민지 시기의 종식과 함께 일제 강점기의 지방의회제도는 역사에서 삭제되었고, 국민으로부터도 외면당하였다. 일제에 의하여 도입·시행된 지방의회제도에 어떤 식으로든 참여하였다는 것은 일제 통치에 '협력'하였음을 의미할 수 있으므로, 드러낼 수 없는 수치스러운 과거로 인식되었기 때문이다. 이로 인하여 상당 기간 이 분야의 연구는 진척되지 못하였고, 역사의 공백기로 방치되어 있었다.

그러나 식민지기 '지방의회' 연구는 다음과 같은 이유로 볼 때 학문적 가치가 높다 할 것이다. 첫째, 일제 강점기 지방의회에 참여한 '지역 엘리트'는 해방 후에도 지방의회에 참여하여 일제 시대의 지방의회 제도를 상당 부분 계승하였기에, 일제 강점기 지방의회 제도의 연구는 해방 전후 지역사를 탐색하기 위한 필수적인 작업이 될 수밖에 없다. 둘째, 일제 시대의 '지방의회'는 '식민지적 근대'가 집약되고 농축되어 있는 대표적 영역 중의 하나다. 전근대부터 형성된 사회관계의 동태적인 지속과, 근대의 불균등성 및 모순과 대립이 고스란히 '지방의회'를 둘러싼 지방 정치에 녹아있기 때문이다. 셋째, 회의록에 담긴 내용은 그 시기 그 지역 주민들의 삶을 고스란히 보여주고 있다는 점에서 일제 강점기 '민초'들의 일상을 엿볼 수 있는 귀중한 자료가 된다.

특히 지방의회 회의록은 지방행정 실태와 지역 권력 구조의 실상을 밝히는 데 필수적 자료라고 할 수 있다. 지방의회는 그 지역의 산업·경제, 문화, 환경, 관습, 제도, 지역민의 욕구, 취향 등 지역민의 생활과 직결된 다양한 영역이 총체적으로 동원된 네트워크였다. 지방의회는 그 지역의 역사적 고유성과 차별성이 빚어낸 집단적 사고방식, 생활습관 등에 따라 매우 다양하게 운영되었는데, 지역의 역동성을 가장 실체적으로 드러내는 자료는 지방의회 회의록이다. 그럼에도 불구하고 그동안 이 귀중한 문헌이 제대로 활용되지 못한 이유는, 회의록이 국가기록원의 방대한 자료 속에 산재해있어 접근이 용이하지 못했기 때문이다.

본 연구팀은 이에 착안하여 국가기록원 문서군에 흩어져있는 지방
의회 회의록 약 5천 건을 추출하여 연도별, 지역별, 행정단위별 등 여
러 범주에 따라 분류 가능하도록 체계화하였다. 그리고 회의에서 다
룬 의안과 회의 참석 의원, 결석 의원, 참여직원, 서명자, 키워드 등을
DB화하였다. 또한 회의록 중 지역사회에 파장을 가져오거나 이슈가
되었던 사안과, 그 지역의 장소성을 잘 보여주는 회의록, 일제의 지방
정책의 특성이 잘 나타나는 회의록 등을 선별하여 번역·해제하였다.
이로써 기존 연구에서 부분적으로 활용되던 지방의회 회의록을 종합
하여, 지역의 정치·경제·문화·사회운동·일상 등 모든 분야에 걸친 식
민지 사회 연구의 토대 조성에 일조하고자 하였다.

연구대상의 시기는 일제 통치방식의 변화가 지방의회에 미친 영향을
고려하여 1920년대(1기), 1930~1937년 중일전쟁 이전까지(2기), 1937~
1945년 해방까지(3기)의 기간으로 구분하였다. 1시기는 1920년 부제와
면제시행규칙 등 지방제도가 개정된 후 도평의회가 설치되고 부협의회
와 면협의회 선거를 실시하기 시작한 시기이다. 2시기는 1930년 개정된
지방제도로 도평의회가 도회로 개정되고 부회와 읍회가 자문기관이 아
닌 의결기관이 된 시기이다. 3시기는 중일전쟁 이후 사회 각 전반에서
통제정책이 시행되고 지역 사회의 공론장이 위축되며 지방 참정권이
극도로 제한된 시기를 포괄한다. 총 9권으로 이루어진 이 총서의 1~3권
은 1시기에 해당하며, 4~6권은 2시기, 7~9권은 3시기에 해당한다.

이 총서는 연구팀이 수행한 번역과 해제를 선별하여 경기·함경, 강
원·경상·황해, 전라·충청·평안 등 지역별로 나누어 각 권을 배치하였
다. 물론 방대한 회의록 중 이 총서가 포괄하는 분량은 매우 적다 할
수 있다. 그러나 가능한 도·부·읍·면 등 행정단위와 지리적·산업적 특
성, 민족적·계층별 분포에 따라 다양한 범주를 설정하여 회의록의 선

택과 집중에 힘썼기에, 각 도와 도 사이의 비교나 도의 하위에 포괄되는 여러 행정단위의 공통점과 차이점을 간파하는 데 도움이 될 것으로 기대한다. 특히 지역의 다층적 구조 속에서 '근대적'이고 '식민주의적'인 요소가 동시대에 어떻게 병존하는지, 그 관계성의 양상이 지역의 역사지리적 특성에 따라 어떻게 다르게 전승되는지를 파악하는 데 도움이 될 것이라 생각한다. 총서뿐 아니라 지방의회 회의록을 체계적으로 분류하고 집대성한 성과는 앞으로 식민지시기에 대해 보다 폭넓고 심도깊은 연구를 추동할 수 있으리라 믿는다.

이 총서가 간행되기까지 많은 분들이 도움을 주셨다. 먼저 지방의회 회의록 번역과 해제 작업이 전면적으로 이루어질 수 있도록 연구비를 지원해준 한국학중앙연구원과, 연구팀을 항상 격려해주신 동국대학교 전 대외교류연구원 고재석 원장님과 현 박명호 원장님께 감사드린다. 연구팀의 출발이 가능하도록 지원해주신 하원호 부원장님께 특히 감사의 마음을 전하고 싶다. 그리고 연구의 방향성 설정과 자료의 선택에 아낌없는 자문을 해주신 국민대학교 김동명 교수님, 동아대학교 전성현 교수님, 공주교육대학교 최병택 교수님께 감사드린다. 또한 연구팀의 원활한 운영을 위해 최선을 다해주신 국사편찬위원회 박광명 박사님과 독립운동사연구소 김항기 박사님, 그리고 동북아역사재단 박정애 박사님께도 감사드린다. 시장성이 적음에도 흔쾌히 출판에 응해주신 선인출판사 여러분께도 감사드리고 싶다. 끝으로 지리한 작업을 묵묵히 진행한 총서 간행위원회에 몸담은 모든 연구자 여러분께 우정의 마음을 전한다.

2024년 3월
연구책임자 동국대학교 조성혜

▌ 머리말 ▐

이 책은 동국대학교 대외교류연구원에서 한국학중앙연구원의 2017년도 한국학분야 토대연구지원사업으로서 진행한 '일제강점기 지방의회 회의록의 수집·번역·해제·DB화'사업의 결과물 중, 1920년대 강원·경상·황해 지역의 회의록을 선별하여 번역 해제한 것이다.

최근 지방의회에 대한 연구는 지배정책사 또는 통치사 영역에서 벗어나 일제의 식민지 지배가 지역에 어떻게 파급되는지 구조적으로 밝히고 식민지하의 사람들이 어떠한 대응을 보였는가에 착목하고 있다. 지방의회에 대한 대체적인 시각, 즉 제도 운영에서의 민족적 차별, '의회' 자체의 기만성, 친일세력 육성을 위한 총독부의 공작이라는 평가 속에, 그동안 묻혔던 지역민의 행위를 살펴보려는 시도라는 점에서 의미가 크다.

그러나 자칫하면 일제가 주도한 '근대적' 정책에 대한 지역의 '수용' 또는 '저항'이라는 도식에 빠질 위험성도 있다. 이를 넘어서기 위해서는 그 지역의 역사지리적 특성의 전승을 주목하고, 현재적 관점에서의 재단을 지양하며, 가능한 한 지역 주민의 관점에서 그들의 목소리가 무엇이었는지를 드러내는 작업이 중요하다.

또한 지역 내에서 하나의 층위에 착목하는 것이 아닌 다층적으로 구성된 구조를 시야에 넣을 필요가 있다. 지역은 중앙의 관점에서 보면 지배를 당하는 입장이지만, 그 지역이라는 주변부에서도 중심이 있고, 그 중심이 또 주변부를 지배하면서 서로 중첩되어 연결되어 있다. 하나의 시기 특정한 사안에 대해서도 부회와 부회, 부회와 읍회, 읍회와 면협의회, 또 면협의회끼리도 상호 경쟁하기도 하고 결착하기도 한다. 그 양상은 그 지역 또는 행정단위가 전근대시기부터 경험한 문화의 총체와 장소성에 따라 진행된다. 한국의 지역사회가 의회라는 '근대적' 요소를 접했을 때, 어떠한 위치 관계 속에서 어떤 경험을 했는가, 그 경험에 식민주의는 어떠한 흔적을 남겼는가, 그 상황을 총체적으로 파악하기 위해서는 공시적(共示的)으로 단면을 잘라내어 이질적인 요소들이 동시대적으로 병존하는 모습과 그 관계성을 살펴볼 필요가 있다.

이러한 의미에서 일제강점기 전 시기와 전 지역에 걸친 도·부·지정면(읍)의 회의록에 대해 전면적인 데이터베이스 작업과 번역.해제를 진행한 본 연구팀의 작업은, 향후 도-부-읍·면 등 각 단위의 유기적 관련성을 밝히고 지방의회의 전체적인 모습을 규명하는 데 작지 않은 토대가 될 것으로 기대한다. 방대한 회의록 중 이 총서에 실린 회의록은 극히 일부분이나, 회의록에 담긴 내용을 앞으로 식민지시기 연구에 어떻게 활용할 것인지에 대한 구상과 실마리를 제공할 것으로 믿는다.

이 책은 1920년대 강원·경상·황해 지역을 시공간적 대상으로 한다. 1920년대는 개조와 계몽의 시대였고 서구적 의회주의의 모델이 소개되는 시기였다. 일본이 1926년부터 보통선거제도를 도입하면서 납세액으로 선거권과 피선거권을 제한한 규정을 폐지하면서도 식민지 조선에서는 제한선거를 유지한 것은, 기만적인 '지방자치'에 대한 폭로와 공격을 더욱 자극하였다. 그러나 지역민들은 단순히 비판에만 머물지 않고 오히려 적극 여기에 개입함으로써, 제한적인 '의회'라는 공론장을 민의를 관철하고 이익을 수호하기 위한 통로로 만드는 능동성과 기민성을 발휘했다.

이 책은 도평의회, 부협의회, 지정면협의회로 장을 구분했고, 장 아래에 지역별로 각 회의록을 배치했다. 1928년 2월 17일 강원도평의회 회의록에서는 '천황의 시혜'로 내려진 임시은사금이 식민지 통치에 필요한 행정비로 전환해버리는 과정을 확인할 수 있다. 1927년 2월 21일 경상남도 도평의회 회의록에서는 통영의 태합굴 굴착공사에 국비를 보조하는 것에 대한 마산, 창원 등 다른 지역의원들의 반발을 볼 수 있고, 일제의 식민지배정책에서 태합굴 굴착이 갖는 의미가 무엇인지를 엿보게 한다. 1925년 12월 경북도평의회 회의록에서는 총독부의 가옥세·호세 등 과세정책의 불균형과 모순을 볼 수 있다.

대구부협의회 회의록에서는 대구 부영 버스 초창기의 제도 시행 준비 상황을 자세히 알 수 있다. 마산부협의회 회의록은 조선인과 일본인의 민족 갈등이 컸던 마산 지역의 특성과 함께 부당국과 협의회원 간의 마찰이 잘 드러난다. 부산부협의회 회의록의 경우 전기부영기성회가 설립되기 전후의 부협의회원들의 동향과, 전기부영운동의 정점이었던 1929년 상황을 포착하는 데 도움을 준다.

면협의회 회의록으로는 강릉, 김천, 동래, 밀양, 상주, 진주, 통영면의 회의록을 실었다. 밀양면의 경우 1928년 제방공사를 둘러싸고 공사에 수반하는 퇴거자들의 이주비 문제와 화장장 위치 선정 문제 등이 주목할 만하다. 상주면협의회 회의록에서는 면민 전체가 나선 일본인 면장 배척운동에 대한 협의회원들의 입장과 태도가 드러난다. 통영면협의회 회의록에서는 태합굴 굴착공사로 인해 면 재정이 악화되면서 정작 통영 내에서 더 시급한 시구 개정이나 도로 개수 등이 부차적 문제로 밀리는 상황을 잘 파악할 수 있다.

　지방의회 회의록은 방대한 총독부 지방행정 기록물의 극히 일부분에 불과하다. 어쩌면 회의록보다 더욱 중요한 것은, 그 회의에 상정하는 의안을 도출하기 위해 생산된 다양한 보고서와 도면, 통계, 의견서 등일 것이다. 회의록에 대한 면밀한 이해는 이러한 기록물을 총체적으로 파악하는 데서 가능하다. 겉으로는 의미없어 보이는 기록물이라도 다각도로 관찰하여 역사적 관계망을 추출한다면 식민지기 지역민의 실제적인 삶을 생생히 그려낼 수 있다. 우리의 작업과 이 작은 책이, 앞으로 지방행정 기록물의 효과적 활용에 조금이라도 기여할 수 있기를 희망한다.

▌ 목차 ▐

Ⅰ. 도평의회 회의록

II. 부협의회 회의록

Ⅲ. 면협의회 회의록

I
도평의회 회의록

1. 강원도평의회 회의록

1) 제8회 강원도평의회 회의록 초록(1928년 2월 17일)

항 목	내 용
문 서 제 목	第8回江原道評議會會議錄 抄錄
회 의 일	19280217
의 장	유성준(俞星濬, 강원도지사)
출 석 의 원	심의춘(沈宜春)(원주)(1), 이근우(李根宇)(강릉)(2), 이동근(李東根)(춘천)(3), 이희영(李喜永)(금화)(4), 植村多助(원주)(5), 조기환(曹琦煥)(강릉)(6), 具沿彌藏(철원)(7), 엄달환(嚴達煥)(영월)(8), 장명준(張明俊)(고성)(9), 김학식(金鶴植)(평강)(10), 이창엽(李昌燁)(이천)(11), 오지묵(吳之默)(횡성)(12), 김동화(金東和)(화천)(13), 이종형(李鍾衡)(인제)(14), 송성순(宋聲淳)(회양)(15), 田中鶴一(강릉)(16), 김용철(金容哲)(홍천)(17), 염진익(廉震翼)(양구)(18), 이인용(李寅鎔)(평강)(19), 최돈상(崔敦尙)(정선)(20), 장석균(張錫均)(울진)(21), 남상학(南相鶴)(춘천)(22), 김기옥(金基玉)(금화)(23), 村上九八郎(춘천)(24), 박상희(朴祥喜)(양양)(25), 김부영(金釜英)(삼척)(26), 狹場順一郞(양양)(27), 박보양(朴普陽)(철원)(28), 정한기(鄭僴基)(평창)(29), 석종하(石鍾夏)(통천)(30), 고운하(高運河)(철원)(31)
결 석 의 원	
참 여 직 원	도 세무과장, 도 내무부장, 도 지방과장 등
회 의 서 기	
회 의 서 명 자 (검 수 자)	
의 안	자문 제7호 강원도지방세부과규칙 개정의 건 8호 1928년도 강원도지방비 기채 건 9호 1927~1929년도 강원도지방비 정라항(汀羅港) 수축공사 계속비 연기(年期) 및 지출방법 변경의 건
문서번호(ID)	CJA0002632
철 명	도지방비기채의무부담계속비소방비부담에관한철
건 명	도지방비기채의건(강원도지사)(강원도평의회회의록첨부)
면 수	4

회의록시작페이지	608
회의록끝페이지	611
설　명　문	국가기록원 소장 '도지방비기채의무부담계속비소방비부담에 관한철', '도지방비기채의건(강원도지사)(강원도평의회회의록첨부)'에 실려 있는 1928년 제8회 강원도평의회 회의록 초록

해 제

　　1928년 2월 강원도평의회 회의록으로, 자문안 7~9호 관련 내용만을 중심으로 발췌해놓은 초록이며 날짜나 참가자 이름 등이 나오지 않는 다. 그러나 당시 신문기사를 보면 정확한 날짜와 의원의 석차순 명단, 의안 전체의 내용을 알 수 있다.[1] 또한 기록철에서 회의록 앞뒤 문서 를 보면 보다 자세한 사항을 알 수 있다.

　　1928년 2월 강원도평의회는 2월 10일에 시작하여 11·12일은 휴식하 고 13일이 제2일, 14일이 제3일, 17일이 제4일, 19일이 최종일이었다. 이 중 이 회의록은 2월 17일 제4일의 일부이다. 이날은 제1~3일의 논 전을 끝내고 예산편성안 전부를 일괄해서 채결하였다. 제2호 자문안 강원도지방비 은급특별회계 세입세출예산안, 3호 강원도지방비 아동 장학금특별회계세입세출예산을 심의에 부쳐 지방과장이 설명하고 전 원 가결했다. 다음으로 자문안 제4호 1927년도 강원도지방비세입세출 예산추가경정, 5호 1927년도 강원도지방비은급특별회계세입세출예산 추가경정, 6호 1927년도 강원도지방비아동장학자금특별회계세입세출 예산추가경정 건을 일괄해서 만장일치로 가결했다. 다음으로 자문안 제7호 강원도지방세부과규칙개정, 8호 1928년도 강원도지방비기채, 9호

---

1) 「江原道評議會-第一日」, 『京城日報』, 1928.2.13., 3면.

1927~1929년도 강원도지방비 정라항수축공사 계속연기 및 지출방법 변경 건을 일괄해서 심의에 부친 결과 독회를 생략하고 원안을 가결했다. 그리고 제시안(提示案) 1호~9호는 서면으로 참조하고 다음날인 19일에 처리하기로 하고 건의위원을 지명한 후 폐회했다.[2]

이 회의록의 내용은 종래 지방비의 수산비에 어업자에게 줄 대부금을 계상했던 것을, 은행에 예치해둔 은사금 일부를 빌리는 방식으로 바꾼다는 것이다. 그리고 은사금을 빌린 것에 대한 이자는 지방비에서 지출하는 것이 아니라, 어업자금을 받은 조합이나 계가 지방비에 기부를 하는 식으로 충당한다는 내용이다. 이는 지방비에 여유를 만들어 다른 사업으로 자금을 돌리려는 도당국의 의도였다. 소어업자의 자금난을 완화하고 어선이나 어구의 개량 보급을 도모하기 위해 임시은사금에서 차입한다는, 명목상은 기채이지만 실제로는 도에서 저리자금의 융통을 중개하는 것이었다.

임시은사금은 강점 당시인 1910년 10월 8일부로 총 3,000만 원이 '천황의 시혜'로 책정된 것이고 그 중 지방은사금으로 1,739만 8,000원이 지방별로 인구비례에 따라 분배되었다. 공채로 배부된 것이라서 직접 사용할 수 없었고 원본공채의 5% 이자를 기금이자로 하여 현금으로 받아서 흉겸(凶歉)구제비나 교육비, 수산비 등으로 사용하도록 했다. 총독부는 1917년 이후에는 지방은사금에 대해 종래의 독자적 회계를 종식하고 지방비 회계에 편입하여 사용하였다. 이후 은사금은 점차

---

[2] 「江原道評議會-第八日午後續き」, 『京城日報』, 1928.2.23., 8면. 제시안은 다음과 같다. 1.1926년도 강원도지방비 세입세출결산, 2.1926년도 강원도지방비 은급특별회계 세입세출결산, 3.1926년도 강원도지방비 아동장학자금 특별회계 세입세출결산, 4.1926년 강원도지방비 세입세출예산 추가경정, 5.1927년도 강원도지방비예산 추가경정, 6.강원도 부동산취득세 부과규칙 개정, 7.가마니검사규칙 시행규칙, 8.공립중학교 수험수수료에 관한 건, 9.강원도 공립학교 수업료 규칙 개정 건.

식민지 통치에 필요한 행정비 등으로 전환해갔다.[3] 이 회의록은 은사금이 강원도지방비에서 어떻게 쓰이고 있는지 그 과정을 보여주는 것이라 할 수 있다.

도평의회의 가결을 얻어 강원도지사는 총독부에 도지방비기채인가신청을 했으나(강지제(江地第)43호, 1928년 2월 25일) 기채의 타당성에 대해 재고를 바란다는 말과 함께 반려되었다(도지방비기채건 통첩안, 1928년 3월 6일). 이후 다시 강원도지사는 기채인가신청을 했고(도지방비기채의 건, 1928년 6월 11일) 이는 결국 인가되기는 했으나 총독부 내무국이 지적한 사항은 다음과 같다. 어업조합이 기부라는 명목 하에 이자를 도지방비에 제공하는 것은 명분을 호도하는 것이며 은사·수산사업으로서는 적절하지 않다는 것이다. 즉 기부금 명의를 빌어 이자를 징수하는 것의 타당성을 지적하면서, 임시은사금에 대한 이자를 도지방비가 부담하거나, 또는 순연한 도지방비사업으로 하여 정정당당하게 이자를 징수하라는 통첩을 하고 있다.[4]

내 용

의장 : 자문안 제7호, 제8호, 제9호를 일괄해서 부의하겠습니다. 참여원이 설명드리겠습니다.

참여원(세무과장) : 자문 제7호에 대해 설명하겠습니다. (설명 별책: 원문)

---

[3] 김인호, 「일제강점기 경기도 배당 임시은사금의 지방비 전환에 관한 연구」, 『한국민족운동사연구』 102, 2020, 253~254쪽.

[4] 조선총독부 내무국, 〈도지방비기채건 인가안〉 1928.6.14., 「도지방비기채의건(강원도지사)(강원도평의회회의록첨부)」, 『도지방비기채의무부담계속비소방비부담에관한철』, 1928, 국가기록원, CJA0002632.

참여원(내무부장) : 자문 제8호 강원도지방비기채 건에 대해 설명드리겠습니다. 우선 첫째, 지방비가 극히 빈약해서 매년 세입의 예상을 보면 1년에 대체로 1만 원 정도의 증가밖에 기대할 수 없습니다. 둘째, 어업자가 어업자금에 곤란이 있다는 점입니다. 어업조합이 금융조합연합회에 가입하여 어업자금 융통을 받는 길은 열려있지만 아직 그것만으로는 불충분합니다. 또 어업조합이 만들어지지 않은 지방에 어업계가 어업조합으로 되기까지에는 상당한 시일이 걸릴 것이라 생각합니다. 이러한 이유로 어업자를 보호하기 위해 종래 지방비에서, 예를 들면 1927년 예산의 세출임시부 제4관 수산비 내에 어업자금 대부금 5,442원을 계상했습니다. 이는 지방비에서 나온 것입니다. 그러나 지방비로써 계획할 사업이 사회의 발달에 따라 점점 많아지므로, 뭔가 다른 방면에서 융통해서 빈약한 지방비를 보조하자는 생각입니다. 이 생각은 단지 수산 즉 어업 장려나 발전에만 국한된 것이 아닙니다. 어업자금으로서 대부하고 있었던 것을, 지방비에 여유가 있으면 그 여유분을 다른 지방비 사업에 돌릴 수 있도록 하자는 것입니다. 그 하나의 방법으로서 은행에 예치해둔 은사금 일부를 지방비가 빌려서 싼 이자로 융통해보려고 생각한 것입니다. 지방비가 이자를 취하는 것은 그다지 좋지 않으니까, 이미 가결한 1928년도 세입임시부 제3관 기부금 내에 어업자금 지정기부금을 설치하여 600원을 계상해두었습니다. 그것은 이 어업자금을 빌려준 조합 또는 계가 지방비에 기부를 하는 식으로 한 것입니다. 지방비가 은사금을 빌리면 이자를 지불할 필요가 있으므로, 그 재원을 이 기부금에 의한다는 원리입니다. 지방비는 실제로는 돈을 부담하지 않습니다. 여기 계상한 9,000원이 어구를 구입하는 소어업자를 위한 장려자금으로 되는 것이므로, 지방비는 단지 중개하는 것만으로 어업 발달의 목적을 달성하고자 하는 것입니다. 이건 상당히 지혜를 짜낸 것으로, 은사금이 많으면 3만 원, 5만 원이라도 융통하고 싶지만 단지 지금 상황으로는 그렇게는 불가능하므로, 융통할 수 있는 한도에서 이러한 방법을 강구한 것입니다. 명목은 기채이지만 내용은 이러하고, 저리자금의 융통으로 된 것입니다.

참여원(지방과장) : 자문안 제9호 1927년도부터 1928년도에 이르는 강원도지방비 정라항(汀羅港)[5] 수축공사계속비 연기(年期) 및 지출방법 변경의 건은, 정라항에 14만 원을 지출할 것이 국고보조 감액의 결과 변경된 것입니다.

의장 : 자문 제7호, 제8호, 제9호는 독회를 생략하고자 합니다. 이의 없습니까?

22번(남상학(南相鶴)) : 강원도지방비기채 시기 1928년도 9,000원 이내라고 되어 있는데 문구가 애매하니 설명해주십시오.

19번(이인용(李寅鎔)) : 독회를 생략하면 어떠냐고 선언이 있었으니 우선 그것부터 정해서 논쟁이 없도록 하는 게 좋겠습니다.

의장 : 독회를 생략하는데 이의 없습니까?

("이의 없음")

의장 : 이의가 없으니 그렇게 하겠습니다.

원안에 찬성하는 분은 기립해주십시오.

(기립자 27명)

의장 : 다수로 가결했습니다.

---

5) 현재 삼척항.

2. 경남도평의회 회의록

1) 제8회 경상남도평의회 회의록 발췌 (1927년 2월 21일)

항 목	내 용
문 서 제 목	第八回慶尙南道道評議會會議錄拔萃
회 의 일	19270221
의 장	和田純(경상남도지사)
출 석 의 원	이은우(李恩雨)(1), 김치수(金治洙)(2), 김경엽(金璟燁)(3), 장응상(張鷹相)(4), 김기정(金淇正)(5), 大池忠助(6), 香椎源太郎(7), 문상우(文尙宇)(8), 김성진(金聲振)(9), 이곤녕(李坤寧)(10), 김경진(金慶鎭)(11), 허종길(許宗吉)(12), 최정철(崔定喆)(13), 武久捨吉(14), 上原三四郎(15), 조용복(趙鏞濮)(16), 정진기(鄭震基)(17), 松尾重信(18), 안무상(安武商)(19), 김채환(金采煥)(20), 손병국(孫炳國)(21), 김두찬(金斗贊)(22), 服部源太郎(23), 김기태(金琪邰)(24), 민우식(閔雨植)(25), 윤병호(尹炳浩)(26), 以後淸藏(27), 정종상(鄭宗相)(28), 이윤영(李允榮)(29), 탁정한(卓正漢)(30), 弘淸三(31), 中部幾次郎(32), 정순현(鄭淳賢)(33)
결 석 의 원	
참 여 직 원	심환진(沈晥鎭)(참여관), 松井房次郎(내무부장), 阿部千一(재무부장), 村山沼太郎(경찰부장), 小林博(관방주사), 兵頭儁(지방과장), 김동준(金東準)(학무과장), 關谷金一(토목과장), 齋藤賢治(도기사), 坂垣豊(도산업기사), 井上貞一郎(도속), 鈴木重名(도속), 中島恭一(도속), 河西次男(도속), 宮川長助(도속), 上山雄次郎(산업기수)
회 의 서 기	
회 의 서 명 자 (검 수 자)	문상우(文尙宇)(8), 武久捨吉(14)
의 안	자문안 제1호 토목비 경상부 임시부
문 서 번 호 (ID)	CJA0013799
철 명	태합굴착국고보조공사의건철
건 명	태합굴굴착공사의건(제8회도평의회회의록첨부)
면 수	12
회의록시작페이지	480

회의록끝페이지	491
설 명 문	국가기록원 소장 '태합굴착국고보조공사의건철'의 '태합굴굴착공사의건'에 포함된 1927년 2월 21일 경상남도 도평의회 회의록 발췌

해 제

본 회의록은 국가기록원 소장 '태합굴착국고보조공사의건철'의 '태합굴굴착공사의건'에 포함된 1927년 2월 21일 경상남도 도평의회 회의록(제3일) 발췌이다. 토목비 경상부 임시부에 대한 논의로, 주로 태합굴 공사비에 관련하여 논의하고 있다. 태합굴은 통영반도와 미륵도를 연결하기 위해 1933년 이 해협을 파 길을 낸 것이다. 당시 '태합굴(太閤堀) 굴착공사'라는 말이 회자됐고, 개통과 함께 '태합굴(太閤堀) 해저도로'라는 이름이 붙었다. '태합(太閤)'은 일본에서 섭정(攝政)·관백(關白) 등의 관직을 자식에게 물려주는 사람의 호칭으로, 대표적으로 임진왜란을 일으킨 도요토미 히데요시를 이른다고도 한다.

태합굴 공사는 이미 1924년 총독부 예산안에 공사비 반액인 25만 원을 계상하였으나 도쿄대지진 후 재정 긴축 방침 때문에 삭감되었는데 통영에서 서상권(徐相權) 등이 경성으로 가서 시모오카(下岡) 정무총감 등을 만난 결과, 총 공비 50만 원 중 25만 원은 국고로 보조하되 1925년도부터 매년 5만 원씩 5년간 계속 보조하기로 결정되었고, 나머지 15만 원은 경상남도 지방비와 통영면비에서 각각 반액씩 부담하기로 되었다.[6]

---

6) 『동아일보』, 1924.7.31.

태합굴 항로 굴착공사 기공식은 1928년 6월 26일 통영 서항(西港) 매립지에서 거행되었다. 태합굴은 통영반도 남단과 미륵도 사이의 폭 5~10미터, 수심은 만조 때 1미터 내외에 불과하고 하루 중 대부분은 해저가 노출하여 보통 선박은 통항할 수 있는 시간이 매우 한정적이고, 대개는 어쩔 수 없이 미륵도의 남단을 멀리 우회 항행하여 시간과 연료 등의 손해가 컸다. 부근에 어장이 많아도 해협 통항이 여의치 않아 출어의 기회를 넘기고, 또 어획물을 신속하게 시장으로 운반하기 힘들었기 때문에 항로를 단축할 수 있는 태합굴 공사가 가져올 경제적 효과가 기대되었다.[7]

그러나 회의 내용에서 보듯이 국비 보조를 둘러싸고 마산, 창원 등 다른 지역의 의원들의 반발이 꽤 컸고, 통영 내에서도 긴급한 시설이 무엇인가에 대해서 갑론을박이 있었다. 1931년 1월 동아일보의 〈주요 도시 순회좌담〉 통영 편에서는 지역 유지들이 원하는 것은 해상 교통보다 열악한 육상교통의 발전을 기하는 것, 그리고 철도부설이나 태합굴 공사보다 자동차 도로조차 없는 시구 개정이 더 시급하다고 지적하는 것을 볼 수 있다. 면 경비로써 시구개정을 실시한다고 7,8년 전부터 이야기만 있을 뿐 실시되지는 않고 그 면 경비가 태합굴 공사에 투여되는 것에 대한 비판이라고 볼 수 있다.[8]

내 용

〈제3일 - 1927년 2월 21일〉

의장(지사) : 개회하겠습니다. 오늘 출석자는 26명, 결석자는 7명입니

---

[7] 『동아일보』 1928.5.27.
[8] 『동아일보』 1931.3.20.

다. 오늘 회의록 서명은 8번과 14번에게 부탁드리겠습니다. 오늘은 제1호 자문안 토목비 경상부 임시부를 통틀어 토목에 관한 사항을 모두 포함해서 진행하겠습니다. 참여원이 설명을 드리겠습니다.

번외(마쓰이 후사지로(松井房次郎) 내무부장) : 토목비에 대해 대체적인 설명을 드리겠습니다.(중략-원문) 태합굴 공사는 상당히 이전부터 논의가 시작된 것이고 최근의 문제가 아닙니다. 여기에 들어갈 재정은 첫째 국비의 보조를 전제로 하며 지금까지 보조가 없어서 연기되어 왔습니다만, 올해는 차츰 총독부가 이를 인정하고 있습니다. 실제로 지역을 가보면 금방 상황을 알 수 있으므로 저는 여기서 여러 말씀을 드리지 않겠으나, 올해 실시되지 않으면 시기를 놓치므로 본 공사를 시작하고자 합니다. 물론 이는 국비 지방비 지역사업입니다. 대체적인 요점을 설명드렸습니다.

(이때 6번 의원 오이케 추스케(大池忠助) 출석함)

17번(정진기(鄭震基)) : 합천의 1,2,3등 도로는 대체로 개수되었다고 생각하지만 경상남도 산업 개발은 대구부터 전남으로 통하는 철도의 실시 여하에 크게 영향을 받습니다. 그 실시 기한은 언제쯤입니까? 1,2,3등 도로뿐 아니라 등외도로도 상당히 개수되어야 하는 상태인데 이는 지방의 부담이니 지방비와는 직접 관계가 없습니다만, 부유한 부락은 공사비와 부역이 가능해도, 가난한 면은 부역은 가능하지만 공사비를 지출할 능력은 없습니다. 등외도로 개수비에 대해 지방비에서 보조가 있는 모양이지만 이는 사실 면 경비에서 대부분 지출하고 그 일부를 보조하는 정도입니다. 지금 말씀드린 것처럼 가난한 면은 지출이 곤란하고 따라서 언제까지나 개수가 불가능합니다. 그래도 창녕-거창선 2등도로 개통은 대단히 감사한 일입니다. 그런데 합천의 남정강교(南汀江橋)는 작년부터 제가 요망해왔으나

1927년도 예산에도 이것을 계상하지 않아서 유감입니다. 가능하면 실시해주시길 바랍니다. 또 우리 경상남도의 교통기관 설비는 착착 진행하고 있지만, 도회지 또는 이에 버금가는 곳은 일찍 실시가 되었으나 합천이나 거창 같이 좀 떨어져있는 곳은 등한시하고 있다고 생각합니다. 그저께 제 의견에 대한 당국의 답변도 긴급하고 어쩔 수 없는 사업이라면 기정 계획을 변경해도 된다는 식이었습니다. 태합굴 같은 것은 국비로써 할 수 있는 사업입니다. 이것은 그 지방민의 맹렬한 운동에 의해 지방비 예산에 계상한 것이 아닐까 생각됩니다. 교통기관이 불완전하여 고통받고 있는 합천과 거창에도 역점을 두어주시길 부탁드립니다.

번외(마쓰이(松井) 내무부장) : 질문이 많으신 것 같은데 첫째는 전라남도에 통하는 철도의 실시 기한이 언제냐는 질문입니까? 이것은 내년도부터 시작한다고 들었습니다. 그러나 확실한 건 아닙니다. 1932년도에 끝난다고 들었습니다. 다음으로 등외도로 개수에 대해서 가난한 면에 보조를 하라는 것인데 이는 물론 조사해서 자금력이 없으면 가능한 선까지 보조를 함은 당연하고 종래도 실행하고 있으므로 그렇게 생각해주시기 바랍니다. 남정교(南汀橋)는 내년도에 시행할 생각입니다. 다음으로 지방의 교통을 정리하라는 문제인데, 태합굴은 국비로 해야 할 사업이라는 것입니까? 완전히 국비로 해야 하는 사업이라고 생각하진 않습니다. 왜냐하면 그곳은 국가적으로 보아 필요한 장소가 아닙니다. 국가적으로 보아 중요한 곳을 국비로 합니다. 예를 들면 부산·신의주·경성 같은 곳은 국비로 하고 있습니다. 통영은 국가적으로 보아 필요하지 않습니다. 지방 문제입니다. 단 지방비로도, 지방민으로도 부담이 힘들면 국비에서 원조하는 것은 당연합니다.

총독부에서도 이러한 이론하에 고심하며 보조를 하는 것입니다. 일부 지역의 사치스런 일인 것 같지만 결코 사치스런 것이 아닙니다. 지방 개발상 필요하다고 생각합니다. 오해가 없길 바랍니다. 산에 도로가 필요한 것처럼 바다에도 도로가 필요하다는 견지에서 생긴 것입니다. 더 자세한 것은 토목과장이 말씀하시리라 믿고 저는 이걸로 답변을 대신하겠습니다. 좀 잘못 들었던 것 같습니다만 아까 전남선은 어디로 통하는 선인지, 진주에서 하동으로 통하는 선인지, 아니면 대구에서 함양을 거쳐 전남으로 통하는 선인지, 그것은 언제가 될지 모릅니다. 이건 제가 잘못 들었던 것이므로 정정해 둡니다.

(이때 18번 마쓰오 시게노부(松尾重信) 퇴장함)

27번(이고 세이조(以後淸藏)) : (상략-원문) 다음으로 태합굴 문제는 중대한 사항이므로 위원회에 부의해야 한다고 생각합니다. 지금까지 참여원의 설명으로는 어딘가 부족합니다. 이 태합굴 시설은 급하지 않은 사업입니다. 바닷길도 산길도 같다는 것은 동의합니다만 예산도 빈약한데 과연 그 정도의 사업이 필요합니까? 제가 일부러 시찰을 해봤는데 사람들은 반대하고 있습니다. 부근 주민도 자신의 땅을 경작할 때 배를 타고 가야 한다고 반대하고 있습니다. 내무부장의 의견에 의하면 산이란 산은 모조리 뚫어 도로를 개통한다는 말입니까? 그건 불가능한 이야기입니다. 저는 반대하는 것은 경솔할지도 몰라 말씀드리지 않겠지만 이것이 필요한 이유를 듣고 싶습니다.

번외(마쓰이(松井) 내무부장) : (상략-원문) 태합굴은 급하지 않다는 의견이신데, 이것은 산은 돌아가면 되고 바다도 돌아가면 되니 다리는 없어도 된다는 것이나 마찬가지입니다. 지역의 반대도 여기에 있다고 생각하는데, 이는 도선(渡船)으로 편리해질 장래의 계획을 잘 알게 되면 해결되리라 생각합니다. 이 사업은 대체로 대단히 좋은 사업이라고 저는 생각합니다.

19번(안무상(安武商)) : (상략-원문) 지금 태합굴 문제에 대해 내무부장이 상세히 말씀하셨습니다만 저로서는 이 이야기를 듣는 것이 처음이라 여기에 다액의 돈이 나가는 걸 찬성할지 어떨지 아직 결정하지 못했습니다. 등외 도로에도 보조를 해야 하는데 태합굴 사업에 다액의 돈을 투자하면 다른 보조가 불가능해집니다. 이에 대해서는 신중히 조사할 필요가 있으니 위원회를 열어 충분히 조사한 후 찬부를 결정하자는 동의를 제출합니다.

("찬성, 찬성"이라는 소리 들림)

29번(이윤영(李允榮)) : 토목비 경상부 예산 14만 9,511원, 임시부 29만 323원, 보조비 8만 100원, 합계 51만 9,934원은 전년도에 비해 4만 9,345원 증가한 것입니다. 아까 4번 의원의 질문에 의하면 부면(府面)도로 개수비 보조에 대해서는 의사 진행상 따로 서면으로써 답하겠다고 토목과장이 답변했는데, 4번이 제기한 사천(泗川) 문제에 대해서는 이미 회답했고 그것으로 만족하십니까? 이건 필요한 사항이니 대체적으로라도 설명해주시길 바랍니다. 임시부 제8관 제1항 방어진(方魚津)항 수축공사 14만 9,000원이 계상되어 있는데 이건 앞서 회의에서도 논의된 문제로 진작부터 문제가 되어 있는 통영의 태합굴 사업과 함께 당국에서는 수년간 현안입니다. 그런데 이 태합굴 공사를 이 빈약한 재원으로써 30만 원의 공사비로 4년간 계속 사업으로서 시행한다고 하는데, 기부금 비율이 국고 보조나 기타 보조금보다 적다고 생각합니다. 대체적으로 이 사업은 국가 사업으로서 시행하는 게 타당하다고 생각합니다. 경상남도가 이를 실현해야 한다면 충분하게 조사한 후 제안을 하시고, 연안 시설상 급속하게 실시해야 하는 이유를 설명해주시길 바랍니다. 지금 각 의원이 기정 노선에서도 수백 곳이 필요하다고 말했는데 실현하기가 곤란한 현재 새로운 사업을 일으키려면 상세한 조사가 있어야 한다고 생각합니다. 아까 어느 의원의 질문처럼 하천 항만비 지정은 어떤 이유로 지정된 것인지에 대한 조사 결과와, 또 예산이 없는 것에 대해서는 장래 어떠한 계획하에 실시할 것인지 답변을 원합니다.

번외(마쓰이(松井) 내무부장) : 태합굴 공사에 대해서는 다음을 일단 말씀드리고 싶습니다. 국비의 토목 보조를 총독부로부터 얻기는 매우 곤란합니다. 종래의 예에 의하면 각 도의 보조 요구 총액은 매년 1,500만 원 내지 2,500만 원인데 그 중 보조를 하는 것은 대체로 10분의 1 정도밖에 안됩니다. 그러면 무엇을 표준으로 하는가에 대해서는, 가장 필요한 것이라는 조건이 있어야 합니다. 다행히 태합굴 문제가 통과한 이유는 여러 필요한 사정을 말하고 총독부에서도 역시 필요한 사업이라 인정하여 보조한 것입니다. 이 기회를 놓치면 다시 실시하기는 곤란하고 언제 가능할지 모릅니다. 이 점을 잘 생각해주시기 바랍니다.

의장(지사) : 19번이 임시부 제8관 제2항 태합굴 공사 계속비에 대해 위원회를 설치하자는 동의가 있고 찬성자가 있으니 이에 관해 의견을 묻겠습니다.

8번(문상우(文尙宇)) : 태합굴은 국가가 인정하여 보조하고 지방비에서도 보조를 내고 지역에서도 또 공사비를 부담하는 것이며 이로써 선박은 물론이고 여러 많은 편익을 받게 될 것은 당연합니다. 지금까지 태합굴에는 조선우편과 조선기선주식회사의 선박이 통항했는데 그들로부터 통과료를 징수하여 수입을 얻는 안이라든가 그런 복안이 있으면 듣고 싶습니다.

번외(마쓰이(松井) 내무부장) : 사실 이 문제는 처음부터 보조비 요구 때 반액을 요구하자 총독부에서도 이런 문제에 대해서는 반액 보조의 예가 없고 어디까지나 3분의 1 정도만 특별히 고려하겠다고 했고 각 도에서 요구가 많아 결국 3분의 1로 된 것입니다. 통항료를 징수한다는 양해가 있으니 적당한 요금을 징수하면 상당히 수입이 되리라 생각합니다.

8번(문상우(文尙宇)) : 그 예정액은 어느 정도입니까?

번외(마쓰이(松井) 내무부장) : 연액 1만 원 정도일 것이라고 생각합니다.

의장(지사) : 지금 19번의 동의가 있으니 이에 대해 말씀해주시기 바랍니다.

27번(이고 세이조(以後淸藏)) : 태합굴 문제를 토의하는 건 하루 정도 걸리고 여기에 마산 상수도 문제가 또 하루 정도는 걸리니 이래서는 도저히 끝내지 못하니까 태합굴 문제에 마산 수도문제를 포함해서 위원 부탁으로 하고 싶습니다. 의장이 지명하는 위원에게 부탁하자는 동의를 제출합니다.

의장(지사) : 27번 의견에는 찬성자가 없는 것 같으니 19번의 동의에 대해 결정을 하겠습니다. 찬성자는 기립해주십시오. 찬성자가 다수이니 위원 부탁으로 하겠습니다. 위원 수와 이름은 의장에게 일임해도 지장 없습니까?

(없다고 소리치는 자 있음)

의장(지사) :그럼 의장에게 일임하는 것으로 하고 나중에 통지하겠습니다. 임시 제8관 제2항을 제외한 다른 토목비 경상 임시보조비에 대해서는 다른 이의가 없는 것 같으니…

(질문 있다고 소리치는 자 있음)

의장(지사) : 그러면 토목비는 임시부 제8관을 제외한 다른 것은 전부 이의 없다고 인정하고 제2독회를 끝내겠습니다.

위원은 7명을 선임하고자 합니다. 다음 분을 지명하겠습니다. 2번 김치수(金治洙), 4번 장응상(張鷹相), 11번 김경진(金慶鎭), 14번 다케히사 스테키치(武久捨吉), 15번 우에하라 산시로(上原三四郎), 19번 안무상(安武商), 22번 김두찬(金斗贊).

오늘은 이것으로 폐회하겠습니다. 위원 여러분은 적당한 시간을 선택해 심의를 부탁드립니다.

2) 제8회 경상남도 도평의회 회의록 발췌(제4일, 1927년 2월 22일)

항 목	내 용
문 서 제 목	第八回慶尙南道道評議會會議錄拔萃
회 의 일	19270222
의 장	和田純(경상남도지사)
출 석 의 원	이은우(李恩雨)(1), 김치수(金治洙)(2), 김경엽(金璟燁)(3), 장응상(張鷹相)(4), 김기정(金淇正)(5), 大池忠助(6), 香椎源太郞(7), 문상우(文尙宇)(8), 김성진(金聲振)(9), 이곤녕(李坤寧)(10), 김경진(金慶鎭)(11), 허종길(許宗吉)(12), 최정철(崔定喆)(13), 武久揰吉(14), 上原三四郞(15), 조용복(趙鏞㚆)(16), 정운기(鄭震基)(17), 안무상(安武商)(19), 김채환(金采煥)(20), 손병국(孫丙國)(21), 김두찬(金斗贊)(22), 服部源太郞(23), 김기태(金琪邰)(24), 민우식(閔雨植)(25), 윤병호(尹炳浩)(26), 以後淸藏(27), 정종상(鄭宗相)(28), 이윤영(李允榮)(29), 탁정한(卓正漢)(30), 弘淸三(31), 中部幾次郞(32)
결 석 의 원	松尾重信(18), 정순현(鄭淳賢)(33)
참 여 직 원	심환진(沈晥鎭)(참여관), 松井房次郞(내무부장), 阿部千一(재무부장), 小林博(관방주사), 兵頭僙(지방과장), 김동준(金東準)(학무과장), 關谷金一(토목과장), 齋藤賢治(도기사), 小曾戶俊男(산업기사), 坂垣豐(도산업기사), 井上貞一郞(도속), 中島恭一(도속), 宮川長助(도속), 杉本定吉(도기수), 西島倉一(도기수), 淸水央(도기수), 上山雄次郞(도기수)
회 의 서 기	
회 의 서 명 자 (검 수 자)	김경진(金慶鎭)(11), 武久揰吉(14)
의 안	자문안 제1호 토목비 경상부 임시부
문서번호(ID)	CJA0013799
철 명	태합굴착국고보조공사의건철
건 명	태합굴굴착공사의건(제8회도평의회회의록첨부)
면 수	7
회의록시작페이지	492
회의록끝페이지	498
설 명 문	국가기록원 소장 '태합굴착국고보조공사의건철'의 '태합굴굴착공사의건'에 포함된 1927년 2월 22일 경상남도 도평의회 회의록 발췌

해 제

본 회의록(7면)은 국가기록원 소장 '태합굴착국고보조공사의건철'의 '태합굴굴착공사의건'에 포함된 1927년 2월 22일 제8회 경상남도 도평의회(제4일) 회의록 발췌이다. 전날인 1927년 2월 21일 제3일 회의 때 위원 부탁으로 된 안건인 임시부 제8관 제2항 태합굴 굴착공사비에 대한 위원장의 보고 후 2독회를 종결하고 있다.

내 용

〈제4일- 1927년 2월 22일〉

의장(지사) : 개회하겠습니다. 오늘 회의록 서명은 11번 김경진(金慶鎭) 의원과 14번 다케히사 스테키치(武久捨吉) 의원에게 부탁드리겠습니다.

어제 위원 부탁으로 된 임시부 제8관 제2항 태합굴 굴착공사비에 대해 위원장의 보고를 듣겠습니다.

15번(우에하라 산시로(上原三四郞)) : 통영군 태합굴 굴착공사비에 대해 어제 각 위원이 열심히 조사했습니다. 본 사업 계획은 금일의 문제가 아니라 수년 전부터의 현안입니다. 태합굴은 통영과 미륵도 사이에 해협으로 넓이는 겨우 2간(間)에서 8간 정도이고 만조시에도 큰 선박은 통항이 불가능함은 물론 하루 중에 대부분은 해저가 노출되어 작은 배라 할지라도 통항이 어렵습니다. 그래서 이곳을 통과하려면 해리를 우회해야 하고 그 시간과 노력 등의 손실이 큽니다. 따라서 부근 사람들은 물론 총독부에서도 또 경상남도에서도 굴착을 할 필요를 느껴 수회에 걸쳐 조사한 결과 드디어 굴착을 하게 되었습니다. 이 사업이 완성되면 단순히 해산물뿐만 아니라 육상의 물산 운반에도 지극히 편리하게 될 것입니다. 그래서 본 사업 완성 후의 이익은 8해리의 절약이 가능합니다. 여기를 통항하는 선박은 지금까지의 조사로는 1년에 기선 650척, 발동기선 6,300척, 범선 1,100척, 어선 약 3만척입니다. 이는 최소한도의 견적이므로 실제는 그 이상을 넘을지도 모릅니다. 또 이 계획으로 절약할 수 있는 항로의 연장은 30만 4,400해리가 됩니다. 그리고 6만 950시간, 연료 3만 7,120원을 절약할 수 있습니다. 그래서 위원회는 가장 긴급한 사업이라 생각했으므로 원안에 찬성하기로 했습니다.

27번(이고 세이조(以後淸藏)) : 어제부터의 문제인 태합굴 굴착공사에 대해 위원장의 상세한 보고에 의해서 우리의 기우는 일소되었습니다. 그러나 어제 끝날 때쯤의 논의에 의하면 일부 지방만의 이익이 되는 사안을 지방비 사업으로 하는 것은 불가하다는 의견도 있었던 것 같습니다. 지방비 사업은 각지에 모두 분포하고 있습니다. 도로 교량이나 하천 수축 같은 사업은 모든 각지에 있으므로, 이러한 견지에서 보면 지방비로서 할 사업은 아닙니다. 부디 각 부, 군의 전체를 바라보고 서로 양보하는 정신으로써 일을 결정해야 한다고 생각합니다. 따라서 태합굴 굴착공사도 원안에 찬성합니다. 제2독회의 종결을 바랍니다.

의장(지사) : 위원장 보고와 같이 결정하는 데 지장 없습니까?

("이의 없음, 찬성"이라고 외치는 자 있음)

의장(지사) : 이의 없으면 제2독회를 마치겠습니다.

3) 경상남도평의회 회의록(1928년 2월 28일)

항목	내용
문 서 제 목	慶尙南道評議會會議錄
회 의 일	19280228
의 장	水口隆三(지사)
출 석 의 원	정진기(鄭震基), 김병규(金秉圭), 최우홍(崔于弘), 배익하(裵翊夏), 박충목(朴忠穆), 이은우(李恩雨), 김영곤(金泳坤), 이용년(李鎔年), 이보형(李輔衡), 최연무(崔演武), 이장희(李章喜), 노영환(盧泳奐), 김성진(金聲振), 김현국(金炫國), 松尾重信, 김경진(金慶鎭), 渡邊直躬, 北川戊三郎, 松原早藏, 송태승(宋泰昇), 임석종(林碩鍾), 香椎源太郎, 김두찬(金斗贊), 이현각(李鉉覺), 엄익준(嚴翼峻), 임종길(林鍾吉), 배석관(裵錫觀), 武久捨吉
결 석 의 원	弘淸三, 大池忠助, 中部幾次郎, 강정희(姜正熙), 노준영(盧俊泳)
참 여 직 원	이범익(李範益)(참여관), 阿部千一(내무부장사무취급, 재무부장), 村山沼太郎(경찰부장·관방주사), 山下眞一(산업과장 겸 지방과장), 松島淸(학무과장), 加藤木保次(농무과장), 相澤毅(수산과장), 上田政義(토목과장), 宮川長助(회계과장), 佐藤信太郎(세무과장), 長富芳介(위생과장), 小林求吉(도기사), 井上貞一郎(도속)
회 의 서 기	
회 의 서 명 자 (검 수 자)	
의 안	제2호자문안 1928년도 도지방비특별회계아동장학자금세입세출예산 제3호자문안 원잠종제조소빙고사용료징수규칙 설정의 건 제4호자문안 통영면에 대한 계속보조의 건
문 서 번 호 (ID)	CJA0002632
철 명	도지방비기채의무부담계속비소방비부담에관한철
건 명	도지방비세입출예산외의무부담을위한건(경상남도지사)(회의록첨부)
면 수	24
회의록시작페이지	560
회의록끝페이지	583
설 명 문	국가기록원 소장 '도지방비기채의무부담계속비소방비부담에관한철', '도지방비세입출예산외의무부담을위한건(경상남도지사)(회의록첨부)'에 실려 있는 1928년 2월 28일 경상남도평의회 회의록

해 제

　본 회의록(24면)은 국가기록원 소장 '도지방비기채의무부담계속비 소방비부담에관한철', '도지방비세입출예산외의무부담을위한건(경상남도지사)(회의록첨부)'에 실려 있는 1928년 2월 28일 경상남도평의회 회의록이다.

　태합굴 굴착공사비는 총독부에서 10만 원, 도지방비에서 12만 5,000원, 그리고 부족액 7만 5,000원은 통영면이 부담하는데 그 중 2만 5,000원은 면민이 기부하고, 5만 원은 통영면이 기채를 쓰기로 결정된 바 있다. 그런데 그 기채의 상환 재원으로 도지방비에서 태합굴을 통과하는 배에 대해 통선료를 걷어 보조하는 것에 대해서 김경진 의원이 반대하고 있다. 도지방비로 해야 할 사업은 교육, 토목, 산업 등 여러 긴급한 사항이 많기 때문에 이를 통영면에 보조하는 것은 불공평하다는 논리이다. 노영환, 김병규 의원 등이 이에 동의했고 김현국 의원은 통영이 얻는 이익이 별로 없다는 이유를 들어 오히려 7만 5,000원을 전부 지방비가 책임져야 한다고 주장했으나 결국 당국의 제안대로 통과되었다.

　다음으로 진주에 있는 경상남도 공립사범학교를 신축하자고 기타가와(北川戊三郞) 의원 등이 제출한 안건에 대해 김경진 의원이 반대하여 논전을 하고 있다. 이 안은 같은 회의에서 제출된, 사범학교를 부산으로 이전하고 학년제를 연장하는 안과 충돌하는 것이므로 당국은 두 안을 모두 철회하자고 제안하여 다수 의원이 찬성하였다.

내 용

(제7일) 1928년 2월 28일 오후 1시 개회

부의사항

제2호 자문안 : 1928년도 도지방비 특별회계 아동장학자금 세입세
출예산

제3호 자문안 : 원잠종제조소(原蠶種製造所) 빙고(氷庫) 사용료 징
수 규칙 설정의 건

제4호 자문안 : 통영면에 대한 계속보조의 건

제시사항

1. 1926년도 경상남도 지방비 세입세출결산

2. 1926년도 경상남도 지방비 특별회계 아동장학자금 세입세출결산

3. 조선 도지방비령 제11조 단서(但書)에 의한 경상남도 부동산 취
득세 부과규칙 중 개정 건

4. 1926년도 경상남도지방비 특별회계 아동장학자금 세입세출 추가
예산

5. 1926년도 경상남도지방비 세입세출 추가경정예산

6. 1927년도 경상남도지방비 세입세출추가예산

7. 1927년도 경상남도지방비 세입세출추가경정예산

출석원 (중략-편자)

결석원 (중략-편자)

참여직원 (중략-편자)

의장(지사) : 지금부터 개회하겠습니다. 오늘은 출석자 26명, 결석자 7명으로 출석자가 과반수입니다.

오늘 회의록 서명은 2번 김병규(金秉圭) 의원과 15번 가시 겐타로(香椎源太郎) 의원에게 의뢰하겠습니다.

일정 제1, 1928년도 경상남도 지방비 세입세출예산의 제3독회를 열겠습니다.

26번(김두찬(金斗贊)) : 제1호 자문안에 대해서는 제1독회와 제2독회에서 충분히 논의해서 거의 의견이 다 나왔고 특히 예년처럼 폐회 후에 지방행정에 대한 의견을 말할 기회를 주시기로 되어 있으므로 본 자문안은 이것으로 제3독회를 종결하자는 동의(動議)를 냅니다. 여러 의원들이 찬동해주시길 희망합니다.

(이때 "찬성 찬성"이라는 소리가 많이 들림)

의장(지사) : 지금 26번 의원이 제3독회를 종결하자고 동의를 제출했는데 여러분 이의 없습니까?

("이의 없음"이라고 말하는 자 많음)

의장(지사) : 그러면 다수가 찬성하니 이것으로 제3독회를 종결하겠습니다.

제1호 자문안 1928년도 경상남도지방비 세입세출예산의 원안에 찬성하는 분은 기립해주십시오.

(전원 기립)

의장(지사) : 만장일치로 찬성이니 제1호 자문안은 원안대로 가결하겠습니다.

의장(지사) : 다음으로 일정 제2, 제2호 자문안 1928년도 도지방비 특별회계 아동장학자금 세입세출예산을 부의하여 제1독회를 열겠습니다.

19번(김경진(金慶鎭)) : 제2호, 제3호, 제4호 자문안을 일괄해서 독회를
생략하고 심의하자는 동의(動議)를 냅니다.

의장(지사) : 지금 19번 의원이 제2호, 제3호, 제4호 자문안을 일괄해서
독회를 생략하고 심의하자고 동의를 냈는데 여러분 이의 없습니까?

("이의 없음"이라 말하는 자 다수)

의장(지사) : 별로 이의 없으시니 제2호 자문안과 제3호 자문안 원잠
종 제조소 빙고사용료 징수규칙 건, 제4호 자문안 통영면 태합굴 굴
착공사비 기부를 위한 차입금 5만 원의 상환 재원으로서 1931년도
부터 10개년간 매년도 7,522원 이내를 통영면에 보조하는 건을 일괄
해서 의제로 하여, 독회를 생략하고 설명은 내무부장이 드리는 것
으로 하겠습니다.

번외(아베 센이치(阿部千一) 내무부장 사무취급) : 제2호, 제3호, 제4호
자문안을 간단히 설명드리겠습니다.

우선 제2호 자문안의 연혁부터 말씀드리면, 지금 천황폐하가 황태
자였던 당시 혼례할 때 하사하신 1만 8,000원을 적립해서 그 이자를
아동장학자금에 쓰고자 합니다. 사업 내용은 첫째 보통학교·소학교
재학 아동 중 가정이 빈곤하여 계속 통학할 수 없는 자에 대해서 학
용품 급여와 기타 구제를 하는 것, 둘째, 선량한 아동 중 가정이 빈
곤하여 취학할 수 없는 자에 대해 보조와 기타 상당한 원조를 하여
취학의 길을 열어주는 것, 셋째, 품행 방정하고 학력이 우수하여 일
반의 모범이 될 만한 아동을 포상 장려하는 것, 넷째, 공립학교·사
립학교 등에서 아동 육성 또는 보통교육 속성(速成)의 성적 우량에
대해 보조 장려를 하는 것, 다섯째, 기타 아동 장학상 필요한 사항
을 실행하는 것으로 되어 있습니다. 이상의 사업 자금에 충당하여
그 해에 잉여금이 생길 경우는 기금으로 이월하기로 하고, 본년도

예산 총액은 2천 93원을 계상했습니다.

다음으로 제3호 자문안으로 넘어가겠습니다. 잠종의 냉장 보호는 양잠에 가장 중요한 것으로, 종래에는 본도(本道) 생산 잠종의 대부분은 원잠종 제조소의 빙고(氷庫)에 무료로 보관했습니다만, 매년 잠종의 수가 증가하여 이에 필요한 경비도 적지 않습니다. 또 장래 개선 증축도 필요하므로 그 경비에 충당하기 위해 사용료를 징수하려고 합니다.

제4호 자문안 통영면에 대한 경비 보조 건은, 작년 도평의회에서 통영의 태합굴 굴착공사를 4개년 계속사업으로서 시행하기로 협찬을 얻어 이미 공사 준비에 착수하고 있는데, 이 총공비는 30만 원이고 재원은 국고보조금 10만 원, 통영면에서 기부금 7만 5,000원, 도지방비 직접 부담 12만 5,000원 예정입니다. 통영면의 기부금 7만 5,000원 중 2만 5,000원은 면비(面費) 염출과 지방 유지의 기부를 받고, 5만 원은 기채에 의해 기부하며, 그 상환 재원에 충당하기 위해 공사 준공 후 이를 면에 이양하여 면에서 통선료(通船料)를 징수할 계획이었습니다. 통선료는 사업 주체인 도지방비에서 징수하여 그 내에서 징수에 필요한 경비를 뺀 잔액 중 7,522원 이내의 금액을 면의 기채 상환 재원으로서 보조하는 것이 적당하다는 총독부의 의향도 있어서 계획한 것이니, 그 의미를 양해하셔서 신중히 심의하여 협찬해 주시길 희망합니다.

8번(김영곤(金泳坤)) : 제2호, 제3호, 제4호 자문안 모두 저는 별로 질문은 없고 특히 제4호 자문안은 작년 도평의회의 협찬을 거쳐 결정한 사항이고 이의 없으니 전부 원안대로 채결하길 희망합니다.

19번(김경진(金慶鎭)) : 제4호 자문안에 대해 의견을 말씀드리고 싶습니다. 통영의 태합굴 굴착공사 시행은 작년 도평의회에서 결정한 것이고 저도 도평의원 중 한 사람으로서 참석하여 여러 조사를 하기도 했습니다. 당시 조사위원회를 만들어 내용을 충분히 조사한 결과, 다소 다른 점이 있지만, 국비에서 10만 원 보조를 받고 또 도지방비에서 12만 5,000원을 받은 후의 부족액 7만 5,000원은 통영면이 책임지기로 하고 도지방비로서도 재원 염출의 길이 있으므로 무사히 통과된 것입니다. 그런데 현재 통영면의 기부금 7만 5,000원 중 5만 원은 기채에 의하므로, 그 상환 재원으로 지방비에서 수입한 것을 보조한다는 것은 당초 계획의 취지에 반하는 것이라 생각합니다. 통영면에서 7만 5,000원의 기부금을 책임지는 이상, 지방민의 기부금이든 기채든 그 사유를 불문하고 면 그 자체의 자력에 의해서 책임을 져야 합니다. 또 통선료는 사업 주체인 도지방비의 수입으로서 도지방비 사업 재원으로 쓰는 것이 맞습니다. 도지방비로서는 교육, 토목, 산업 등 긴급한 사항이 많습니다. 그런데 이를 통영면에 보조하면 지나치게 불공평한 느낌이 있으므로, 본 의원은 유감이지만 찬성할 수 없습니다.

번외(야마시다 신이치(山下眞一) 지방과장) : 지금 의견에 대해서 제가 답변하겠습니다. 통영면에 대한 7,522원의 보조금은 사업 완성 후 통선료를 징수하여 그 수입 내에서 징수에 필요한 경비를 뺀 잔액 범위 내의 것입니다. 원래 통선료 징수는 교통정책상 당연한 것은 아니지만, 통영면의 재정 상태에 비추어 볼 때 뭔가 재원을 부여해야 할 필요가 있습니다. 처음에는 통영면이 통선료를 직접 징수하는 것이었지만, 연구를 한 결과 사업 주체인 도지방비가 징수하여 이를 통영면에 보조하기로 한 것이며, 이 때문에 지방비 세입에 영향이 갈 염려는 없습니다.

19번(김경진(金慶鎭)) : 지금 하신 설명은 지당하지만 하여간 작년 도평의회에서 통영면이 7만 5,000원의 기부금을 훌륭히 책임지겠다고 해서 이 계속사업을 통과시킨 것입니다. 그리고 도지방비가 12만 5,000원 부담을 하는 이상, 통선료는 당연히 지방비 수입으로 하는 것이 옳다고 생각합니다. 지금에 와서 통영면이 기부금 일부를 기채에 의하겠다고 하고 그 상환 재원으로 보조한다는 것은 중복된 보조이고, 통영면을 지나치게 우대한다는 느낌이 있습니다. 또 현재 지방비 재정이 곤란한데 당연히 지방비 수입이 되어야 한다고 봅니다.

번외(우에다 마사요시(上田政義) 토목과장) : 제가 조금 설명드리면, 통선료를 지방비에서 징수하여 이를 통영면에 보조하는 것은 규칙 해석상 이것이 적당하다고 생각해서입니다. 통영면의 기부금 7만 5,000원 중 5만 원은 기채에 의하고 그 상환 재원으로 통영면이 통선료를 징수하는 것은 처음부터 서류에 나와 있었습니다. 단지 규정 해석상 취급 방법을 변경한 것에 불과합니다.

19번(김경진(金慶鎭)) : 규정상 이는 지방비의 수입으로 해야 하는 것이 당연하고 아무리 면 재정 상태에 비추어 보조가 필요하다 해도 지방비에서는 이미 12만 5,000원을 부담하는 이상 또 보조하는 것은 불합리합니다. 또 이런 것에 보조를 하면 한이 없습니다. 지방비에서는 토목, 산업, 교육 등 해야 할 사업이 많으므로 그 재원에 충당해야 합니다. 유감이지만 본안은 반려합니다.

번외(야마시다 신이치(山下眞一) 지방과장) : 질문하신 요지는 통영면에 대한 보조금을 줄이고 순연한 기부금 7만 5,000원을 부담시켜야 한다는 것이나, 통영면의 현재 재정 상태는 매우 빈약하고 면 기부금의 재원 마련도 매우 어려운 상황입니다. 뿐만 아니라 5만 원 기채에 대한 거치 기간 중 이자 지변에 충당할 재원도 아직 보이지 않는 곤란한 상태입니다. 저는 이 보조 문제는 제쳐두고, 지방단체에 기부를 시킬 때는 그 단체의 부담 능력을 충분히 고려해야 한다고 생각합니다. 예를 들면 학교를 건축할 경우 지방민의 기부만으로 불가능할 때는 지방비에서 상당 보조를 하는 식으로, 지방단체의 재정 상태를 고려하여 재원을 부여하는 것이 필요하다고 생각합니다. 태합굴도 공중의 편의를 도모하기 위해 굴착 사업을 시행한다는 취지에서 생각하면, 통선료 징수는 교통정책상 정당하지는 않지만, 통영면 자체에 이를 부담시키는 것은 곤란한 사정이 있으므로 어쩔 수 없이 통선료를 징수하여 이를 면에 보조하기로 계획했습니다.

19번(김경진(金慶鎭)) : 통영면의 기채 5만 원의 상환 재원에 충당하기 위해 10년간 보조하고 난 이후는 지방비의 수입으로 한다는 것입니까? 아니면 지금 지방과장의 설명대로 교통정책상 통선료를 징수하는 것이 적당하지 않으니 폐지하는 겁니까? 저는 지방비에서 부담하는 12만 5,000원의 유일한 재원이 될 것이라 생각하고 있었습니다. 조사위원회에서 결정한 것이라 어쩌면 회의록에는 써있지 않을지도 모르지만, 당시 마쓰이(松井) 내무부장에게 물어보니 통선료는 지방비의 유일한 재원이라고 답변했습니다. 또 저도 당연히 지방비 수입이라고 생각하고 있었습니다. 당시 의원이었던 지방과장님도 이 자리에 있었고 두세 명 있었다고 기억합니다. 통영면의 열렬한 희망에 의해 본 사업을 시행하게 되었습니다만 이 이상 보조를 하는 것은 부적당하다고 생각합니다. 어떤 일이라도 무리해서 하면 할 수는 있지만 그렇게 하면 다른 시설 사업에 영향을 끼치는 바가 많다고 생각합니다. 저는 제 책임은 어디까지나 제가 완수하려고 노력하여 김해농학교 기부금 같은 것도 대부분 모았습니다. 통영면의 재정은 곤란할지 모르지만 7만 5,000원 중 5만 원을 기채

에 의한다 해도 그 상환 재원은 지방민의 기부든 뭐든 적당한 방법
에 의해야 한다고 봅니다.

(이때 17번 의원 마쓰오 시게노부(松尾重信), 33번 의원 다케히사 스테
키치(武久捨吉) 출석함)

번외(아베 센이치(阿部千一) 내무부장 사무취급) : 아까 설명드린 대
로 통영면의 기부금 7만 5,000원 중 5만 원은 기채에 의하고 그 상
환 재원은 면 자체가 통선료를 징수하여 충당하는 것으로 되어 있
었습니다만, 그 후 총독부 의향도 있어서 단순히 그 징수 주체를 변
경한 것에 불과하며 통영면의 부담 관계에는 하등의 증감이 없습니
다. 부담의 실제 액수는 작년 계획 그대로이고 단순히 통선료 징수
주체가 변하여, 따라서 보조할 필요가 있기 때문에 예산 외 의무 부
담의 점에 대해서만 자문한 것입니다. 지금 말씀 중에 당시 내무부
장이 통선료는 12만 5,000원 부담의 유일한 재원이라고 했다는데,
이는 아마 본 사업의 재원의 일부가 된다고 말했을지는 모르지만
유일한 재원이라고는 생각하지 않습니다.

또 지방과장의 설명과 같이, 통선료는 교통정책상 징수하지 않는
게 좋습니다. 10년 후에 징수할지 아닐지는 지금 정확히 말할 수 없
습니다만, 징수하지 않고 지방비 재정으로 경리가 가능하다면 징수
하지 않는 쪽이 좋다고 생각합니다.

지방비 재원에 대해서는 세입을 심의할 때도 세율의 개정이라든가
혹은 신세(新稅) 제도라든가 다양한 의견이 있었지만, 장래 근본적
으로 연구해서 도지방비 재정을 충실히 하려고 생각하고 있습니다.
툭툭 개별적인 문제를 제기하거나 시행 불가능한 재원론은 참고로
서 듣는 것으로 하겠습니다.

31번(임종길(林鍾吉)) : 태합굴 굴착사업은 작년 회의에서 이미 결정된

문제이므로 반드시 실행되어야 합니다. 기채 상환 재원의 보조에 대해서는 당국의 설명도 있으니 통선료는 논외로 하고 7,522원을 면과 지방비에서 반액씩 부담하는 식으로 하고 싶습니다.

의장(지사) : 10분간 휴식하겠습니다.(오후 1시 50분)

의장(지사) : 개회하겠습니다.(오후 2시 15분)

번외(야마시다 신이치(山下眞一) 지방과장) : 제안에 있는 것처럼 1931년도부터 10개년간 매년 7,522원 이내라고 되어 있는데, 이내라고 하는 것은 통선료의 범위 내에서 보조하고 지방비를 건드리지 않는다는 취지입니다. 요점은 면의 부담 능력도 고려하고 또 지방비의 손실을 초래하지 않는 식으로 한다는 생각입니다.

15번(김현국(金炫國)) : 국가 또는 개인이 사업을 할 때에는 실제적인 부분을 잊지 않고 사업을 진행해야 합니다. 지방행정이라든가 그 지방 발전을 위해 사업을 할 때 재정이 곤란하면 지방행정의 주체인 도지방비에서 보조하고 발전을 도모하는 것이 필요하다고 생각합니다. 태합굴 문제는 작년 도평의회에서 19번 의원도 찬성했다고 생각합니다. 본 사업은 국가에서 10만 원, 도지방비에서 12만 5,000원, 통영면이 7만 5,000원 부담하기로 되어 있고 통영면은 7만 5,000원 중 5만 원은 기채에 의해, 2만 5,000원은 면민이 직접 기부하기로 했지만, 면민은 이 부담으로 곤란을 느끼고 있습니다. 이 실정에 비추어 19번 의원의 의견은 상당히 가혹하다고 생각합니다. 원래 본 사업은 국가적 사업이지 지방비 사업으로 할 만한 것이 아니므로, 작년 도평의회에서 19번 의원도 이의를 제기할 예정이었으나 반대로 찬성하여 이미 결정한 것입니다. 지금에 와서 통영면이 이익을 받는 사업이니 통영면이 많은 부담을 져야 한다는 말은 매우 유감입니다. 통영면이 책임지는 7만 5,000원 기부금 중 지방민이 2만 5,000원을 직접 부담하는 반면에 또 어느 정도의 이익은 갖습니다만 대체적으로 관찰하면 통영면은 오히려 큰 손실을 입게 됩니다. 통영의 항구는 자연적인 안전지대이므로 비바람이 칠 때 이 항구에 이틀이건 사흘이건 정박하고 그 동안 물자를 육지로 끌어올려 매매하며, 배가 묶여져있는 동안 선원은 금전을 사용하니 자연히 통영에 이익을 가져다주고 있습니다. 그러나 태합굴이 완성되면 통영에 배가 정박하지 않게 되므로, 종래의 이익은 얻지 못하게 되는 것입니다. 또 이 사업이 개시되면 한 밑천 잡으려고 생각하여 음식점 등을 열어 손님을 맞이하려고 하지만 기대한 만큼 이익을 얻지는 못할 것이라 생각합니다. 통영면으로서는 시가지 정리 등 긴급한 사업이 있으나 그것조차 불가능할 정도로 재정이 곤란한 실정에 있습니다. 이상 말씀드린 이유에 의해서 오히려 7만 5,000원 기부금은 전부 지방비에서 책임져야 한다고 생각합니다.

13번(노영환(盧泳奐)) : 제4호 자문안에 대해서는 19번 의원이 상세한 질문을 하고 그에 대해 당국이 답변해서 내용을 충분히 이해했습니다. 그러나 이는 결국 일단 지방비로 기부한 것을 다시 되돌리는 것이 되고 법규상으로도 상식적으로도 불합리하므로 유감이지만 저는 반대합니다.

번외(아베 센이치(阿部千一) 내무부장 사무취급) : 지금 법규상으로도 상식적으로도 불합리하다고 의견을 주셨지만, 법규상 불합리하다는 점에 대해 저는 의견이 다릅니다. 저도 충분히 연구하고 또 총독부의 의향도 물어서 결정해서 불합리하지 않다고 생각하여 계획한 것입니다. 또 상식적으로 생각해도 지방비에서 보조한다고 되어 있지만 실제로는 통선료를 징수하는 주체가 단순히 면에서 지방비로 바뀌고 이를 면의 기채 상환 재원으로서 보조하는 데 불과합니다. 따라서 본래 계획대로의 목적에 맞고, 상식적으로는 오히려 극히 합리적이라고 생각합니다.

2번(김병규(金秉圭)) : 당국은 제1독회에서도 제2독회에서도 도지방비로서 기채해서 하는 식의 사업은 가급적 피해야 한다고 말했는데 통영면에서 기채를 하고 이 상환 재원을 지방비에서 보조한다는 것은 당국의 말에 모순이 있다고 생각합니다. 왜냐하면 직접 기채를 하는 것은 통영면이지만 장래 그 상환 재원의 부담 의무를 도지방비가 지는 것이므로, 도지방비가 기채하는 결과가 됩니다. 도 전체에 걸친 사업이 아니라 하나의 지방, 하나의 도시를 위해 하는 사업을 이런 방법으로 계획하면 장래에 나쁜 선례를 남길 것입니다. 또 통선료를 교통정책상 징수할 수 없으면 본 계획은 불가능할 수밖에 없습니다. 또 통선료 계산의 기초는 확실하지만 장래에 예정한 정도의 수입이 없으면 계획이 어그러질 수밖에 없습니다. 그러므로 이 안은 일단 철회하고 충분히 조사를 더 해서 다시 자문에 올리는 쪽이 좋다고 생각합니다.

번외(아베 센이치(阿部千一) 내무부장 사무취급) : 실질적으로는 결코 지방비의 기채로 되지 않는 점은 아까 13번 의원에게 답변드린 것과 같고, 통선료를 면이 징수하기로 되었던 것을 단순히 그 주체를 변경하여 지방비가 징수하는 것으로 바꾼 것에 불과합니다. 단 방금 말씀하신 의견에 대해서는 오히려 제가 이것이 왜 지방비의 기채로 되는가를 묻고 싶습니다. 통선료 징수는 몇 번이나 설명드린 것과 같이, 원칙적으로는 적당하지 않지만 도로 법규에도 규정이 있고, 도로 공사를 하는 자가 도로나 교량의 통행세를 걷는 것을 인정한 실례도 있습니다. 따라서 이와 마찬가지로 통선료도, 징수하면 안된다는 원칙과 일시적으로 공사비 상환 재원으로서 징수해도 된다는 예외는 함께 양립할 수 있습니다. 그리고 통선료 산출 기초를 걱정하시는데 이를 상세히 설명드리겠습니다.

번외(야마시다 신이치(山下眞一) 지방과장) : 통선료 수입의 산출 기초는 1924년부터 1926년까지 3개년간 통영항에 출입하는 배 중 통영항 서쪽으로부터 즉 전남 쪽에서 오는 배의 수를 기초로 해서 조사한 것입니다. 조사의 기초는 간조시에 대체로 항로의 수표(水標) 2미터 반으로서 통영항에 들어오는 기선은 그 3할 6푼, 기타 발동선·범선은 8할 내지 9할의 통과로 보아서, 기선은 1척 6원, 범선은 최저 3간 반 정도까지의 것을 10전으로 해서 계산했습니다. 이는 종래 우회하던 경비의 3분의 1 정도로 요금을 정한 것이고 대체로 7만 619원의 금액이 됩니다. 여기에서 통선료 징수에 필요한 인건비, 설비비 등의 경비 3,034원을 뺀 나머지인 7,585원을 통영면의 기채 상환 재원으로 보조하기로 결정하고, 일반 재원은 영향받지 않도록 했습니다. 특히 이 조사는 지금 말씀드린 것처럼 지난 3개년간 실적을 기초로 한 것이므로, 장래 태합굴 공사가 완성되어 선박 통행은 더욱 빈번해지면 분명히 기대 이상의 성적을 거두리라 확신합니다.

19번(김경진(金慶鎭)) : 제4호 자문안에 대한 당국의 생각을 충분히 알겠습니다. 사실 작년 회의 때 계획한 내용과 다소 차이가 있는데, 실제 문제로서 어쩔 수 없다고 생각하므로, 저는 원안에 찬성합니다. 동시에 제2호, 제3호 자문안도 이의 없으니 종결하자는 동의(動議)를 냅니다.

의장(지사) : 그러면 이로써 심의를 종결하고 채결하고자 합니다.

("찬성 찬성")

의장(지사) : 제2호 자문안 1928년도 도지방비 특별회계 아동장학자금

세입세출예산, 제3호 자문안 원잠종제조소 빙고사용료 징수규칙 설
정 건, 제4호 자문안 통영면에 대한 계속보조의 건의 원안에 찬성하
는 분은 기립해주십시오.

(대다수 기립)

의장(지사) : 다수가 원안에 찬성하니 가결하겠습니다.

의장(지사) : 일정 제5, 제출의견의 심의에 들어가겠습니다.

의견서 제1, 농업학교 설립에 관한 건의 제출자 14번 김성진(金聲振)
의원, 찬성자 이은우(李恩雨) 의원 외 22명, 이유는 서기가 낭독하
겠습니다.

(서기가 낭독함)

별로 이의 없으시면 채택하는 것으로 하겠습니다. 어떻습니까?

("이의 없음"이라 소리치는 자 많음)

별로 이의 없으시니 채택하는 것으로 결정하겠습니다.

17번(마쓰오 시게노부(松尾重信)) : 시간도 부족하니 의견서 이유 낭독
은 생략하자는 동의(動議)를 제출합니다.

("찬성 찬성")

의장(지사) : 그러면 의견서 이유 낭독은 생략하는 것으로 하겠습니
다. 의견서 제2, 본도 양계업을 장려하기 위해 내년도부터 다음의
시설을 하자는 건. 1.적당한 곳에 도(道) 종금장(種禽場)[9]을 설치할
것, 2.농가의 병아리, 종란(種卵) 등 구입에 적당한 보조를 주기 위
해 각 군 축산동업조합에 상당한 보조를 할 것, 3.각 군 혹은 두세
개 군마다 병아리 육성에 관한 기술원(技術員)을 설치할 것, 4.도에
서 무료로 닭의 혈액검사를 시행할 것, 5.산란공진회를 개설할 것.

---

[9] 씨받이용 가금을 기르는 곳.

제출자 2번 김병규(金秉圭) 의원, 찬성자 이용년(李鎔年)의원 외 7명
입니다. 이의 없습니까?

("이의 없음"이라 소리치는 자 많음)

의장(지사) : 별로 이의 없으시니 채택하겠습니다.

의장(지사) : 의견서 제3, 밀양공립농잠학교를 5년제로 승격할 필요가
있다. 제출자 5번 박충목(朴忠穆)의원, 찬성자 노영환(盧泳奐) 의원
외 24명입니다.

("찬성 찬성")

의장(지사) : 이의 없으시니 채택하겠습니다.

의장(지사) : 제4, 마산부 공립상업학교 학년 연장에 관한 의견. 제출
자 27번 이현각(李鉉覺), 찬성자 마쓰바라 하야조(松原早藏) 외 20명.
이의 없습니까?

("이의 없음"이라 소리치는 자 많음)

의장(지사) : 이의 없으시니 채택하겠습니다.

의장(지사) : 다음은 제5, 진해-하단(下端) 간 3등도로 개수 건, 제출자
4번 배익하(裵翊夏), 찬성자 이장희(李章喜) 외 27명입니다. 이의 없
습니까?

("이의 없음"이라 소리치는 자 많음)

의장(지사) : 이의 없으니 채택하겠습니다.

의장(지사) : 제6, 보통학교 1면1교 완성과 동시에 복식(復式) 교수로
써 4년제를 6년제로 연장하며 이에 필요한 재원 이용 방법. 제출자
28번 엄익준(嚴翼峻), 찬성자 김경진(金慶鎭) 외 19명.

("찬성"이라는 소리 들림)

의장(지사) : 이의 없으면 채택하겠습니다.

의장(지사) : 제7, 도(道) 사범학교 이전과 3년제를 5년제로 연장하는

것. 제출자 28번 엄익준(嚴翼峻), 찬성자 김경진(金慶鎭) 외 12명입니다. 이의 없습니까?

("이의 없음"이라 소리치는 자 많음)

의장(지사) : 이의 없으니 채택하겠습니다.

의장(지사) : 제8, 부산 제1상업학교에 1학급 증가가 필요함. 제출자 25번 가시 겐타로(香椎源太郎), 찬성자 엄익준(嚴翼峻) 외 26명.

("찬성"이라는 소리 들림)

의장(지사) : 이의 없으니 채택하겠습니다.

의장(지사) : 제9, 경상남도 공립사범학교는 속히 진주에 신축하는 것이 마땅함. 제출자 21번 기타가와(北川戊三郎), 찬성자 이장희(李章熹) 외 21명.

19번(김경진(金慶鎭)) : 사범학교 문제에 대해서는 제1독회에서도 말씀드렸지만, 사범학교를 신축하고 학년 연장을 하는 것은 의원 다수가 모두 찬성한다고 생각하는데, 여기에 특별히 진주라는 글자는 필요하지 않다고 생각합니다. 사범학교를 설치하는 장소는 원래 도당국에서 결정해야 합니다. 사범학교는 교육의 근본인 교원을 양성하는 곳인데 장래 보통학교가 1면1교가 되어도 현재와 같이 교원의 소질이 모자라면 사실 그 사명을 완전히 할 수 없다고 생각합니다. 이것은 도립사범학교를 나온 교원이 특별히 그렇다는 것은 아니지만, 가급적 도청과 가깝게 두는 쪽이 감독도 충분하게 할 수 있습니다. 또 단순히 책상에서 서류에만 의하는 게 아니라 도시에서 실제 사회의 사상(事象)에 의거하여 지식을 얻게 하는 것이 필요합니다. 그 점에서 생각하면 부산은 동아시아의 관문으로서 장래 더욱 발전하여 빈번히 명사를 배출하고 문화의 중심이 될 것이니 교육기관을 두기에 가장 적당한 곳이라 생각합니다. 따라서 21번 의원이 제출한 의견서 중 사범학교를 진주에 신축하는 것에 찬성할 수 없습니다. 특히 아까 사범학교를 부산에 이전하여 학년 연장을 하는 건에 대해 다수가 찬성하여 채택했으므로, 이것과 모순이 됩니다.

21번(기타가와(北川戌三郎)) : 제가 제출한 의견에 대해 19번 의원이 반대의견을 낸 것은 매우 유감입니다. 저는 예산의 제2독회에서 발언 기회가 없었기 때문에 충분히 이유를 발표할 수 없었는데, 현재 사범학교의 상태는 실로 개탄스럽고 각 의원들의 판단을 원합니다. 1928년도 지방비 예산을 보면 사범학교 경비는 작년에 비해 2,800원 감소했습니다. 이는 주로 생도의 수당을 1928년도부터 변경한 결과라고 하는데, 이 외에도 상당히 감소한 것이 있다고 기억합니다. 당국의 방침이 소극주의, 퇴영주의라는 점은 명확합니다. 저는 진주에 있다는 이유로 말씀드리는 것이 아니라 단지 진주에 있기 때문에 다른 의원들보다 비교적 사범학교의 현황을 잘 알고 있으므로, 평의원으로서 책임상 그 상황을 말씀드려 사범학교를 위한 당국의 판단을 바라는 것입니다. 사범학교는 1923년도 예산에 신축비를 계상하여 진주면 천전리(川前里)에 건축하게 되어 있었습니다만, 무슨 이유인지 착수되지 않았습니다. 당국은 여기가 아직 뽕나무밭이므로 뽕나무를 제거하고나서 하겠다고 하고 있는데, 현재 생각해보면 이는 도청 이전 때문에 보류했다고 생각합니다. 1924년 12월 도청 이전을 발표하고 사범학교 신축은 집행하지 않기로 종결했습니다. 그 사범학교는 도청의 구청사로 옮기고 원래의 사무실, 회의실 등을 겨우 고식적으로 모양만 바꾸어 교실로 충당하고 있는데 대단히 불편한 점이 있습니다. 매년 회의에서 신축 의견을 제출하고 작년에도 우에하라 산시로(上原三四郎) 씨가 24명의 찬성을 얻어 저와 같은 의견을 제출했습니다. 여기에 지금 반대의견인 19번 의원도

찬성했습니다. 사범학교의 현황을 말씀드리면 도청이 있었던 당시
와는 완전히 달라서 지붕은 비가 새고 천정은 파손되고, 벽은 내려
앉고 책상은 썩어서 실로 눈뜨고 볼 수가 없는 모습입니다. 신축의
깨끗한 보통학교에 입학하여 교실을 깨끗이 해야 한다고 교육받고
졸업했는데 교사가 되려고 입학한 사범학교는 너무나 더러운 것입
니다. 게다가 운동장은 겨우 300평도 되지 않고, 기숙사는 3개소로
나뉘고 그것도 방이 어두워 공부를 할 수가 없는 상황으로 실로 동
정할 만합니다. 당국은 매년 요구할 때마다 내용을 충실히 하겠다
고 답변했지만 그 내용은 얼마나 충실했습니까? 참고서적 등은 교
원양성소 시대의 것이 겨우 있는 데 불과합니다. 여기서 훌륭한 교
원이 양성되겠습니까? 진실로 당국의 성의를 의심하지 않을 수 없
습니다. 도청 이전 당시 상황을 무라야마(村山) 경무부장은 잘 알고
있으리라 생각하는데, 한때는 동란(動亂)의 거리가 되어 차마 말로
표현할 수 없는 상태에서 많은 희생도 치렀습니다. 이 때문에 진주
시민은 지금까지도 불안해하고 있습니다. 그런데 지금 또 사범학교
를 이전하자는 19번 의원의 의견은 실로 온당치 못합니다. 논지가
분명치 못한 의론이라고 생각합니다. 또 19번 의원은 사범학교를
감독상 도청 소재지에 두는 게 좋다는 주장인데, 도청소재지에서
만전을 기했다면 지난번처럼 고등여학교의 불상사는 일어나지 않
았을 것입니다. 도청소재지에서 만전을 기한다면 마산여학교도 상
업학교도 중등학교도 전부 부산으로 이전하는 게 나을 것이라 생각
합니다. 부산은 경제가 발달해있지만 역시 복잡하므로 교육지로서
는 그다지 적당하지 않습니다. 따라서 19번 의원의 말처럼 진주에
서 이전할 필요는 없습니다. 더욱이 책임있는 도평의회원으로서 하
등 필요없고 오히려 평지에 파란을 야기하는 식의 말씀은 지양해주

시길 바랍니다. 저는 진주에서 사범학교를 이전하는 것은 어떤 희생을 치르더라도 저지할 것입니다. 교육 문제를 중심으로 이러한 파란을 일으키는 것은 좋지 않으니, 위치를 진주로 결정하고 재정 상황을 보아 신축하고 내용도 충실히 하여 발전시키기를 희망합니다.

의장(지사) : 19번 의원에게 묻습니다. 진주라는 글자를 삭제하자는 수정의견입니까?

19번(김경진(金慶鎭)) : 그렇습니다.

의장(지사) : 19번 의원의 수정의견에 찬성하는 분은 기립해주십시오.

(기립자 3명)

의장(지사) : 19번 의원의 수정의견에는 찬성자가 적은 듯합니다. 앞으로 거슬러 올라가서 말씀드리면, 이미 채택하기로 결정한 제7의 의견서 중 사범학교 이전과 제9 의견서는 양립할 수 없다고 생각합니다. 제7 사범학교 이전을 취소하고 본건을 심의해도 지장 없겠습니까?

28번(엄익준(嚴翼峻)) : 이미 채택된 것은 그대로 두고 싶습니다.

번외(야마시다 신이치(山下眞一) 지방과장) : 제7의 의견서인 사범학교 이전과, 제9에서 진주에 신축하는 것은 모순됩니다.

의장(지사) : 10분간 휴식하겠습니다.(오후 3시 30분)

의장(지사) : 개회하겠습니다.(오후 3시 50분)

제7 건의안은 일단 채택으로 결정되었으나 제9의 건의안과의 관계도 있으니 둘 다 철회하는 게 어떻겠습니까?

("찬성 찬성")

21번(기타가와(北川戌三郎)) : 이 자리를 수습할 계책으로서 둘 다 철회하려고 하시는데, 오늘 상황을 보니 이 건은 근본적으로 해결할 필요가 있다고 생각합니다. 제가 완고한 것일지도 모르지만 이 문제만은 단연코 철회할 수 없습니다.

의장(지사) : 제출한 분의 입장에서 철회하는 것은 유감이겠지만 이대로 진행하면 어쩌면 부결될지도 모르므로 오히려 철회하는 쪽이 유리하다고 생각합니다. 갖고 계신 의견에 대해서는 지사로서 충분히 이해하고 있습니다.

33번(다케히사 스테키치(武久捨吉)) : 제가 보고 판단하건대 여기 출석 의원 중 다수가 양쪽에 날인했습니다. 이는 여러분의 잘못입니다. 28번 의원이 제출한 건의서는 일단 대다수의 찬성을 얻어 채택되었지만, 의장이 원만하게 해결하기 위해 철회하는 의견을 냈으니, 철회하기를 희망합니다. 또 21번 의원도 한 개인의 문제는 아닙니다. 2백만 도민을 대표하고 있는 이상 이러한 경우에는 철회하는 것이 당연하다고 생각합니다. 자신의 이론만 내세워서 주장하면 오히려 불이익입니다. 도평의회는 금년만이 아니고 내년에도 있으니, 의장의 의견을 존중해서 제출자 쌍방 모두 철회하기를 간절히 희망합니다.

19번(김경진(金慶鎭)) : 대다수가 찬성한다면 어쩔 수 없으니 철회하겠습니다.

21번(기타가와(北川戌三郎)) : 고려 중입니다.

의장(지사) : 대다수 의원이 철회에 찬성하니 제7 및 제9의 건의서는 철회된 것으로 인정합니다.

의장(지사) : 제10, 거창공립보통학교에 농업보습학교를 설치하는 것이 급무라고 생각함. 제출자 24번 임석종(林碩鍾), 찬성자 배익하(裵翊夏) 외 18명입니다.

("이의 없음"이라 소리치는 자 다수)

의장(지사) : 이의 없으시니 채택하겠습니다.

의장(지사) : 제11, 울산군 학성공립보통학교 내에 공업보습과를 설치하길 바람. 제출자 14번 김성진(金聲振), 찬성자 임석종(林碩鍾) 외 14명.

("찬성 찬성")

의장(지사) : 이의 없으시니 채택하겠습니다.

의장(지사) : 제12, 농촌진흥책. 제출자 10번 이보형(李輔衡), 찬성자 이은우(李恩雨) 외 24명입니다.

("이의 없음"이라고 소리치는 자 다수)

의장(지사) : 이의 없으시니 채택하겠습니다.

의장(지사) : 제13, 산청군 단성면과 하동군 하동면 간의 교량 3개소는 지방비로써 가설하는 것이 급무라고 생각함. 제출자 3번 최우홍(崔于弘), 찬성자 이은우(李恩雨) 외 7명입니다.

("이의 없음"이라고 소리치는 자 다수)

의장(지사) : 이의 없으시니 채택하겠습니다.

의장(지사) : 제14, 양산-경주간 3등도로 개수와 교량 가설 건. 제출자 14번 김성진(金聲振), 찬성자 임석종(林碩鍾) 외 12명.

("이의 없음"이라고 소리치는 자 다수)

의장(지사) : 이의 없으시니 채택하겠습니다.

의장(지사) : 제15, 울산-동래 간선로의 승격과 교량 가설 건. 제출자 14번 김성진(金聲振), 찬성자 임석종(林碩鍾) 외 12명.

("이의 없음"이라고 소리치는 자 다수)

의장(지사) : 이의 없으시니 채택하겠습니다.

의장(지사) : 제16, 울산군 서생면 신암리 및 울산군 강동면 정자리의 항만수축을 시행하는 건. 제출자 14번 김성진(金聲振), 찬성자 임석종(林碩鍾) 외 12명입니다.

("이의 없음"이라고 소리치는 자 다수)

의장(지사) : 이의 없으시니 채택하겠습니다.

의장(지사) : 제17, 진주공립농업학교 학급 증가와 교사(校舍) 이축(移築)을 급무라고 생각함. 제출자 12번 이장희(李章熹), 찬성자 기타가와(北川戌三郎) 외 31명입니다.

("찬성" 소리 들림)

의장(지사) : 이의 없으시니 채택하겠습니다.

의장(지사) : 제18, 최근 부산에 모여드는 나환자에 대해 엄중한 단속을 바람. 제출자 33번 다케히사 스테키치(武久捨吉), 찬성자 노영환(盧泳奐) 외 5명입니다.

("이의 없음"이라고 소리치는 자 다수)

의장(지사) : 이의 없으시니 채택하겠습니다.

의장(지사) : 일정 전부를 종료했습니다. 지금 드리는 자료에 1927년도 경상남도지방비 세입세출결산 외 8건을 제시했으니 열람해주십시오. 만약 질문 등이 있으면 지금 설명드리겠습니다.

(서기가 제시 서류를 배부함)

의장(지사) : 별로 질문이 없는 것 같습니다. 이제 한 마디 인사를 드리겠습니다.

이번에 제출한 각 자문안을 연일 열심히 심의해주셨고 각 안 모두 원안에 대한 찬성을 얻어서 매우 만족합니다. 그리고 말씀하신 의견 중에는 도치(道治)를 위해 유익한 자료도 많고 장래 지방비사업 집행에 도움되는 것이 적지 않아서 특별히 감사의 뜻을 표합니다. 찬성을 얻은 예산과 기타 안건을 집행할 때 한층 더 고려를 하여 가능한 많은 효과를 거둘 수 있도록 노력하고자 합니다. 그리고 이 기

회에 바라는 것은 여러분은 모두 지방의 선각자이고 여러분의 이해
와 도움은 지방비사업 집행은 물론 도세(道勢)의 진전에 다대한 영
향을 미칩니다. 앞으로도 한층 더 조력해주시길 바라고 함께 도치
의 진흥을 기하고자 합니다. 이것으로 폐회 인사를 마칩니다.

17번(마쓰바라 하야조(松原早藏)) : 평의회원 일동을 대표해서 한 말씀
인사 올립니다. 각하는 이번에 우리 도의 지사로 취임하셔서 착임
한지 아직 얼마 되지 않아 여러 가지로 바쁘신데 우리 도평의회를
소집하셔서 1928년도 지방비 예산과 기타 건을 자문하셨습니다. 우
리가 답변에 너무나 열심인 나머지 가끔 지나친 말을 하기도 하고
혹은 무례한 점이 있었을지도 모르는데 의장을 비롯하여 참여원 여
러분의 잘못이 아닙니다. 상세히 설명해주시고 특히 의장은 민의
창달에 마음을 쓰셔서 연일 쉴새없이 회의를 주재하시고 오늘로써
무사히 종료하신 데 대해 존경의 뜻을 표합니다. 간단하지만 이로
써 인사를 드립니다.

의장(지사) : 이로써 제9회 도평의회는 폐회하겠습니다.

(오후 4시 10분)

3. 경북도평의회 회의록

1) 경상북도 제6회 도평의회 회의록(제2일, 1925년 12월 10일)

항 목	내 용
문 서 제 목	慶尙北道 第6回道評議會會議錄
회 의 일	19251210
의 장	澤田豊丈(도지사)
출 석 의 원	신봉균(申鳳均)(1), 유정락(柳廷洛)(2), 飛田彌吉郎(4), 서병조(徐丙朝)(5), 김한은(金翰殷)(6), 伊藤吉三郎(7), 이종(李鍾)(8), 吉野尙太郎(9), 이헌창(李憲昌)(10), 中谷竹三郎(11), 윤성하(尹聖河)(12), 吉武甲子男(13), 권태연(權台淵)(14), 이선호(李宣鎬)(15), 김세동(金世東)(16), 元田武雄(17), 김진옥(金振玉)(18), 금서연(琴瑞淵)(19), 김명옥(金明玉)(20), 강국원(姜國元)(21), 조남탁(趙南倬)(22), 小口肇(23), 진희규(秦喜葵)(24), 장직상(張稷相)(25), 문명기(文明琦)(26), 박찬동(朴贊東)(27), 十河彌三郎(28), 우상학(禹象學)(30), 池田佐忠(31), 권기하(權奇夏)(32), 이현민(李鉉敏)(33), 안병길(安炳吉)(34), 日浦廣治(35), 山浪乙治郎(36), 伊藤季薰(37)
결 석 의 원	河井朝雄(3), 정해붕(鄭海鵬)(39)
참 여 직 원	한규복(韓圭復)(도참여관), 大西一郎, 竹内健郎, 渡邊秀雄(이상 도사무관), 奧山仙一, 伊藤正懿, 神谷小一(이상 도이사관), 山本尋己, 山本榮, 谷幸次郎, 井上八重二(이상 도기사), 川越省二, 吉山文一郎, 野村鈊次郎(이상 도속), 권영세(權寧世), 박호근(朴浩根)(이상 통역 부속)
회 의 서 기	難波照治, 野田傳三(이상 도속)
회 의 서 명 자 (검 수 자)	澤田豊丈(도지사), 서병조(徐丙朝), 伊藤吉三郎
의 안	자문제1호 1926년도경상북도지방비세입세출예산 자문제2호 1926년도경상북도지방비장학금특별회계세입세출예산 자문제3호 권리의포기에관한건 자문제4호 경상북도공립학교수업료규칙개정의건 자문제5호 경상북도지방세부과규칙개정의건 자문제6호 공립여자고등보통학교입학시험료신설의건

	자문제7호 도금고계약의건 자문제8호 경상북도립의학강습소수업료징수규정개정의건
문서번호(ID)	CJA0013464
철 명	강구항수축공사(경상북도지방비)
건 명	경상북도제6회도평의회회의록
면 수	14
회의록시작페이지	374
회의록끝페이지	387
설 명 문	국가기록원 소장 '강구항수축공사(경상북도지방비)'철의 '경상 북도제6회도평의회회의록'건에 실려 있는 1925년 12월 10일 경 상북도 제6회 도평의회 회의록

해 제

1925년 12월 8~17일까지 열린 경북도평의회 제2일차의 회의록이다. 오니시 이치로(大西一郎) 내무부장이 1926년도 지방비 세입출예산에 대해 길게 설명한 후 문명기, 신봉균, 김진옥, 나카타니 다케사부로(中谷竹三郎) 등의 질문과 당국자의 답변이 이어졌다. 특히 이현민은 가옥세의 과세 표준과 호세 관계를 질문하면서 도시와 지방이 일률적으로 호세가 1원 50전인 것은 불공평하다고 지적한다. 이에 대해 세무과장은 문제가 있다고 동조하면서 연구중이라고 답하지만, 내무부장은 도회지에 사는 사람이 반드시 부유한 것은 아니며 세민은 오히려 지방보다 도시가 더 많고 결코 불공평한 과세라고 말할 수 없다고 반박한다. 주무관서인 재무부 세무과장이 가옥세와 호세의 불균형을 솔직히 인정한 것을, 다른 부서인 내무부장이 수습하고 있는 모양새다. 이현민은 1920년 영양청년회 창립시 덕육부장과 부회장을 지냈고 1929년에 신간회 영양지회장을 맡는 사람이다.[10] 다른 의원들이 도로 개축

등 자신이 속한 지역의 이해에 기반한 요구사항을 주로 발언하는 데 비해, 총독부의 과세정책 자체에 대해 예리한 지적을 하는 것이 눈에 띈다.

내 용

의장(사와다 도요타케(澤田豊丈) 지사) : 지금부터 오늘 회의를 열겠습니다. 일정에 들어가기 전에 지금까지의 예에 따라 회기 중의 회의 일정을 정하고자 합니다. 이에 대해 여러분께 자문을 구합니다. 즉 오늘 내일 이틀 동안 제1독회의 본회의를 열고, 13일은 일요일이니 휴식하고, 12일과 14일 이틀간 위원회를 열고, 16, 17일 이틀간을 여러분이 희망하는 진술을 하는 시간으로 하면 어떨까 생각하는데 이의 없으십니까?

("이의 없음"이라 소리치는 자 많음)

의장(사와다 도요타케(澤田豊丈) 지사) : 모두 이의 없으시니 그렇게 하겠습니다. 아무쪼록 이 일정으로 의사가 진행되길 바랍니다. 그러면 지금부터 오늘 일정 제1호 자문안 제1독회를 열겠습니다.

번외(오니시 이치로(大西一郞) 내무부장) : 의장.

의장(사와다 도요타케(澤田豊丈) 지사) : 번외.

번외(오니시 이치로(大西一郞) 내무부장) : [예산 설명] 자문 제1호 1926년도 경상북도지방비세입세출예산의 대체적인 내용에 대해 설명 드리겠습니다. 본년도 세계 총액은 250만 2,247원이고 이를 전년도의 235만 2,249원에 비교하면 14만 9,808원이 증가했습니다. 그리

---

10) 「英陽靑年會創立會」, 『동아일보』 1920.9.1, 4면; 「英陽靑年會定期會」, 『동아일보』 1921.11.22, 4면; 「新幹英陽支會 第三回大會」, 『조선일보』 1929.1.6, 4면.

고 경상부 세입은 197만 3,335원이며 전년도에 비해 9만 9,599원 증가했습니다. 그 내용을 말씀드리겠습니다.

지방세에서는 전년도인 1924년 가뭄으로 인해 호세 부과 호수의 감소와 시장 판매 가격의 감소를 보았지만, 본년도에는 지세 부가세 및 시가지세 부가세는 각 그 본세가 증가하고, 또 가옥세, 어업세 및 차량세의 과세 물건이 증가했습니다. 또 도장세(屠場稅) 및 도축세는 도축하는 소의 수가 감소했으나 그 과율이 소 한 마리에 대해 2원 50전을 3원으로 바꾸었으므로 각 세를 각각 증가 계상했습니다. 그래서 합계 5만 5,000여 원이 증가했습니다. 임시은사금 수입에서 전년도에 은사공채 약 반액을 식산채권으로 바꾸었기 때문에 연 이자 5푼이 5푼 5리가 되고, 기금 편입금이 증가해서 예금 이자가 증가했으므로 6,100여 원이 증가했습니다. 또 재산 수입에서 수목의 묘포에 소속된 건물을 이축해서 대가료(貸家料)를 징수하기로 하고, 전년 도립의원 이관 때 교부된 의원 유지 자금인 현금 2만 3,000원을 본년도부터 정기 예금으로 한 것, 한완궁 전하 하사금 및 데라우치 전 총독 고별기념 기증금으로 지방비특별기본재산이 증가하여 이자 수입이 늘어난 것 등 1,200여 원이 늘었습니다. 잡수입 중 의원(醫院) 수입에서 1,100여 원이 감소했지만 대구공립상업학교 학급 수 증가와 대구공립여자고등보통학교 신설, 그리고 따로 자문 드리겠지만 대구공립농업학교, 대구공립중학교, 대구공립고등보통학교 등 세 학교의 수업료를 각 1개월 50전씩 증징하기로 했기 때문에 학교 수입에서 1만 4,400여 원, 또 의학강습소에 새로 강습생을 수용하므로 수업료의 증수 1,800원과, 도로 제언(堤堰) 사용료 88원을 합해서 1만 6,300여 원이 증가했으므로 사용료에서 차인하면 1만 5,200원이 늘어난 것입니다. 또 잠종검사 수수료에 소액의 감수(減

收)가 있지만 미두검사 수수료에서 전년도에는 1924년의 가뭄으로 인해 산출미가 감소했지만 올해는 쌀 증수로 인해 1만 2,000원, 또 학교 신설로 인해 입학시험료 300여 원 증수가 있었으므로 수수료에서 1만 2,300여 원이 늘고, 생산물 증가와 사업 충실에 따른 불용품의 증가로 인해 물품 매각대 7,100여 원, 기금 증가로 인해 은급기금 수입 380여 원, 지방비 유급 이원(吏員) 및 지방대우직원의 납부금 증가에 따라 납부금 260여 원이 늘고, 또 세입세출 예금고의 감소로 인해서 예금 이자 감수(減收)를 보았지만 세출에 증가 계상하고 있는 박람회, 공진회, 출품자금 대부금 회수금, 기타 매립지 대부료, 은급분담금이 증가하여 잡수입으로 1,800여 원이 늘어나서 합계 3만 7,100여 원이 늘었습니다. 이상으로 세입경상부에서는 9만 9,500여 원이 늘어났습니다. (중략-편자)

이상은 세출 증감의 개황이므로 여기서 특별히 중요한 점에 대해 두세 가지 부연 설명 드리겠습니다. 우선 토목비에 속하는 강구항 수축비인데, 강구항은 동해안에서 포항, 감포, 구룡포와 함께 우리 도의 훌륭한 어항입니다. 성어기에는 많은 어선이 모이지만 떠다니는 모래 때문에 항상 항구를 폐쇄해서 충분한 이용이 불가능하므로 어업 발전을 저해합니다. 금후 충주-영덕선 가운데의 영덕-안동 간의 도로 개수와 비슷하게, 도내 북반부에서 해륙 연락상 중요한 항구이므로, 본년도부터 약 3개년간 국고 보조 9만 원, 지방비 지출 9만 원, 지역 기부금 1만 원, 매립지 매각대 1만 원을 재원으로 하여 합계 20만 원으로써 소형 어선이 출입하는 수로를 유지하는 공사를 하기로 한 것입니다. 본년도는 국고보조금 1만 원과 지역 기부 1만 원, 지방비에서 1만 원을 지출하여 합계 3만 원의 공사를 행하게 됩니다.

또 감포항의 재해 복구비 보조입니다. 감포항은 전년도에도 특별히 지방비에서 3만 원을 보조하여 사업 완성을 도왔으나, 본년 9월 폭풍우 때문에 공사 태반은 격랑에 휩쓸려서 그 피해액이 9만 5,000원에 달합니다. 재해의 실황에 비추어 2만 4,000원의 보강공사비가 필요하고, 미시공된 곳의 공비 5만 원을 더하면 금후 완성까지 총 공비 16만 9,000원이 필요합니다. 그런데 예산 잔액 5만 원 내에서 1만 원은 재해 후의 정리 및 공사 일시 휴지에 따른 종업원 급료 등에 필요하고, 재해로 인해 유실된 해안 토지의 손해 2만 원을 공제하면 결국 2만 원의 재원일 뿐입니다. 종래에도 부담이 컸는데 이번에 다시 막대한 손해를 입은 지역민으로부터 기부금을 바라는 것은 도저히 불가능합니다. 이대로 그만두는 것은 상책이 아니므로, 지방비에서 7만 3,000원을 보조하고, 지역 재원 2만 원과 국고로부터의 보조금을 합해 지방민이 오랫동안 바라온 사업을 완성하려고 합니다. (중략-편자)

의장 : 잠시 염두에 두시라고 말씀드리는데 아까도 말씀드린 것처럼 이후 이틀간은 여러분의 희망을 진술하는 시간에 쓸 것이므로 자문안과 직접 관계없는 것은 말씀하시지 말기를 바랍니다.

26번(문명기(文明琦)) : 의장.

의장(사와다 도요타케(澤田豊丈) 지사) : 26번.

26번(문명기(文明琦)) : 지금 내무부장이 일일이 예산 설명을 하셔서 대체적인 것은 알겠습니다만 한 가지 생각할 점이 있습니다. 그것은 다년간 숙제인 충주-영덕간 선로 중 남은 2,3리에 필요한 중대한 경비가 본 예산에 계상되지 않은 것입니다. 그리고 봉화-영양간 도로가 봉화에서 그치고 있는데 영양에서부터 영해로 나가는 도로를 만들기를 지방민이 희망하고 있습니다. 얼마 전에 영해면에서, 3등

도로에 편입하는 측량 신청을 낸 적이 있는데 그것이 아직 예산에서 실현되지 않은 것은 무엇 때문인지, 그 점을 한 가지 질문 드립니다.

번외(다니(谷) 토목과장) : 의장.

의장(사와다 도요타케(澤田豊丈) 지사) : 번외.

번외(다니(谷) 토목과장) : 26번에게 답변드리겠습니다. 충주-영덕선 2등 도로는 아시는 것처럼 매년 상당한 국비를 들여 개수하고 있고, 내년도에도 충분히 국비 배부를 얻어 개수할 예정입니다. 이에 대해서는 총독부에서도 여러 번 토의를 해서 지장이 없는 한 올해와 같이 내년 1926년도에도 개수할 협의를 마쳤습니다. 그리고 또 한 가지는 봉화-영양선에 접속하는 지역인 영해-영양간 등외도로 개수를 왜 하지 않는가 인데, 이는 아시는 것처럼 울령(蔚嶺)이라는 대단히 비탈진 길이 있고 그 거리는 20정(町) 정도입니다. 이를 차가 통하는 도로로 만들려면 약 3만 원 내지 4만 원의 경비가 듭니다. 또 개수한 후에는 그 거리가 약 1리 반에 달해서 좀처럼 쉽게 개수할 수가 없습니다. 그리고 이를 3등 도로에 편입해달라는 것인데 도로망 편입 경정(更正)은 당분간 어렵다는 점을 양지해주시기 바랍니다.

1번(신봉균(申鳳均)) : 의장.

의장(사와다 도요타케(澤田豊丈) 지사) : 1번.

1번(신봉균(申鳳均)) : 예산설명서의 세입세출 각 관별 비교의 1번 마지막에 임시부 합계 1,118,344라는 숫자가 계상되어 있는데 이는 틀리지 않습니까?

번외(가미야(神谷小一) 지방과장) : 의장.

의장(사와다 도요타케(澤田豊丈) 지사) : 번외.

번외(가미야(神谷小一) 지방과장) : 인쇄 오류이고 정정한 것을 드리려고 하니 지금 정정시키겠습니다.

1번(신봉균(申鳳均)) : 토목비에 대해서 하나 질문 드립니다. 다년간 문제가 되어온 영천-의성간 2등 도로 문제입니다. 예산을 보면 화서(化西)-의흥(義興) 간 2등 도로 공사 준공을 위해 3만여 원을 계상하고 있는데, 당국의 호의에는 감사하지만 약간 더 연장하여 영천-의성간 2등 도로를 개수했으면 합니다. 이는 매년 문제가 되어 있으므로 금년도 예산에는 반드시 계상될 것으로 생각했는데 의성까지 계상되어 있지 않아 매우 당황스럽습니다. 1926년도에는 이를 가급적 의성까지 개통해주셨으면 합니다. 이게 금년에 계상되지 않은 것은 무슨 까닭입니까?

번외(다니 고지로(谷幸次郎) 토목과장) : 의장.

의장(사와다 도요타케(澤田豊丈) 지사) : 번외.

번외(다니 고지로(谷幸次郎) 토목과장) : 영천-의성선은 지금 발안되어 있는데 또 이를 해달라는 것처럼 생각됩니다만… 어느 곳을 해달라는 말씀입니까?

1번(신봉균(申鳳均)) : 지금까지의 계획은 영천(永川)-신녕(新寧) 간에 해당하고 제가 말하는 것은 신녕부터 의흥까지, 의흥에서 의성까지입니다. 여기에 좀더 비용을 들이면 의성까지의 도로가 완성되리라 생각합니다.

번외(다니 고지로(谷幸次郎) 토목과장) : 의장.

의장(사와다 도요타케(澤田豊丈) 지사) : 번외.

번외(다니 고지로(谷幸次郎) 토목과장) : 질문의 취지는 돈을 많이 들여 가급적 빨리 의흥을 거쳐 의성까지 해달라는 취지라 생각되며 답변드리겠습니다. 이 선은 작년 이후 필요한 노선이라 생각하여 개수하고 있는데, 아시는 것처럼 지금 기공 중인 1925년도 공사는 1924년도에 이어서 계속 하는 것이고 큰 산이 있어 상당히 공비가 많이 듭니다. 또 1926년도에 발안한 부분은 산고개인데 나머지는 의흥의 입구에 암석이 있을 뿐이고 매우 평평합니다. 의성 쪽은 작년에도 한해구제사업으로서 2리 정도 개수했고 뒤는 평평한 곳이므로 만약 가급적 빨리 하려고 희망하신다면 지역이 분발해서 관리자의 허가를 얻으면 단숨에 해치울 수 있으리라 생각합니다. 본년에 발안한 금액만으로는 의성까지 불가능한 것이 확실합니다. 점차 비탈을 깎은 곳까지 진행되리라 생각합니다.

18번(김진옥(金振玉)) : 의장.

의장(사와다 도요타케(澤田豊丈) 지사) : 18번.

18번(김진옥(金振玉)) : 한 가지 질문합니다. 세출경상부 제2관 권업비 제2항의 명칭이 1925년도에는 관개사업조사비였는데 1926년도에는 이것이 없어지고 토지개량비로 된 것은 무슨 까닭입니까?

번외(오니시 이치로(大西一郎) 내무부장) : 의장.

의장(사와다 도요타케(澤田豊丈) 지사) : 번외.

번외(오니시 이치로(大西一郎) 내무부장) : 작년에는 관개사업조사비로 되어 있었지만 사실 그 내용이 단순히 관개사업 조사에만 그치는 것이 아니라 배수에 관한 것도 조사하고 기타 토지 개량에 관한 조사도 해당되었으므로, 그 중 적당한 명칭인 토지개량비로 바꾼 것입니다.

18번(김진옥(金振玉)) : 세출임시부 제7관 보조비에 대해 질문하겠습니다. 부기란을 보면 보조비 제2항 권업비 보조에서, 녹비(綠肥)작물 종자 배부비로서 1,000원 계상해있는데 이는 어디에 보조하는 것입니까?

번외(야마모토 히로미(山本尋己) 농무과장) : 의장.

의장(사와다 도요타케(澤田豊丈) 지사) : 번외.

번외(야마모토 히로미(山本尋己) 농무과장) : 답변드리겠습니다. 이는 아직 그 장소는 정해지지 않았습니다. 대체로 그 종류는 흰꽃싸리 [白萩], 자주개자리[alfalfa], 클로버, 헤어리베치(hairy vetch) 등 4종류입니다. 녹비의 성질상 흰꽃싸리와 자주개자리는 밭이 많은 산간지방에 배부하고, 클로버와 헤어리베치는 논이 많은 지방이나 평탄한 지방에 배부한다는 계획입니다. 종자를 구입해서 적당한 단체 혹은 개인에게 배부합니다.

18번(김진옥(金振玉)) : 산미개량 지정면이라고 하고 있는데 그 지정면에는 이러한 보조는 하지 않습니까?

번외(야마모토 히로미(山本尋己) 농무과장) : 의장.

의장(사와다 도요타케(澤田豊丈) 지사) : 번외.

번외(야마모토 히로미(山本尋己) 농무과장) : 그 지정면 내에 적당한 곳이 있는 경우에는 무상 배부도 할 것입니다. 또 흰꽃싸리 같은 것은 잘 조사해서 가장 적당한 곳에 배부하려고 합니다.

11번(나카타니 다케사부로(中谷竹三郎)) : 의장.

의장(사와다 도요타케(澤田豊丈) 지사) : 11번.

11번(나카타니 다케사부로(中谷竹三郎)) : 대체로 이 예산에 만족하지만 산미증식과 토지개량에 대해 질문하겠습니다. 본도에는 제언(堤堰)이 2,600개 있는데 이들 제언이 그동안 방치되어서 거의 이용되지 못하는 것이 많습니다. 지주들은 이를 속히 설계하길 바라고 구조물의 공비를 부여해주면 기타는 지주가 모아서 완전하게 수축하고 싶다고 희망하는 사람이 여러 지역에 많습니다. 이게 완성되면 정부의 산미개량 방침에 큰 의의가 있으리라 생각합니다. 이렇게

가장 급무라고 할 만한 제언수축과 치산(治山)… 예를 들면 감포의
축항을 말씀드리겠습니다. 이미 준공이 가까워졌는데 올해에 겨우
하룻밤만에 17만 원의 돈이 수포로 돌아갔습니다. 또 그 복구를 위
해 다액의 돈이 필요합니다. 하나의 풍파 때문에 손해를 입는 식이
라 우려를 금치 못하겠습니다. 그리고 학교 건축인데, 매년 증축이
필요하기 때문에 그 동안의 경비는 경제상 대단한 손해를 초래합니
다. 축항사업처럼 매년 그 방면의 손해를 입습니다. 따라서 이미 정
해진 사업 중 가장 급한 것에 대해서는 도채를 일으켜서 축항이나
제언 수축 등에 충당한다면 지방 개발에 큰 도움이 될 것이라 생각
합니다. 이에 대해 당국이 어떻게 생각하시는지 묻습니다. 그리고
치산사업과 산미증식을 위해 각 면에 1인의 기수를 두어달라는 것
입니다. 실제 사무를 담당하는 면에 도움의 손길이 없다면 발달할
여지가 없다고 생각합니다. 예산이 없다는 우려도 있지만 빈약한
면을 병합하여 면민의 부담을 경감시키고, 산업 장려를 더욱 철저
하게 하기 위해 각 면에 기수 1명씩을 두어주었으면 좋겠습니다.
이 점에 대해 당국의 생각을 듣고 싶습니다.

번외(오니시 이치로(大西一郞) 내무부장) : 의장.

의장(사와다 도요타케(澤田豊丈) 지사) : 번외.

번외(오니시 이치로(大西一郞) 내무부장) : 지금 질문의 요지는, 현재
상황에서 치산 사업 또는 산미개량증식이 매우 절실한데 도채를 일
으켜 그 사업에 충당하면 어떠냐는 것으로 들었습니다. 그리고 각
면을 병합해서 그 각 면에 산업 기수를 두어 산미개량에 대한 지도
를 하게 하자는 말씀이라 생각합니다. 첫째, 기채 문제는 그 상환을
대비하는 정확한 계획이 없으면 뒷날 다년간 도민의 고통이 됩니
다. 그런데 본도의 현황에서 말씀드리면 우선 일반적으로 여력이

적기 때문에 금후 계속 부담을 남기는 것은 상당히 고려가 필요한 일이라 생각합니다. 그리고 치산사업 또는 산미개량은 물론 중대하고 긴요합니다. 그러나 이는 국가적 사업입니다. 이를 지방비로써 하는 것은 쉽지 않습니다. 그래서 현재 총독부에서도 국비에 의해 하려고 계획하고 있습니다. 그 내용은 아직 공적으로 들은 바가 없어서 상세하게는 모르겠지만 머지않아 국비에 의해 이들 사업이 점차 실현되리라 기대하고 있습니다. 그러나 지금 말씀하신 것처럼 근본적인 것은 지방비로는 곤란해도 그 취지는 필요하다고 생각합니다. 따라서 본년도 예산에서는 세입의 증수 약 15만 원 중에서 3분의 1, 즉 5만 4,000원을 권업 부문에 투자하고자 합니다. 그 내용은 다양하지만 산미개량 증식 사업, 또 치산에 관련해서는 임야복구사업, 조림 보조 증가 등 현재 지방비에서 할 수 있는 데에 힘을 기울였습니다. 이 점을 잘 양해해주시길 바랍니다. 또 면의 병합은 상당히 중대할 뿐 아니라 다년간의 연혁을 갖고 있습니다. 따라서 신중히 이를 결정할 필요가 있습니다. 이는 단지 본도만이 아니라 전조선적인 문제이므로 지금 갑자기 착수하기 어렵다고 생각합니다. 또 각 면에 전임(專任) 산업 기수를 두는 것은 그 목적에 동감하고 현재 지방비에서도 가능한 산업 방면에 힘쓰고 있지만, 현재 재정 상태로는 실행하기 어렵습니다. 이런 점을 알아주시길 희망합니다.

2번(유정락(柳廷洛)) : 의장.

의장(사와다 도요타케(澤田豊丈) 지사) : 2번.

2번(유정락(柳廷洛)) : 세출임시부의 토목비에 대해 질문하겠습니다. 제방 수축과 관련해서입니다. 하양천(河陽川)이 금년 홍수 때 범람해서 22명 정도가 사망했고 본도 내에서 피해가 가장 컸습니다. 제2

항의 제2에 재해복구비로서 1,000원이 계상되어 있습니다. 이는 어디에 사용되는지 모르겠는데 하양천에 사용할 것입니까?

번외(다니 고지로(谷幸次郎) 토목과장) : 의장.

의장(사와다 도요타케(澤田豊丈) 지사) : 번외.

번외(다니 고지로(谷幸次郎) 토목과장) : 지금 질문하신 하양(河陽)의 조산천(造山川) 제방 복구비에 대해서는, 도에서도 그 피해를 알고 있고 총독부에도 신청하여 특별히 하천 기술자를 파견해서 실지 조사 후 1925년도 복구비로서 국고에서 보조하게 되었습니다. 1925년도 경상북도 세입세출추가경정예산에 실려있습니다. 내년도까지 기다리지 않고 1925년도에 추가해서 국고에서 보조를 받아 지방비로 되어 있습니다.

12번(윤성하(尹聖河)) : 의장.

의장(사와다 도요타케(澤田豊丈) 지사) : 12번.

12번(윤성하(尹聖河)) : 세출임시부 제1관 제4항에 대해 질문하겠습니다. 제4호에 도로하천측량비로 6,621원이 새로 계상되어 있습니다. 설명서에 의하면 중요한 등외도로 및 제방 측량비에 충당한다고 되어 있습니다. 저는 매우 기쁘게 이 의안을 심사했습니다. 물론 도에서 충분히 실지 조사를 해서 예산 편성을 했다고 생각되는데, 올해 수해를 입은 곳도 있으니 이에 필요한 복구금도 있을 것입니다. 또 산간에 있는 군(郡)에 가보면 도로 측량이 끝난 곳도 있다고 들었습니다. 그에 대해 도에서 조사한 것이 있다면 이 자리에서 발표해주시길 원합니다. 그리고 청송(靑松)-영천(永川) 간의 도로 측량이 시급하다는 것도 도에서 고려하고 있다고 들었는데 금년에 여기도 측량을 하는지 묻겠습니다. 그리고 또 하나, 세입임시부 제7관 보조비의 제2항 권업비 보조의 제5목에 대해 질문하겠습니다. 제5목에 토지개량사업 보조로서 6만여 원을 계상하고 있는데 부기(附記)에 10개소, 1개소 6,055원으로 되어 있습니다. 이 10개소는 미리 도에서 그 사업이 필요한 장소를 선정했습니까? 아니면 지금부터 선정하려고 하는 것입니까. 또 보조의 범위 정도 등도 이 자리에서 말씀해주시길 희망합니다. 그리고 같은 관의 제4항 교육비 보조에 대해 하나 질문하겠습니다. 교육비 보조의 제1목 보통학교비 보조를 약간 계상하고 소학교비 보조도 약간 계상되어 있습니다. 이를 작년과 비교하면 보통학교비에서는 2,071원 증가인데 소학교비는 5,552원 증가하고 있습니다. 부기란을 보아도 역시 그 이유는 적혀있지 않은데… 대체적으로 보면 보통학교는 소학교보다 수가 더 많습니다. 작년과 비교했을 때 보통학교 보조 증가가 소학교 보조의 반에도 못 미치는 것은 무슨 까닭입니까? 이 점에 대해 듣고 싶습니다. 그리고 같은 관 7항에서 항로 보조로서 1만 2,000원을 계상했는데 이는 작년에도 1만 2,000원이어서… 모든 보조는 물론 그 필요에 따라 적당히 안배되는 것이라 생각합니다. 항로 보조 같은 것에 매년 보조를 하는 까닭은 무엇입니까? 이는 본년도만인지 아니면 매년 이렇게 할 것인지, 도의 계획을 듣고 싶습니다.

번외(다니 고지로(谷幸次郞) 토목과장) : 의장.

의장(사와다 도요타케(澤田豊丈) 지사) : 번외.

번외(다니 고지로(谷幸次郞) 토목과장) : 도로 하천 측량 건에 대해서는… 최근 도로의 편리성이 그 지방 경제에 아주 큰 관계가 있다는 점을 각 지방 분들이 판단해서, 최근에 도로 측량을 해달라는 청구가 많습니다. 거기에는 1,2등 도로도 있고 3등 도로도 있고 등외도로도 있습니다. 도에 출원한 것만도 거리가 60리 이상에 달합니다. 또 하천 쪽을 말씀드리면 지정 외 하천에 약간만 품을 들이면 충분히 수해를 막을 수 있습니다. 이런 하천은 도처에 있습니다. 그러나 이런 것들을 조사하는 데 어느 정도의 경비가 드는지 지금은 확실하지 않습니다. 그래서 여기 게재한 지방비사업 이외의 시설에 대한 조사를 시작해보자는 생각으로 계상한 것입니다. 제2항의 청송 영천간 3등도로는 언제 측량하는가, 이는 다년간 문제가 되어 왔고 작년에도 1925년에 하겠다는 약속을 했습니다만, 한해구제공사가 끝나면 이어서 측량할 준비를 하고 있었는데, 불행히도 올해 7,8월 대수해 때문에 연기되었습니다. 이는 천재지변으로 늦어진 것이므로 양해 부탁드립니다. 수해복구가 일단락되면 청송 영천 쪽도 할 생각입니다.

번외(오니시 이치로(大西一郞) 내무부장) : 의장.

의장(사와다 도요타케(澤田豊丈) 지사) : 번외.

번외(오니시 이치로(大西一郞) 내무부장) : 12번의 질문 중 도로·하천 측량비 이외의 것에 대해서 답변드리겠습니다. 토지개량사업 보조비에 대한 질문이셨고, 10개소라는 장소가 예정되어 있느냐는 질문이었는데, 대체로 현재 상황으로는 그 장소를 예정하고 있습니다. 그러나 단지 예정이고 확정은 아닙니다. 그리고 보조율은 아시는대로 규정이 있습니다. 이 규정에 의거해 각 장소의 상황과 공사의 난이도, 경제상 관계 등을 고려해서 2할 5푼 내지 3할 5푼의 보조를 하기로 되어 있습니다. 다음으로 교육비 보조에서, 보통학교비 보조와 소학교비 보조를 대비해서 소학교는 보통학교보다 적은데도 불구하고 본년은 5,552원 증가했는데 보통학교는 2,071원 증가함은 균형을 잃은 것 아닌가 하는 질문이라고 생각됩니다. 그러나 전년에 비해서 달라진 내역은, 건축비 보조에 의한 것입니다. 즉 이 내역에 있는 것처럼 양쪽 모두 교원급설비비 보조와 기타 비품비도 작년과 다르지 않고, 단지 건축비에서 작년과 5,000여 원의 차이가 있습니다. 이는 건물이 심하게 낡아 개축해야 하는 상황 등 그 연도에 따라 변하는 것이라서, 이 차액은 어쩔 수 없으니 양해 바랍니다. 그리고 항로 보조 1만 2,000원은 이후에도 계속되는지에 대한 질문인데, 이는 아시는 것처럼 1925년도부터 개시한 것입니다. 아직 시작 단계이고 본년에도 마찬가지로 하려고 합니다. 또 1927년 이후 문제에 대해서는 지금 미리 말씀드릴 수는 없으나 아시는대로 이 항로는 일반의 요망에 의해서 만들어진 것이므로 사정이 변하지 않는 한 보조할 필요가 있다고 생각합니다. 이렇게 답변 드립니다.

33번(이현민(李鉉敏)) : 의장.

의장(사와다 도요타케(澤田豊丈) 지사) : 33번.

33번(이현민(李鉉敏)) : 세입경상부 제1관 제4항의 가옥세에 대해 질문 드립니다. 배부해주신 것을 보면 대구부가 2만 3,354원, 포항면이 3,035원, 김천면이 3,782원이라고 써있을 뿐입니다. 그런데 그 옆에 호세를 보면 부과 호수가 몇 호이고 평균 1호에 대해 1원 50전이라고 부기되어 있습니다. 가옥세는 금액만 계상되어 있고 1호당 부과금의 과율은 쓰여 있지 않은데 그 과율을 알고 싶습니다.

번외(가와고에 쇼지(川越省二) 세무과장) : 의장.

의장(사와다 도요타케(澤田豊丈) 지사) : 번외.

번외(가와고에 쇼지(川越省二) 세무과장) : 답변 드리겠습니다. 가옥세에 대해서 단순히 금액만 게재한 이유는 다음과 같습니다. 가옥세는 지방비부과규칙에 의해 부(府)·면(面)에서 가옥의 지위 등급 기타를 정하고 도지사의 승인을 거쳐 그 가옥에 부과하는 것으로 되어 있습니다. 또 과율은 내무과장의 통첩에 의해서 호세 부과율과 균형을 잃지 않도록 호세 부과율에 기타의 호수를 감안해 산출하는

것으로 되어 있는데, 방금 말씀드린 부과 방법이기 때문에 가옥에
대한 부과율은 미리 게재하지 않고 여기에는 단순히 금액만 게재했
습니다. 그리고 부과 호수를 말씀드리면 대구부가 약 1만 5,000, 포
항이 비슷하게 1,800, 김천이 2,600여 호의 비율로 되어 있고 1호 평
균 1원 50전의 비율로 산출했습니다.

33번(이현민(李鉉敏)) : 지금 설명을 들으니 과율이 약간 불균형할 수
있다는 점을 알았습니다. 제 생각으로는 가옥세와 호세가 똑같이 1호
당 1원 50전이라는 것은 뭔가 이상하다고 생각합니다. 지방보다도
도회지 쪽이 유력가… 재산가가 많으리라 생각합니다. 그런데 지방
에서의 호세와, 도회지 예를 들면 대구에서의 호세가 똑같이 1호당
1원 50전이라는 것은 아무리 생각해도 균형이 맞지 않습니다. 실질
적으로 지방보다도 도회지 쪽이 부담이 가볍게 될 우려가 있습니
다. 이는 이론보다도 실제 증거가 있습니다. 지방민 중에는 왕왕 부
담 관계상 고향을 버리고 도회지로 이동하는 자가 꽤 많습니다. 무
슨 까닭인가를 들어보면 예를 들면 호세 같은 것이 지방에 있을 때
에는 그 부담이 대단히 큰데 도회지로 오면 그것이 매우 적어진다
고 들었습니다. 똑같이 지방세인데 양쪽의 부담이 이렇게 균형을
잃는 것은 무슨 까닭입니까. 예를 들면 지방을 1원 50전으로 한다면
대구는 2원 50전으로 하는 것이 필요하다고 생각하는데 이에 대해
당국의 의견은 어떤지 듣고 싶습니다.

번외(가와고에 쇼지(川越省二) 세무과장) : 의장.

의장(사와다 도요타케(澤田豊丈) 지사) : 번외.

번외(가와고에 쇼지(川越省二) 세무과장) : 지금 말씀은 지극히 옳다
고 생각합니다. 저희 당국자들은 상부의 지휘에 따라 그러한 점을
계속 연구하고 있습니다. 말씀하신 것처럼 가옥세와 호세는 대단히

균형을 잃고 있고, 한 걸음 더 나아가 말씀드리면 저도 그러한 느낌을 깊이 받고 있습니다. 즉 시가지에서는 가옥세를 가옥 소유자에게 부담시키고 있기 때문에 시가지 거주자 중에서 가옥을 소유하지 않은 자는 전혀 부담이 없습니다. 가옥을 소유하지 않고 차가 주거를 하는 경우 가옥세가 어느 정도 차가인에게 전가되는 경향이 있습니다. 이 점에 대해서는 상부에서도 연구하라고 하고 계속 연구하고 있습니다만, 여하튼 조선에서는 국세·지방세 및 기타 공과(公課)가 모두, 일한병합 당시 창설된 후 약간의 개폐는 있었으나 그 체계가 불비하고 이상적이지 못합니다. 그러나 최근 신문을 보면 곧 국세 정리를 한다고 들었습니다. 또 국세와 관계가 깊은 지방세 정리를 하기 위해 각각 상부의 명령에 의해서 지금 연구하고 있다고 합니다. 가옥세 쪽도 호세처럼 큰 차이가 있다고 생각합니다. … 오히려 이런 것은 수익세라는 측면에서 보는 편이 지극히 적당하다고 생각합니다. 이렇게 양해 바랍니다.

33번(이현민(李鉉敏)) : 그리고 다음으로 제5호 시장세에 대해 또 하나 질문 드리겠습니다. 시장세 중 시장규칙 제1조 제1호에 의한 시장은 이 시장세를 폐지하는 것에 대해 작년 평의회에서도 여러 논의가 나왔다고 생각하는데… 이 시장세는 앞서 설명하신 것처럼 여러 사정이 있을지도 모르지만 속히 폐지를 하기 바랍니다. 그리고 제4호 시장의 세율 1만분의 1이라고 되어 있는데 지나치게 낮으니까 좀 인상하기를 매년 희망해왔는데 아직 인상되지 않은 까닭은 무엇입니까? 특히 본년은 도장세·도축세 등을 인상하고 있는데 이러한 빈곤자라든가 또는 우육(牛肉)의 수용·공급 측면에서 보아도 일반 수용자에게 고통을 주기보다는 오히려 제4호의 시장세에서 1만분의 1을 1만분의 5 정도로 인상하는 게 좋으리라 생각하는데 당국의 생각은 어떻습니까?

번외(오니시 이치로(大西一郞) 내무부장) : 의장.

의장(사와다 도요타케(澤田豊丈) 지사) : 번외.

번외(오니시 이치로(大西一郞) 내무부장) : 답변드리겠습니다. 시장세에 대한 의견이신데, 말씀하신 것처럼 제1조 제1호의 시장세는 여러 논의가 있었습니다. 그러나 본세는 다년간 부과된 것이어서 그 부담은 거래하는 관계자들 사이에 자연스럽게 정착되어 있습니다. 그런데 지금 이를 곧장 폐지하면, 10만 가까운 큰 재원을 이루고 있기 때문에, 달리 적당한 재원을 찾으려면 지금 이를 정리하는 것은 급히 단행하기 어려운 상태입니다. 이 점은 충분히 양해하시리라 생각합니다. 또 제4호에서 시장세율이 낮다는 의견이신데, 이것도 이 관계 방면에서는 현재 이 과율조차도 너무 높다고 말하고 있습니다. 이 이상 높이면 또 다른 여러 영향을 미칠 것이라 생각하므로 잠시 현재 그대로 두고 있습니다. 또 도축세에 대해서는 1마리 3원을 취하고 있습니다. 또 소비자에게 과중한 부담을 지게 한다는 의견이신데, 개개의 경우에 그 사는 사람에게 할당되는 것을 생각하면 극히 적은 것이라서 이것 때문에 빈곤자나 소비자가 고통스럽다고 생각하지는 않습니다. 그래서 50전을 증가한 것입니다. 그리고 아까 번외가 답변한 호세 및 가옥세에 대해서 약간 보충해서 말씀드리겠습니다. 원래 호세와 가옥세를 만든 것은, 도회지에서는 가옥 소유자와 거주자가 다른 경우가 꽤 많습니다. 촌락에서는 항상 이 양자가 일치합니다. 그런데 도회지에서는 가옥 소유자와 거주자가 일치하지 않는 경우가 많은 경우, 비교적 부유한 소유자에게 세금을 물리는 것이 좋다는 식으로 되어 있습니다. 이 부과율이 균형을 잃었다는 것인데, 이는 관점에 따라 다른 것입니다. 한편으로 보

면 도회지에는 빈곤자 수가 많습니다. 특히 극빈자는 촌락보다 도
회지에 있다는 것은 현재 어느 곳을 보아도 마찬가지의 상태입니
다. 이렇게 보면 도회지가 반드시 세금 부담 능력이 크다고 말하긴
어렵습니다. 호세·가옥세 모두 실제로 부과할 때 조사를 잘 해서 각
각의 부담력에 따라서 부과하도록 되어 있습니다. 면(面)과 비교해
보아도, 부자에게는 많이, 빈곤자에게는 적게 되도록 실제로 시행되
고 있습니다. 이렇게 양해 바랍니다.

33번(이현민(李鉉敏)) : 또 하나는 세출임시부 제7관 보조비의 제1항
제1목입니다. 내성(乃城)-영양(英陽) 간 등외도로에 6,000원이 계상
되어 있는데 이는 언제쯤 준공될 예정입니까? 그리고 이 도로는 봉
화까지 연장되는지 아닌지를 듣고 싶습니다.

번외(다니 고지로(谷幸次郎) 토목과장) : 의장.

의장(사와다 도요타케(澤田豊丈) 지사) : 번외.

번외(다니 고지로(谷幸次郎) 토목과장) : 내성-영양간 도로가 언제 끝
나는가에 대해서는 두 가지로 생각할 수 있습니다. 전 노선의 개수
는 쉽게 끝나지 않고 2,3년은 계속되리라 생각합니다. 영양 쪽은 본
년에 당동(唐洞) 앞의 고개만을 개수합니다. 여기 계상한 구간은 내
년 중에 완료합니다. 그리고 봉화 쪽은 경비 상황상 제안하지 않았
습니다.

33번(이현민(李鉉敏)) : 제가 질문한 것은 전 노선의 개통에 대해서가
아닙니다. 내성-영양간 도로가 언제쯤 개통되느냐입니다.

번외(다니 고지로(谷幸次郎) 토목) : 의장.

의장(사와다 도요타케(澤田豊丈) 지사) : 번외.

번외(다니 고지로(谷幸次郎) 토목) : 좀전에 말씀드린 대로 내성 영양
사이 도로 전부는 2,3년은 걸릴 것이라 생각합니다.

의장(사와다 도요타케(澤田豊丈) 지사) : 오늘은 이것으로 폐회하겠습
니다.(오후 4시 35분)

Ⅱ
부협의회 회의록

1. 대구부협의회 회의록

1) 대구부협의회 회의록(1927년 1월 27일)

항 목	내 용
문 서 제 목	大邱府協議會會議錄
회 의 일	19270127
의 장	上內彦策(부윤)
출 석 의 원	小川德長(1), 김의균(金宜均)(2), 黑川圓治(3), 한익동(韓翼東)(4), 立木要三(5), 박병태(朴炳兌)(6), 김정오(金正悟)(7), 大塚健治郎(8), 大平德三郎(9), 김두성(金斗性)(10), 정도균(鄭道均)(11), 武尾禎藏(13), 吉武甲子男(14), 加藤一郎(15), 畑本儀平(17), 조규영(趙桂泳)(18)
결 석 의 원	靑木重信(12), 小口肇(16), 류교하(柳敎夏)(19), 小野元太(20)
참 여 직 원	佐藤德重(1번 부속), 池田才次郎(2번 부속), 德長吉三(4번 토목기사)
회 의 서 기	澤田次良吉(부속)
회 의 서 명 자 (검 수 자)	上內彦策(부윤), 김정오(金正悟)(7), 大塚健治郎(8)
의 안	자문안 제1호 1926년도 대구부 세입출예산 추가경정의 건, 자문안 제2호 대구부 시가도로 및 하수도 개수공사 설계 변경의 건
문 서 번 호 (I D)	CJA0013069
철 명	시가도로및하수관계서류
건 명	대구시가도로및하수개수국고보조공사계획변경인가의건(회의록)
면 수	5
회의록시작페이지	48
회의록끝페이지	52
설 명 문	국가기록원 소장 '시가도로및하수관계서류'철의 '대구시가도로및하수개수국고보조공사계획변경인가의건(회의록)'에 실려 있는 1927년 1월 27일 대구부협의회 회의록

해 제

본 회의록(5면)은 국가기록원 소장 '시가도로및하수관계서류'철의 '대구시가도로및하수개수국고보조공사계획변경인가의건(회의록)'에 실려 있는 1927년 1월 27일 대구부협의회 회의록이다. 1927년에 시행하기로 되어 있던 제2호선과 제14호선 정비에 들어갈 비용을 전용하여 수해 방지를 위한 하수도 공사를 하는 것에 대해 논의하고 있다. 다음날 의원들이 현지를 시찰한 후 다시 논의하기로 하고 회의는 정리되었다.

내 용

의안

자문안제1호 1926년도대구부세입출예산추가경정의건

자문안제2호 대구부시가도로및하수도개수공사설계변경의건

의장(부윤) : 자문안 제1호 1926년도 대구부 세입출예산 추가경정예산을 부의합니다.

번외 1번(사토 도쿠시게(佐藤德重)) : 제1호안을 설명하겠습니다. 오는 2월 6일 다이쇼(大正)천황 장례식 당일, 우리 부에서도 공설운동장에서 요배식을 거행하므로 전등료, 횃불, 봉도제등(奉悼提燈), 장막 등에 들어가는 경비로 300원을 추가하니 양해 바랍니다.

1번(오가와(小川德長)) : 세출경상부 예비비의 300원을 감액한 것은 어째서입니까?

번외 1번(사토 도쿠시게(佐藤德重)) : 그것은 요배식 비용에 충당하기 위해 경정 감액한 것입니다.

의장 : 요배식 시행에 대해서 방법 등 의견이 있으면 나중에 말씀해주시기 바랍니다.

1번(오가와(小川德長)) : 본안은 독회를 생략하고 즉시 가결하기 바랍니다.

의장 : 독회를 생략하고 가결하는데 이의 없습니까?

("이의 없음")

의장 : 이의가 없으니 독회를 생략하고 본안을 가결합니다.

의장 : 자문안 제2호 대구부 시가도로 및 하수도 개수공사 설계변경 건을 부의합니다. 이에 대해 설명드리고 부윤으로서의 희망과 그동안의 경과를 간단히 말씀드리겠습니다. 이것은 내년도 총예산 자문 때에 시가도로 및 하수도 개수공사비의 지출액을 자문할 예정인데, 내년도 연도할지출액은 19만 5,000원입니다만 그 정리를 위해 제2호선과 제14호선은 1927년도에 시행하기로 되어 있습니다. 잘 알고 계시듯이 매년 시내 각 곳에 수해가 있어 작년 급히 안을 만들어 1927년도의 국고보조를 요청하였으나 각종 사정으로 인해 이를 관철할 수 없었습니다. 그렇지만 매년 수해가 덮쳐 위생상은 물론 재산 손실을 당하는 주민의 참상을 두고 볼 수 없습니다. 그러므로 1927년도에 계속사업으로서 시행하는 도로 및 하수도의 정리비 일부를 사용해 방수를 목적으로 하는 하수정리를 하기로 하고, 특히 총독부에 가서 각 관계 당국과도 절충해 수해 대비공사 시행이 급무인 점에 대해 대체로 양해를 얻고 있습니다. 원래 이전에 정해진 계속사업의 변경이기 때문에 여러분의 의견을 들어야 하므로 제안을 했습니다. 본안은 이사자(理事者)의 입장에서도 중대한 일이기 때문에 충분히 조사, 연구한 결과입니다. 그렇지만 좀더 유리한 계

획이 있다면 본안을 변경하는데 주저하지 않을 것이므로 충분히 기탄없이 의견을 말씀해주시기 바랍니다. 또 기술 관계 등 상세한 사항에 관해서는 회의에서의 설명만으로는 부족하니 휴게시간에 적절히 설명하겠습니다.

8번(오쓰카 겐지로(大塚健治郎)) : 설명하신 것에 의하면 제2호, 제14호선 및 잡공사를 바꿔서 시행하는 것인데 이들 노선은 소멸하는 겁니까, 아니면 나중에 시행하는 것입니까?

의장 : 14호선은 그다지 급하지 않으므로 1927년도에 경비의 잔액으로 일부를 시행하겠지만 나머지 공사는 1928년도 이후 5개년의 경속사업으로 편입해 시행할 계획입니다.

17번(하타모토 기헤이(畑本儀平)) : 본안은 몇 년에 걸쳐 심의되었고 제2호선, 제14호선은 이미 결정한 보조금도 할당된 것입니다. 그런데 지금 이것을 홍수 때문에 변경하는 것은 당국에서도 곤란하리라 생각합니다. 따라서 5개년 계속사업인 본 공사의 기존의 연도할 공사실적, 할당된 보조할 및 신계획의 자료, 또 과연 이 계획안에 의해 수해를 충분히 근절할 수 있는가라는 점에 관해 상세한 설명을 휴식시간에라도 해주시길 희망합니다. 제21호부터 제23호선도 능력에 한계가 있는데 과연 충분한 효과가 있을지 불분명합니다. 따라서 이를 가결한다면 우리의 책임이 중대합니다. 충분히 실제 연구를 하는 것이 당연합니다. 달성천처럼 온고지신이라는 것도 있는데 조선도 옛날에는 문화가 진보해서 자연을 이용해 시설을 했습니다. 이 시설을 무시한다면 자연에 반하는 것입니다. 가능하면 조선의 문화로 된 것을 연구해서 기여를 하고 싶습니다. 새로 연구도 하셨으니 연구 결과를 설명해주시기 바랍니다.

1번(오가와(小川德長)) : 17번이 말씀하신 것과 같이 본안은 충분히 연구해 질문한 다음 본회의에서 결정해야 한다고 생각합니다.

11번(정도균(鄭道均)) : 1번, 17번의 주장에 대해 대체로 찬성하지만 부윤의 설명에 따르면 고심하고 있는 듯한데 기술자가 도면의 실제에 관해 설명해서 여러분의 찬성을 받는 것이 좋겠습니다.

15번(가토 이치로(加藤一郎)) : 1번 의원 말씀에 찬성합니다. 자세히 도면에 관해 이사자가 설명해주기 바랍니다.

의장 : 여러 의원의 질문이 있었는데 휴식한 다음에 도면 등에 관해 상세히 설명하겠습니다. 지금부터 휴식합니다.

(시각 오후 2시 15분)

(휴식 중 도면 등에 관해 상세히 설명을 하다)

의장 : 지금부터 본회의를 시작합니다. 휴식 중 다수의 희망에 따라 현지 시찰을 하기로 했으므로 내일 오후 1시부터 현지를 시찰하고 오후 3시부터 오늘에 이어 본회의를 개최합니다.

의장 : 오늘 회의를 마칩니다.

시각 오후 4시 15분

(하략-편자)

2) 대구부협의회 회의록(1927년 1월 28일)

항 목	내 용
문 서 제 목	大邱府協議會會議錄
회 의 일	19270128
의 장	上內彦策(부윤)
출 석 의 원	小川德長(1), 김의균(金宜均)(2), 黑川圓治(3), 立木要三(5), 박병태(朴炳兌)(6), 김정오(金正悟)(7), 大塚健治郎(8), 정도균(鄭道均)(11), 武尾禎藏(13), 吉武甲子男(14), 加藤一郎(15), 畑本儀平(17), 趙桂泳(18), 류교하(柳敎夏)(19)
결 석 의 원	한익동(韓翼東)(4), 大平德三郎(9), 김두성(金斗性)(10), 靑木重信(12), 小口肇(16), 小野元太(20)
참 여 직 원	佐藤德重(1번 부속), 池田才次郎(2번 부속), 德長吉三(4번 토목기사)
회 의 서 기	澤田次良吉(부속)
회 의 서 명 자 (검 수 자)	上內彦策(부윤), 김정오(金正悟)(7), 大塚健治郎(8)
의 안	자문안 제2호 대구부 시가도로 및 하수도 개수공사 설계변경의 건
문서번호(ID)	CJA0013069
철 명	시가도로및하수관계서류
건 명	대구시가도로및하수개수국고보조공사계획변경인가의건(회의록)
면 수	12
회의록시작페이지	53
회의록끝페이지	64
설 명 문	국가기록원 소장 '시가도로및하수관계서류'철의 '대구시가도로및하수개수국고보조공사계획변경인가의건(회의록)'에 실려 있는 1927년 1월 28일 대구부협의회 회의록

해 제

　본 회의록(12면)은 국가기록원 소장 '시가도로및하수관계서류'철의
'대구시가도로및하수개수국고보조공사계획변경인가의건(회의록)'에
실려 있는 1927년 1월 28일 대구부협의회 회의록이다. 전날에 이어 제
2호선과 제14호선 정비에 들어갈 비용을 전용하여 수해 방지를 위한
하수도 공사를 하는 것에 대해 논의하고 있다. 쟁점은 공사의 위치 문
제인데, 부에서 제출한 원안은 하천의 상류 쪽에 공사를 시행하는 것
이었고, 의원들의 수정 의견은 중학교 뒤에서 대봉정(大鳳町)을 횡단
해 고등보통학교에서 신천으로 흐르는 수로를 만들자는 것이었다. 양
쪽의 장단점을 비교하며 논쟁하고 있는데, 대봉정이 양분되는 것을
싫어하는 주민들의 민원과 이를 대변하는 의원 일부의 주장이 부회의
에서 표출되고 있다. 결국 중학교 뒤쪽에서부터 신천으로 횡단하는
수정의견이 가결되었다.

내 용

　의안
　자문안 제2호 대구부 시가도로 및 하수도 개수공사 설계변경의 건

의장 : 회의 개회를 선언, 전날에 이어 다음 자문안의 제1독회를 속행
　한다는 내용을 선포. 시각 오후 3시 50분.

　자문안 제2호 대구부 시가도로 및 하수도 개수공사 설계변경의 건

13번(다케오 테이조(武尾禎藏)) : 본안은 대구 수해 대비책으로 어제 이유 없이 통과해야 할 것이었는데 그대로 보류되었습니다. 이 치수는 큰 문제로 대구 역사상 공전의 대사건입니다. 세계 역사에서도 그렇고 동양의 역사를 생각해보면 중국 등에서는 어땠습니까? 수리에 공적이 있는 왕이 이름을 남기고 있다는 점은, 치수가 큰 문제라는 점을 증명합니다. 지금 대구의 치수에 직면하여 부 당국과 우리는 신중히 대처해야 합니다. 가미우치 히코사쿠(上內彥策) 부윤으로서도 대구 백년의 폐해를 제거하는 공적입니다. 본안은 총독부의 양해 운운하기보다도, 어떻게 하면 완전히 치수의 목적을 달성할 수 있는지에 대한 방침이 있어야 합니다. 물론 이 방침과 계획을 갖고 있을 것으로 믿습니다. 부윤이 상당한 각오를 한다면 우리도 생명을 걸고 당국과 논의할 각오입니다. 이 근본적인 점을 잊지 말고 수해를 제거하고자 한다면 반드시 부민의 각오가 있어야 합니다. 그런데 설명을 들으니 총독부와의 여러 관계도 있고 또 단순히 지형의 경사도 문제 등도 있는 듯한데, 저는 치수는 단지 기술상의 문제만으로는 불가능하다고 봅니다. 공원 설계 같은 것은 그 부지에 국한한 고안으로 족하지만 이것은 영향이 미치는 범위가 넓습니다. 이전부터 일본에서도 어떻게 하면 국리민복을 증진할 것인가에 착안한 사람은 우리들 상당히 진보된 사람들이 보아도 칭찬할 점이 있습니다. 저 기요마사(淸正) 공이 히고(肥後)에서 치수의 근본적 착안을 한 것은 명확합니다.[11] 나는 당국이 근본적인 생각이 있다면 먼저 달성산 앞쪽은 질문하지 않겠지만 제21호선은 일단 고려할

---

11) 가토 기요마사(加藤淸正)가 도요토미 히데요시(豊臣秀吉) 밑에서 1588년 히고(肥後, 현재 큐슈 구마모토현) 지방의 영주가 되었을 때를 말함.

여지가 있는지 묻고 싶습니다. 설명서에 있는 11만 원의 보조를 요청할 때의 계획은 달성천 개수(改修)를 근본으로 한 것인지 아니면 제21호선인지 묻겠습니다.

의장 : 달성천 개수 계획으로 총액 22만 원에 대해 11만 원 보조를 요청했습니다.

15번(가토 이치로(加藤一郎)) : 지금은 제2독회이므로 의견을 말씀드리는 것은 번거로우니 피하겠습니다. 휴식 중 이사자의 설명으로는 제21호선은 절대로 안전하다는 확신이 없는 것 같고 지금 조금 앞쪽으로 가져온다는 것 같은데 그것은 괜찮은지, 제21호선을 변경해도 좋다면 그 횡단선이 대봉정 쪽의 수해를 막을 테지만 칠성정 쪽에는 영향이 없는지 묻습니다.

번외 4번(도쿠쵸 요시미(德長吉三) 토목기사) : 칠성정에는 도(道)가 작년에 호안(護岸) 공사를 시설했으므로 괜찮다고 생각합니다. 홍수 때에 신천(新川)의 수량(水量)은 몇십만 톤이었으므로 겨우 1,500~1,600톤의 물이 신천에 유입해도 큰 영향은 없을 것으로 생각합니다.

15번(가토 이치로(加藤一郎)) : 지방비의 보조도 있는데 도(道)와도 논의를 했습니까?

번외 4번(도쿠쵸 요시미(德長吉三) 토목기사) : 칠성정 쪽 영향에 관해서는 제방이 만들어져 있으므로 도(道)와 논의할 정도는 아닙니다.

5번(다치키 요조(立木要三)) : 상류에서 달서천으로 들어오는 물은 1,600~1,700톤이라고 말씀했는데 어떻게 계산한 것입니까?

번외 4번(도쿠쵸 요시미(德長吉三) 토목기사) : 조선의 강우량에 관해 조선총독부에서 표준을 정한 것과 대구 측후소에서 조사한 우량 등을 참고해 적산(積算)한 것입니다.

5번(다치키 요조(立木要三)) : 토지의 경사에 따라 차이가 있으리라 생각하는데 어떻습니까?

번외 4번(도쿠쵸 요시미(德長吉三) 토목기사) : 토지에 따라 차이가 있는 것은 물론입니다.

5번(다치키 요조(立木要三)) : 현재의 호안공사와 수량의 관계는 어떻습니까?

번외 4번(도쿠쵸 요시미(德長吉三) 토목기사) : 현재로서는 여유가 있습니다.

5번(다치키 요조(立木要三)) : 호안공사에 대해 당국 이사자는 이를 충분하다고 확신하고 시행합니까?

번외 4번(도쿠쵸 요시미(德長吉三) 토목기사) : 그것은 부(府)로서는 모르지만 그동안의 홍수에 비추어보면 충분하다고 생각합니다.

5번(다치키 요조(立木要三)) : 제23호선은 어느 정도의 물을 감당할 수 있습니까?

번외 4번(도쿠쵸 요시미(德長吉三) 토목기사) : 본안에 의한 수수량(受水量)의 배수능력은 있을 것입니다.

13번(다케오 테이조(武尾禎藏)) : 제21, 22, 23호선을 별도의 안으로 볼 수는 없습니까?

의장 : 말씀을 안 드렸을지도 모르겠는데 제2호선의 나머지 부분과 제21, 23호선은 서로 관련이 있지만 제22호선은 분리해서 생각할 수 있습니다.

11번(정도균(鄭道均)) : 제21호선은 절대 안전한 것이 아니라는 말씀과 앞쪽으로 가져온다는 말씀을 비교 대조해서 듣고 싶습니다.

의장 : 비교안은 대체로 조사를 했으니 번외가 설명 드리겠습니다.

번외 4번(도쿠쵸 요시미(德長吉三) 토목기사) : 본안의 제21호선은 공사비가 4만 원인데 중학교 옆, 즉 하류의 노선으로 한다면 콘크리트를 사용해 6만 원이 필요합니다. 수량(水量)을 말씀드리면 아래쪽은 200여 톤을 취할 수 있습니다. 또 경사는 아래쪽은 괜찮지만 위쪽은 경사가 심합니다. 아래쪽은 연장 440간(間)[12]이고 위는 1,000여 간입니다. 토지의 매수가격은 아래는 위의 두 배 정도가 되리라 생각합니다.

11번(정도균(鄭道均)) : 기술자가 비교하여 확신이 없다면 곤란하다고 생각합니다.

3번(구로카와 엔지(黑川圓治)) : 제21호, 22호선은 시행에 따라서 수해를 근본적으로 막을 수 있다는 것입니까 아니면 일시적 응급책입니까? 그리고 장래 대봉정의 중앙부에도 시행하게 됩니까?

번외 4번(도쿠쵸 요시미(德長吉三) 토목기사) : 대봉정 중앙부에는 현재 논이 있습니다. 장래 집이 많이 생기면 부근의 물을 토관(土管) 등으로 배출해야 한다고 생각합니다.

3번(구로카와 엔지(黑川圓治)) : 현재의 논이 장래 택지가 되고 그 택지에 물이 고이면 달서천으로 빼게 됩니까?

번외 4번(도쿠쵸 요시미(德長吉三) 토목기사) : 그것은 도로망과의 관계를 봐야겠지만 그 부근의 물이라면 측구(側溝)를 설치해 배출해도 괜찮습니다.

3번(구로카와 엔지(黑川圓治)) : 제22호선은 장래 지장되는 일이 없겠습니까?

번외 4번(도쿠쵸 요시미(德長吉三) 토목기사) : 지장되는 일은 없다고 생각합니다.

---

12) 간(間)은 길이의 단위로, 440간은 800m임.

15번(가토 이치로(加藤一郎)) : 상세한 질문은 간담회에서 하는 것이 좋겠습니다.

17번(하타모토 기헤이(畑本儀平)) : 찬성.

11번(정도균(鄭道均)) : 저는 질문인데, 제21호선에 대해서는 두 안을 비교한 후 결정한 안을 제출 바랍니다.

의장 : 그것은 제2독회에서 말해 주십시오.

13번(다케오 테이조(武尾禎藏)) : 이제 질문도 다 했으니 15번 의원의 말처럼 간담회에서 하고 싶습니다.

의장 : 지금부터 휴식합니다.

(시각 오후 4시 30분)

의장 : 지금부터 본회의를 속행합니다. 질문 있습니까?

(시각 오후 5시 10분)

("없음, 없음"이라는 소리가 들림)

의장 : 지금부터 제2독회에 들어갑니다. 원안과 다른 의견은 이사자도 참고하고 싶으니 새로운 의견을 제출해도 됩니다.

번외 1번(사토 도쿠시게(佐藤德重) 부속) : 제2호 자문안에 대해 여러 의견이 있겠지만 요컨대 계속사업으로 1927년도에 집행할 제2호선 및 제14호 도로선의 일부 경비를 수해 대비 쪽으로 넘기고 제21호, 22호, 제23호 하수공사를 시행하려고 하는 안입니다.

먼저 13번 의원의 질문에 대해 의장의 답변이 있었습니다만 제21호선과 제23호선은 아래위로 연결되고 또 제22호선도 매년 수해를 입는 달성천 쪽 수해 대비 안이므로 분리하는 것은 불가능하다고 생각합니다. 그리고 문제는 제21호선인데 의원 여러분의 의견을 종합

하면 이사자가 제안한 제21호선 외에 중학교 뒤쪽을 따라 남산정
(南山町), 명치정(明治町) 쪽 개수를 하자는 의견도 있지만, 이것은
막대한 경비가 필요할 뿐만 아니라 명치정, 시장정(市場町) 쪽 하류
의 강폭을 매우 넓혀야 해서 시가지 발전에 지장을 가져올 것이므
로 좋은 안이라고 생각하지는 않습니다. 또 중학교 뒤에서 대봉정
(大鳳町)을 횡단해 고등보통학교에서 신천으로 흐르는 수로를 만들
자는 의견도 있는 것 같은데, 이것도 이사자가 조사해 보니 여기에
공사를 하면 강폭은 약 4간(間)이고 양쪽은 콘크리트로 하므로 약 6만
원이 소요되지만 물은 21호선보다 200톤 정도 많이 배수할 수 있습
니다. 충분히 비교하여 심의해주시기 바랍니다.

14번(요시타케 기네오(吉武甲子男)) : 이 문제는 중대하고 우리는 시장
의 연못을 매립한 안을 논의하여 그 책임을 지고 있는데 이번에 또
그런 전철을 답습하게 된다면 부민에게 죄송하니 충분히 신중해야
한다고 생각합니다. 제22호, 23호선을 분리하고 제21호선은 지금 일
단 확신할 수 있을 때까지 재조사를 하고 싶습니다. 제22호, 23호선
은 제2호선, 제14호선을 중지해서 그 경비로써 충당하는 것이니 관
계없다는 이야기이지만, 부민의 생명과 재산에 관련이 있는 문제이
므로 총독부도 허락할 것이니 인가를 청하기로 하고 제21호선은 다
시 한 번 조사하기를 바랍니다.

의장 : 14번에게 묻겠는데 일단 정밀히 조사하자는 것은 금년입니까
아니면 내년에 해도 좋다는 것입니까?

14번(요시타케 기네오(吉武甲子男)) : 내년에 해도 좋다고 생각합니다.

8번(오쓰카 겐지로(大塚健治郎)) : 부윤의 말씀도 있어 찬성하지 않는
것은 아니지만, 제 의견으로서는 이를 가지고 도저히 백년, 천년 뒤
까지도 안전할 것이라고는 생각하지 않습니다. 근본적 치수문제로

서는 호안공사를 완전하게 하는 것이고 작년 도에서 시행한 것은 응급공사입니다. 대구부의 경비로는 불가능하니 저는 부 이사자와 함께 도지사에게 진정하여 대구천의 호안공사를 완전하게 하여 금호강의 모래를 준설하는 등, 지엽적 문제가 아니라 근본적 문제를 해결하자는 긴급 동의를 하고자 합니다. 부도 가능한 한 달서천 개수를 계속사업으로 시행하기를 바랍니다.

의장 : 말씀하셨듯이 근본적으로 하려면 경비 관계상 달서천만 해도 2~3년은 걸린다고 생각합니다. 만약 다른 긴급한 부 사업을 전부 포기한다면 반드시 실시가 불가능한 것은 아닙니다.

5번(다치키 요조(立木要三)) : 이사자는 본안 사업 이외에 다른 안을 세우는 등 자신이 없다고 생각합니다. 자신있는 것으로 변경하기 바랍니다.

의장 : 5번에게 답합니다. 예산안의 숫자 등 어쨌든 다른 설이 있기 때문입니다.

5번(다치키 요조(立木要三)) : 동의(動議)를 내겠습니다. 이사자는 제 안을 하고 있으면서 다른 안을 하는 것은 불가하다고 생각합니다.

의장 : 회의 전에 조금 덧붙여 말씀드린 것입니다.

18번(조계영(趙桂泳)) : 저는 원안에 찬성하고 매년 홍수 때문에 인명과 재산을 위협받고 있으니 이를 구할 목적인 본안은 무엇보다 적당하다고 생각합니다. 제2호선·제14호선을 폐지하고 수해 대비 공사에 충당하는 것은 가장 적당한 방책입니다. 그런데 3선에 반대하는 분도 있고 제2호선·제14호선의 변경에 반대하는 분도 있는 것처럼 보입니다. 제22호·제23호선은 해마다 문제가 되고 있으니 이 안이 적당하다고 생각합니다. 제21호선은 불완전하다고 생각하지만 부와 도가 협의하여 안전을 도모한 계획이기 때문에 찬성합니다.

아래쪽에 하자는 의견도 있지만 시내를 보호하자는 면에서, 면적의 점에서 보더라도 제21호선은 원안대로 두는 편이 좋을 것으로 생각합니다. 홍수의 구제는 한두 개 장소로는 불가능합니다. 강이 하나라면 좋겠지만 많이 있기 때문에 우선 하나를 하면 좋고 천재(天災)는 어쩔 수 없으니 원안에 찬성합니다.

2번(김의균(金宜均)) : 수해의 상황을 보지 않은 사람은 이것저것 말하는데, 제22호선·제23호선은 괜찮고 제21호선은 아무래도 좋다고 말하면 어떡합니까? 매년 수해로 비참한 상황이니 하루라도 빨리 구제하는 것은 당연합니다. 제21호선도 분리하지 않고 가능한 빨리 실시하기 바라며 올해 안에 정리하기 바랍니다.

15번(가토 이치로(加藤一郎)) : 본안은 오히려 제안이 늦었다고 생각합니다. 하루라도 빨리 수해를 막아야 합니다. 이사자의 고심도 알고 있는데 서둘러 이 자리에서 결정하기 바랍니다. 제22호·제23호선은 모두 찬성하리라 확신합니다. 제2호선 문제는 일부 비용을 다른 데에 돌리더라도 찬성합니다. 제21호선의 발안(發案)에 대해 이사자의 설명처럼 중학교 옆을 통과하는 것으로 한다면 원안과는 거리가 있고 그 사이의 물을 뺄 수 없어 불안하지만, 이른바 비용의 점에서 원안을 낸 것인데, 중학교 옆 부분에 드는 비용은 전부 완성하지 않은 제2호선에서 취하는 것으로 해서 제21호선은 변경되길 요망합니다.

11번(정도균(鄭道均)) : 본안 전체에 대한 제 의견은 2번, 18번과 같습니다. 지난해 총독부에 제출한 수해 대비의 안에 관해서는 8번과 동일한 의견입니다. 그 방법과 시기에 관해 말하면, 2번 의원 말씀처럼 수해 구제는 하루라도 늦어지면 안되니 곧장 결의하고 싶습니다. 제21호선을 분리하는 것은 공사비나 기타 관계로 안된다고 생각합니다. 제21호선을 변경하는 것은 15번과 같습니다. 즉, 원안의 선은 경비 4만 원, 중학교 옆은 6만 원인데, 아래쪽은 물을 200톤 많이 배출할 수 있습니다. 또 위쪽은 수로뿐이지만 아래는 콘크리트를 사용하기 때문에 영구적입니다. 시험적으로 4만 원을 버리기 보다는 2만 원이 더 들더라도 영구적인 시설을 하는 편이 좋다고 생각합니다. 지역민과의 관계도 있지만 부 전체를 위해 고려하고 해결해야 합니다. 또 배수로의 양측에는 나무를 심고 체재를 잘 갖추면 좋을 것입니다. 저는 중학교 옆의 선으로 변경하기를 바랍니다.

17번(하타모토 기헤이(畑本儀平)) : 나는 11번 말씀에 절대 반대하고 본안을 철회하기 바랍니다. 왜냐하면 천재(天災)는 예측할 수 없고 구한국 시대의 관찰사가 시설을 등한시한 것이 수해의 한 원인이라는 점은 모두 알고 있습니다. 본안에 대해 어제부터 13번, 14번, 15번 의원의 말씀이 있었는데 지극히 타당하다고 생각합니다. 11번 의원의 말씀도 있으나 저는 재래 수로를 활용해야 한다고 생각합니다. 철도선으로 물을 막으려는 것은 잘못입니다. 철도 측에 교섭해 적당한 조치를 취해야 한다고 생각합니다. 자연을 거스르지 않는 것이 맞습니다. 지도를 보면 옛날부터 시설이 있고 구한국 말기에 정치가 제대로 굴러가지 않은 점이 있지만 현재 이를 몰각해서는 안 됩니다. 저는 본안에는 반대합니다.

11번(정도균(鄭道均)) : 의사 진행에 관해 말씀드립니다. 대체로 반대는 아닙니다. 편의상 도로선을 폐지하고 수해 대비 선을 시행하기로 하고 제21호선을 별도로 하면 어떻겠습니까?

8번(오쓰카 겐지로(大塚健治郎)) : 모두 주장이 나뉘는 것 같은데 대체로 원안설과, 제21호선을 분리한다, 제22호선·제23호선은 하지 않는다는 세 가지 주장이라고 생각합니다. 채결을 바랍니다.

("찬성, 찬성"이라는 소리가 들림)

1번(오가와(小川德長)) : 본안에 대한 의견을 말하겠습니다. 제21호선
은 부에서는 완전하다고 인정하여 제안한 것이라고 생각하는데 한
편 중학교 옆으로 변경하여도 좋다는 15번, 11번설도 있었습니다.
그런데 부가 중학교 옆이 좋다고 한다면 찬성이지만, 제21호선은
시의 외곽이 좋을 것 같은데 위쪽을 통과하기 때문에 아래쪽의 물
을 어떻게 할지의 문제가 있습니다. 저는 중학교 옆쪽이 좋다고 생
각합니다. 부 이사자의 의견을 헤아려보면 아래쪽에 반대하는 부민
의 목소리도 있어서인 듯한데, 좀 체면을 구기더라도 중학교 옆이
바람직하다고 생각합니다. 이 점을 회의에서 자문하실 생각은 없는
지 질문드립니다.

번외 1번(사토 도쿠시게(佐藤德重) 부속) : 1번 의원은 무언가 의혹을
갖고 계신 듯한데 이 제안은 반대자가 있어서 위쪽에 하려는 것은
아닙니다. 누차 말한 바와 같이 본 공사비는 계속사업인 1927년도
에 집행해야 할 제2호선, 제14호선의 시가도로 개수비를 특별히 수
해 대비에 충당한 것입니다. 될 수 있는 대로 시가지 도로도 공사하
고 싶습니다. 상류, 즉 제21호선으로 하면 4만 원에 그치고, 또 중학
교 뒤에 한다면 6만 원이 소요되는 관계상, 물은 200톤 정도 덜 배
수하더라도 만약 1928년도 이후 시가도로의 측구(側溝)로서 시행한
다면 이것을 제거하는 것이 가능하므로 상류를 택한 원안을 제출한
것입니다. 그러나 여러분이 충분히 고려하고 연구한 결과 경비는
2만 원 정도 많더라도 좋으니 꼭 중학교 뒤쪽의 선으로 변경하는
것이 좋다고 하면 이사자로서도 또 고려를 할 것이므로 오해가 없
기를 바랍니다.

1번(오가와(小川德長)) : 번외의 설명으로 잘 알았습니다. 15번 말씀처

럼 중학교 옆을 선택하기 바랍니다. 찬성을 바랍니다.

5번(다치키 요조(立木要三)) : 의사 진행상 수정의견도 있으나 3선을 분리하고 있으니 각각 표결하는 것이 좋다고 생각합니다.

의장 : 그렇게 합시다.

13번(다케오 테이조(武尾禎藏)) : 15번 의원의 수정 의견도 있고, 1번 의원의 질문에 답하는 부 당국의 의향도 들었습니다. 부민의 반대 때문에 상류에 하는 것이 아니라는 번외 1번의 설명이 있었지만, 중학교 뒤쪽부터 횡단하면 현지 주민의 반대가 있다고 생각하는데 어떻습니까? 또 반대자는 어떠한 의향입니까? 반대자와 회견한 사람으로서의 질문인데 이런 일이 없으면 좋겠지만 이에 대해 충분히 답변해주기 바랍니다.

의장 : 13번에게 답합니다. 중학교 옆의 선은 설계가 끝났습니다. 지역민의 반대는 대봉정의 대표격인 사람 3~4명이 부청에 와서 지역을 양분하면 곤란하다, 교통상으로도 지장이 있다, 또 홍수 때 신천이 역류하므로 곤란하다는 것이었는데 여러 가지로 설명을 했으나 물론 전부 이해한 것 같지는 않습니다.

의장 : 어제부터 현지를 충분히 보시고 질문도 없는 것 같은데 대체로 의견이 나뉘어 있으므로 찬부를 묻겠습니다. 어떻습니까.

("이의 없음, 이의 없음")

의장 : 원안에 반대하는 사람은 기립해주기 바랍니다.

(출석자 14명 가운데 반대자 8명)

의장 : 원안의 제21호선을 중학교 뒤쪽으로부터 신천으로 횡단하는 수정 의견에 찬성하는 분은 기립해주기 바랍니다.

(출석자 14명 가운데 찬성자 9명)

의장 : 중학교 뒤쪽으로부터 횡단하는 수정 의견에 찬성하는 사람이

　　다수이므로 이를 가결합니다.

의장 : 오늘 회의의 종료를 알립니다.

(시각 오후 6시 30분)

3) 대구부협의회 회의록(1929년 3월 9일)

항 목	내 용
문 서 제 목	大邱府協議會會議錄
회 의 일	19290309
의 장	山崎眞雄(대구부윤)
출 석 의 원	小川德長(1), 金宜均(2), 黑川圓治(3), 한익동(韓翼東)(4), 박병태(朴炳兌)(6), 김정오(金正悟)(7), 大塚健次郎(8), 大平德三郎(9), 靑木重信(12), 武尾禎藏(13), 加藤一郎(15), 畑本儀平(17), 조임영(趙林泳)(18)
결 석 의 원	立木要三(5), 김두성(金斗性)(10), 吉武甲子男(14), 小口肇(16), 小野元太(20)
참 여 직 원	번외1번 佐藤德重(내무과장, 부속), 번외2번 上田曠(재무과장, 부속), 번외3번 南鱶治(서무과장), 번외4번 白水辯太郎(부서기)
회 의 서 기	三島活三(부 서기)
회 의 서 명 자 (검 수 자)	山崎眞雄(부윤), 김정오(金正悟)(협의회원), 大塚健次郎(협의회원)
의 안	자문 제1호 대구부 승합자동차 사용조례 결정의 건, 2호 1929년도 대구부 특별회계 승합자동차비 세입출 예산편성의 건, 3호 대구부승합자동차사업비 기채의 건
문서번호(ID)	CJA0002735
철 명	대구부관계서류
건 명	대구부협의회회의록
면 수	17
회의록시작페이지	661
회의록끝페이지	677
설 명 문	국가기록원 소장 '대구부관계서류'철의 '대구부협의회회의록'건에 포함된 1929년 3월 9일 대구부협의회 회의록

해 제

본 회의록(17면)은 국가기록원 소장 '대구부관계서류'철의 '대구부협의회회의록'건에 포함된 1929년 3월 9일 대구부협의회 회의록이다. 대구부 승합자동차 사용조례를 결정하고 있는데 논의가 많이 된 내용은 승차요금을 1구 5전에서 6전으로 올리고 1구간의 노선을 연장한 것에 대해서이다. 대구 부영 버스 초창기의 제도 시행 준비 상황을 잘 알 수 있는 회의록이다. 대구부 부영 버스는 1928년 8월 27일 부협의회에서 가결되어, 12월 1일부터 운행하기로 되었다. 부내를 8호 노선으로 분할하여 하루 10대의 자동차를 운전하기로 하고 각 노선마다 2구 내지 5구씩 나누어 1구 5전을 받기로 되었다.[13] 그러나 실시는 1929년도로 넘어갔고 처음에 6만 원의 기채, 자동차 10대로 정했으나 자동차는 15대, 기채는 6만 원 이하로 조정되었다.[14] 자동차 대수는 13대로 조정되고 1929년 7월 1일부터 운전을 개시했으며, 예산 16만 4,944원, 노선은 5호선까지, 발착시간은 평균 9분, 요금은 1구 6전으로 정해졌다.[15] 그러나 버스가 20~30분씩 늦게 오면서 개선을 요구하는 목소리가 높아졌고 수지도 맞지 않게 되자 대구부는 1929년 9월 2일 신문기자와 공직자 등 60여 명을 불러 간담회를 개최하여, 요금 산정의 방법에 대해 구간제를 폐지하고 균일제로 하는 것을 토의하기도 하였다.[16]

내 용

자문안 제1호 대구부 승합자동차 사용조례 결정의 건, 2호 1929년도 대구부 특별회계 승합자동차비 세입출 예산편성의 건, 3호 대구부승

---

13) 『동아일보』 1928.8.29.

14) 『동아일보』 1928.11.30.

15) 『동아일보』 1929.3.17, 5.11, 7.1.

16) 『동아일보』 1929.9.7.

합자동차사업비 기채의 건.

의장(야마자키 마사오(山崎眞雄) 대구부윤) : 자문 제1호를 부의하겠
습니다.

번외1번(사토 도쿠시게(佐藤德重) 내무과장, 부속) : 본안의 심의에 앞
서 한 말씀 드리겠습니다. 회수승차권 10구권(區券)을 60전, 21구권
을 1원 20전, 43구권을 2원 40전으로 했는데 승객의 편리를 도모하
려면 오히려 1구권을 기초로 해서 10구권을 뭔가 규정하기보다는
50전에 대해 몇 구권, 1원에 대해서는 몇 구권을 한다든가 이렇게
규정하는 게 편리하다고 생각하여 원안을 정정했습니다. 배부해드
린 제1호 자문안 중 제3조 회수승차권 10구권 60전이라고 되어 있
는 것을 9구권 50전으로, 21구권의 1원 20전을 18구권 1원으로, 43구
권의 2원 40전을 37구권 2원으로 정정해주시기 바랍니다.

야마자키 마사오(山崎眞雄) 대구부윤 : 본안에 대해 일단 번외가 낭독
하겠습니다.

번외 4번(시로우즈 벤타로(白水辯太郎) 부서기) : 제1호 자문안 낭독함.

번외 1번(사토 도쿠시게(佐藤德重) 내무과장, 부속) : 본안의 주요점
두세 가지를 설명드리겠습니다. 본안에서 승차요금을 1구 6전으로
정했는데, 이는 어제 간담회 때에는 1구 5전으로 설명하셨지만 여
러 연구 결과 이번에 구간 거리를 연장해서 요금을 1구 6전으로 한
것입니다. 앞서 계획에서는 1구간 거리를 0.618리로 했는데 이번에
는 이를 1.057리로 연장했습니다. 이 결과 전 노선의 구역 수는 현
저히 감소하고 저번 안은 38구였지만 이번에는 9구가 되었습니다.
하나의 예를 말씀드리면 앞서 계획에 의하면 역부터 병영 앞까지 3구
이고 또 역부터 도립병원까지 2구, 달성공원 아래까지 2구였는데,

이번에는 병영선이 2구가 되고 병원선과 공원에 가는 선은 1구가 되었습니다. 다음으로 승차권에 대해 말씀드리겠습니다. 보통승차권은 별로 말씀드릴 게 없지만 회수승차권 중 통학승차권은 4할인, 50구권은 5할인, 100구권은 6할인으로 했습니다. 기타는 각 조문을 봐주시면 잘 아시리라 생각합니다.

의장(야마자키 마사오(山崎眞雄) 대구부윤) : 본안의 제1독회를 열겠습니다.

3번(구로카와 엔지(黑川圓治)) : 1구 당 평균 거리는 어느 정도입니까?

번외 1번(사토 도쿠시게(佐藤德重) 내무과장, 부속) : 1리 059로 되어 있습니다.

1번(오가와(小川德長)) : 5세 미만 소아는 보호자 1인에 대해 1인에 한해 무료로 한다는데, 5세 미만의 소아가 2인 이상이고 보호자가 1인인 경우 어떻게 합니까?

번외 1번(사토 도쿠시게(佐藤德重) 내무과장, 부속) : 보호자 1인에 대해 5세 미만 2인 이상은 1인만 면제고 다른 1인분은 요금을 받습니다. 다른 도시에서도 모두 이러한 제도입니다.

13번(다케오 테이조(武尾禎藏)) : 통학승차권은 통학생의 편리를 도모하는 목적입니까, 아니면 승객의 흡수책을 목적으로 정한 것입니까?

번외 1번(사토 도쿠시게(佐藤德重) 내무과장, 부속) : 철도 연선에서 타는 다수 학생의 통학상 편리와, 부내에 사는 학생이라도 멀리서 타는 자라든가, 또는 병으로 신체가 허약한 자라든가, 그들에게 편의를 주기 위함입니다.

야마자키 마사오(山崎眞雄) 대구부윤 : 이는 주로 철도와 연결되어 있는 연선의 통학생과 부내 재주자라도 병약자들이 편리하도록 하기 위해서지 승객 흡수를 목적으로 한 것은 아닙니다.

13번(다케오 테이조(武尾禎藏)) : 건강한 학생이 활용하는 제도는 없습니까? 전의 설명처럼 예외를 둔 것이라면 1인 1구 6전을 받아도 좋다고 생각합니다.

번외 1번(사토 도쿠시게(佐藤德重) 내무과장, 부속) : 해당 학교장의 증명이 필요하므로 활용하는 사람은 없으리라 생각합니다.(중략-편자)

13번(다케오 테이조(武尾禎藏)) : 승차료 1구 6전을 1구 5전으로 하면 어떻습니까?

번외 1번(사토 도쿠시게(佐藤德重) 내무과장, 부속) : 5전으로 하면 공원 쪽과 동부 동운정 쪽은 2구로 되었으므로 오히려 구간을 연장하여 요금을 늘리는 게 편리하다고 생각해서 5전을 6전으로 증액한 것입니다. 만약 구간을 연장안대로 연장하고 요금만 전회 안과 같이 5전으로 하면 승차 소요 인원율은 대단히 높아지고 만일 이 인원율에 달하지 않는 경우는 수입이 격감하여 경영난에 빠지는 결과가 되므로, 6전 정도 받아도 괜찮다고 생각합니다. (중략-편자)

18번(조임영(趙林泳)) : 승합자동차 사업에 대해 이미 작년 12월 1일부터 개시하기로 결의했는데 현재까지 연기된 것은 어째서입니까? 또 제2조의 구간은 부윤이 정한다는데 구간 문제는 살수자동차라도 여러 문제를 일으키고 있으므로 공평하게 정하려면 문제는 없습니까? 이는 오히려 자문하여 정하는 편이 좋지 않습니까?

번외 1번(사토 도쿠시게(佐藤德重) 내무과장, 부속) : 본 사업은 작년 12월 1일부터 실시 예정이었지만 사업 경영상 결손이 생길 것을 우려해서 신중히 조사할 필요가 있어서 여러 조사를 위해 연기한 것입니다. 또 구간 문제는 조례에 의하면 부윤이 정하지만 이는 여러분의 자문을 얻어 정할 것입니다.

15번(가토 이치로(加藤一郎)) : 본안에 대해 여러 의견도 있을 것이므로 잠시 휴식하고 간담회로 넘어가 잘 협의를 한 후 본회의에 가져오면 어떻습니까?

2번(김의균(金宜均)) : 승합자동차 경영은 이미 만장일치로 실시 결의를 한 것입니다. 이대로 진행하는 게 어떻습니까?

12번(아오키 시게노부(靑木重信)) : 저는 15번이 휴식하자고 한 것에 찬성합니다.

("찬성 찬성")

의장(야마자키 마사오(山崎眞雄) 대구부윤) : 15번의 말에 찬성자가 많으니 잠시 휴식하겠습니다.(오후 2시)

의장(야마자키 마사오(山崎眞雄) 대구부윤) : 재회를 선포합니다.(오후 2시 15분)

("질문 없음")

의장(야마자키 마사오(山崎眞雄) 대구부윤) : 본안에 대해서는 질문이 없으니 제2독회를 열겠습니다.

("의견 없음")

의장(야마자키 마사오(山崎眞雄) 대구부윤) : 본안은 별로 의견이 없으니 독회를 생략하고 원안대로 가결하고 싶은데 어떻습니까.

("찬성 찬성")

의장(야마자키 마사오(山崎眞雄) 대구부윤) : 이의 없으니 원안대로 가결 확정하겠습니다.

의장(야마자키 마사오(山崎眞雄) 대구부윤) : 다음은 제2호 자문안을 부의하겠습니다.

번외 1번(사토 도쿠시게(佐藤德重) 내무과장, 부속) : 본안의 요점을 설명 드리겠습니다. 우선 세출경상부에서 제1관 사무비에서 서기

급여 2명분, 고원 급여 3명분을 계상했습니다. (중략·편자)

의장(야마자키 마사오(山崎眞雄) 대구부윤) : 본안의 제1독회를 열겠습니다. 편의상 세출부터 심의하겠습니다. 우선 경상부 전체에 대해 질문해주십시오.

15번(가토 이치로(加藤一郎)) : 질문 없습니다.

17번(하타모토 기헤이(畑本儀平)) : 차장(車掌)은 조선인만 채용합니까?

번외 1번(사토 도쿠시게(佐藤德重) 내무과장, 부속) : 일본인·조선인 모두 가능하지만 조선인이라면 일본어를 할 수 있는 사람, 또 일본인이라면 조선어가 통하는 자를 채용하려고 합니다.

17번(하타모토 기헤이(畑本儀平)) : 반수 정도는 일본인을 채용할 필요가 있다고 생각합니다만.

번외 1번(사토 도쿠시게(佐藤德重) 내무과장, 부속) : 조선어를 잘 이해하는 일본인이 있다면 다행이니 실시할 때 잘 고려해보겠습니다.

2번(김의균(金宜均)) : 운전 감독 직무는 어떤 겁니까?

번외 1번(사토 도쿠시게(佐藤德重) 내무과장, 부속) : 운전 감독은 배차 준비를 하고 운전수·차장을 감독하는 사람입니다.

("질문 없음")

의장(야마자키 마사오(山崎眞雄) 대구부윤) : 질문 없으면 임시부로 넘어갑니다.

3번(구로카와 엔지(黑川圓治)) : 차고는 서문시장 앞 빈 집을 임시로 사용할 예정입니까?

번외 1번(사토 도쿠시게(佐藤德重) 내무과장, 부속) : 정식 차고가 만들어질 때까지 임시로 사용할 예정입니다.(하략·편자)

2. 마산부협의회 회의록

1) 제7회 마산부부협의회 회의록(1925년 9월 21일)

항 목	내 용
문 서 제 목	第7回馬山府協議會會議錄
회 의 일	19250921
의 장	寺島利久(府尹)
출 석 의 원	本田鎚五郎(1), 三宅吉郎(2), 황갑주(黃甲周)(4), 서광원(徐光遠)(5), 西田木惣市(6), 김치수(金致洙)(7), 吉村虎治郎(8), 弘重鶴之助(9), 松本多藏(10), 井上義理(11), 相良勝治郎(12)
결 석 의 원	夏目哲三(3)
참 여 직 원	飯塚照雄, 長谷目勇造(이상 부속), 石田彌作, 井手庄太郎(이상 부 이원)
회 의 서 기	
회 의 서 명 자 (검 수 자)	
의 안	자제13 호 도리이(鳥居) 건설을 위한 도로 사용에 관한 건, 자제14호 1925년도 마산부 세입세출 추가예산의 건, 자제15호 해면매립원에 관한 건, 자제16호 해면매립면허원에 관한 건
문 서 번 호 (I D)	CJA0013099
철 명	공유수면매립공사준공
건 명	회의록
면 수	19
회의록시작페이지	51
회의록끝페이지	69
설 명 문	국가기록원 소장 '공유수면매립공사준공'철의 '회의록'건에 실려 있는 1925년 9월 21일 제7회 마산부부협의회 회의록(1)

해 제

본 회의록(19면)은 국가기록원 소장 '공유수면매립공사준공'철의 '회의록'건에 실려 있는 1925년 9월 21일 제7회 마산부부협의회 회의록(1)이다. 1920년부터 논의가 시작된 마산의 관유(官有) 수면 매립에 대한 경과를 알 수 있다. 메카타 헤이자부로(目加田平三郎)는 마산만의 일부인 1만 5,000평의 매립 공사를 1920년에 신청했는데, 이때 남조선철도주식회사도 신청했기 때문에 인가를 얻지 못하고 1925년에 이르렀다. 그 후 남조선철도주식회사를 합병한 조선철도주식회사와 메카다 사이에 타협이 이루어져 철도회사는 출원을 포기한다. 이 회의록에는 이 당시 신문기사에서는 볼 수 없는 그 타협 내용이 써있는데, 메카다와 철도회사 사이의 비밀 계약서에 의하면 철도 인입 선로 용지 약 500평을 무상으로 조선철도회사에게 제공하는 것이 조건이었다.

이 회의에서는 메카다의 출원을 인정하는 분위기이지만 혹시라도 일부만 매립했을 때 나중에 마산의 전체적인 항만 정리에 걸림돌이 되지 않을지에 대한 우려, 그리고 메카다와 함께 출원인에 이름을 올린 구니무네 유이치(國宗雄一)의 자금력이 부족한 점과 개인의 이권 취득에만 관심이 있는 것 아니냐는 우려의 목소리가 나오고 있다. 결국 이 문제는 전원위원회에서 다시 논의하는 것으로 회의가 정리되었다. 이후 9월 28일 회의에서, 매축지 폭 10간 및 길이 67간을 공동 간이 부두로서 무상으로 마산부에 제공한다는 조건을 달아 메카다 등에게 출원권을 주기로 만장일치 가결했다.[17]

---

[17] 「海面埋立, 馬山府態度決定」, 『朝鮮時報』 1925.10.1.

내 용

의안

자제13호 도리이(鳥居) 건설을 위한 도로사용에 관한 건

자제14호 1925년도 마산부 세입세출 추가예산의 건

자제15호 해면매립원에 관한 건

자제16호 해면매립면허원에 관한 건

부윤 : 부협의회를 개회합니다. (시각 오후 2시 15분)

의장(부윤) : 오늘은 전에 배부한 자문안 13호부터 제16호안에 관해 의견을 듣기 위해 오시게 했습니다. 의안 순에 따라 제13호안부터 부의하기로 하고 일단 제안 이유를 설명 드리겠습니다.(중략-편자)

의장(부윤) : 그럼 자문안 14호안은 원안대로 가결하겠습니다.

다음으로 자문안 15호 메카타 헤이자부로(目加田平三郎) 외 1명이 제출한 해면매립에 관한 건을 부의합니다. 본 계획이 적당한지 아닌지는 부의 공익에 중대한 관계가 있으므로 부협의회의 의견을 듣고자 합니다.

본건은 조금 장황하지만 출원 이후의 경과에 대해 그 개요를 말씀 드리겠습니다. 이 공유수면 매립에 관해서는 1920년 3월 10일자로 메카타 헤이자부로(目加田平三郎), 구니무네 유이치(國宗雄一) 두 명이 관유(官有)수면 매립원서를 제출하여 같은 해 4월 28일 부(府)에서 접수, 같은 날 관계 부서에 전달했습니다. 매립의 목적은 택지, 간이 부두, 운하 등에 사용하는 것입니다. 총면적은 진정(湊町), 본정(本町), 빈정(濱町)의 1만 4,850평입니다. 이 면적은 이번에 1만 3,829평으로 정정되었습니다. 그리고 공사는 허가한 날부터 3개월

이내에 착수하고 착수한 날부터 3년 이내에 준공하는 것으로 되어 있습니다. 또 출원대표자에 관해 별도로 신고가 있어서 메카타(目加田)를 대표자로 정했습니다. 대체적인 설계는 본안에 첨부한 것과 큰 차이가 없고 주로 면적의 차이가 있습니다. 당시 부윤은 여기에 다음과 같은 부신(副申)을 덧붙이고 있습니다.(1920년 4월 28일자 부신서를 낭독함) 이를 생각해보면 당시 부협의회의 의견은 반영되지 않은 것 같습니다.

(혼다 쓰치고로(本田鎚五郞) 의원, 늦게 출석하여 1번 자리에 착석함. 오후 2시 55분)

이상은 기관 내부의 관계까지도 말씀드린 것입니다. 그 뒤의 진행 상황에 관해서도 솔직히 말씀드릴 터이니 잘 헤아려주시기 바랍니다. 메카타(目加田) 출원 뒤에 당시 남조선철도주식회사가, 메카타(目加田)의 출원 지구를 포함한 대계획을 수립하여 매립 출원을 냈습니다. 그런데 무슨 문제가 있었는지 남철 쪽에서 공사를 보류하겠다는 신청을 했다고 합니다. 그래서 총독부가, 메카타(目加田) 씨가 지금 과거에 출원한 매립공사를 시공할 의사가 있는지를 물어와서, 즉각 본인의 의향을 물었더니 허가가 난다면 시공하겠다는 것이었습니다. 그런데 남철이 무슨 신청을 했는지 곧바로 총독부에서 지난번 조회는 잘못이었다. 즉 메카타(目加田) 씨의 의사를 물을 필요가 없다는 통지가 왔습니다. 그러나 그때는 이미 메카타(目加田) 씨의 의사를 회답한 뒤였고 그 후 아무런 이야기도 없이 지나갔던 것입니다.

그런데 올해 8월 19일에 당국에서 서면이 왔는데 출원서의 수정과 저의 의견을 요구했습니다. 지금 그 서면을 낭독하겠습니다.(1925년 8월 18일자 토제(土第)256호 내무부장의 통지문을 낭독)

그래서 저는 곧바로 상급 관청의 지시를 메카타(目加田) 씨에게 전하고 원서의 수정을 이야기해서, 이번에 별지 사본과 같이 서류를 제출했습니다. 당국의 서면에 따르면 허가하겠다는 대체적 방침만 보일 뿐 아직 결정한 것은 아닙니다. 원서의 미비한 점을 수정하여 제출한 다음 논의하겠다는, 즉 허락과 거부의 과정에 있는 것입니다. 부윤이 제출해야 할 조사서의 기입사항은 열두 항목에 이르지만 본건은 모두 위원회에서 조사하실 것이므로 자세한 것은 위원회에서 말씀드리겠습니다.

그리고 당국의 서면에는, 전 남조선철도주식회사와 협조를 했다는 내용이 있습니다. 이사자로서는 그 협조 내용을 이해해 둘 필요가 있기 때문에 비밀에 속하는 계약서를 차용하여 사본을 배부했습니다. 이것은 사적인 계약 서류이니 절대 비밀로 해주시기 바랍니다. 첨부 도면 가운데 노란색 부분은 철도 인입선 용지입니다. 하역장의 앞에는 부잔교(浮棧橋)를 부설하여 천지환(天智丸) 정도의 배는 옆으로 접안할 수 있도록 한다는 사전 논의도 있는 것 같습니다. 계약서에 따르면 철도인입선로 용지 약 500평은 무상으로 조선철도회사에 제공하기로 되어 있습니다. 이 선로 용지는 회사의 중역회에서 조건으로 붙인 것 같습니다. 이것은 단지 제가 들은 것을 참고로 말씀드리는 데 지나지 않습니다. 또 조선공유수면매립령도 여러분이 관계 법규를 이해할 수 있게 참고하시라고 첨부했습니다. 이상이 1920년 이후 대체적인 경과입니다. 본건에 관해 여러분의 의견을 듣고 참고하고자 하니 부디 허심탄회하게 의견을 말씀해주기 바랍니다.

11번(이노우에 요시타다(井上義理)) : 본안은 마산의 항만 설비와 시가지 발전에 중대한 관계를 갖고 있다고 생각합니다. 지금 이사자가 상세한 설명을 하셔서 대체적인 경과는 알았습니다. 마산부의 시가 정리는 이미 대체적인 계획을 세워 착착 진척중인데, 이에 따른 항만 시설에 관해서는 조사한 적이 있습니까? 또 이에 관한 성안(成案)이 있습니까? 우리는 이 항만 설비를 중시하면서도 아직 조사한 적이 없습니다. 전에 다카쓰 도모야스(高津友保) 부윤 때 도시계획 논의가 일어나 육지와 해면 조사를 하려고 했으나 결국 완전한 결과를 보지 못했습니다. 그 뒤 어서 조사를 하자는 목소리가 높아지던 중, 남조선철도회사가 매립 출원을 하여 약 15만 평의 해면을 매립해 해륙 연결에 필요한 시설을 하고 더구나 수심 24척까지 매립하기로 하였기 때문에, 이 계획이 우리의 이상과 합치한다고 생각했던 것입니다. 그래서 이사자가 항만 설비에 관한 성안(成案)을 갖고 있다면 듣고 싶습니다.

두 번째는 지금 말씀드린 것처럼 남선철도에서 계획한 매립이 우리의 이상에 적합하지만, 경원(競願)이 될 일부 매립지구는 어느 정도입니까? 또 언젠가 마산 앞쪽 일대는 항만 설비가 필요하게 될 것입니다. 그 시설은 개인이 아니라면 아마 부(府)가 시행하는 것으로 귀착하리라 생각합니다. 그때에 이르러 현재의 일부 매립이 걸림돌이 될 우려는 없습니까? 또 하나는 본건의 출원자에게 사업수행의 능력이 있는지의 여부입니다. 처음에 메카타(目加田) 씨는 2,000만 원의 자산을 갖고 매립지는 자신의 영업용으로 사용한다고 했는데 지금은 어떻습니까? 달라진 상황은 없습니까? 또 매립의 이권을 얻는 것 등은 매우 부당하다고 생각하는데 그 점에 대해 조사한 바가 있다면 말씀해주십시오.

의장(부윤) : 11번에게 답합니다. 항만 설비에 관한 성안(成案)이 있는지에 대해서입니다. 1923년 말로 기억하는데, 토목부에 항만 조사

방법을 신청하니 인부 임금과 잡비를 부에서 부담한다면 기술원을 파견하겠다고 했습니다. 그래서 당시 남철로부터도 기부를 받는 등 조사에 관한 원조를 받아, 기사 등 3명을 마산에 오게 하여 약 2,000원의 비용을 투자해 조사를 부탁했습니다. 조사 결과 만들어진 도면이 있으니 지금 보여드립니다. 지금 도면을 회람하겠습니다.(도면을 회람함) 이 도면에서 남철(南鐵)의 출원 지구와 경원(競願)이 되어 있는 메카타(目加田) 씨의 출원구역을 확인하실 수 있습니다.

다음으로 일부를 매립하면 뒷날의 시설에 지장을 줄지도 모른다는 것인데 그렇지 않습니다. 원래 부에서 시공하는 경우 상당한 국고 보조금을 원하기도 하지만 현재 상태로는 도저히 보조의 전망도 없으니, 지금 이를 부에서 시공하면 어떨까 생각합니다. 또 이 계획은 대체적인 방침에 어긋나지 않기 때문에 장래 시설에 지장을 초래하지는 않으리라 생각합니다.

출원자에게 사업 수행의 능력이 있는지의 여부는, 자산 조사에 의하면 자산은 종전보다 줄어든 것 같지만 사업 수행 능력은 있다고 생각합니다. 이것은 제 예상만이 아니라 관계 방면에 조사를 요청한 것입니다. 타인의 자산에 관한 것이기 때문에 금액까지는 공표하기 어렵습니다.

다음으로 이권을 취해서는 안된다는 것인데, 이 점을 본인에게 질문했지만, 결코 그런 것은 아니고 오히려 금융 관계상 다소 차금(借金)해야 할지도 모른다고 합니다. 저는 본인의 언명(言明)을 믿고 있습니다. 만약 이권을 얻는 모양새라면 허가 조건의 하나로 추가해야 한다고 생각합니다. 여하튼 부윤이 제출해야 할 조사사항이 열두 항목이나 되니, 상세한 것은 위원회 석상에서 말씀드리겠습니다.

11번(이노우에 요시타다(井上義理)) : 지금 답변에 따르면 1923년도에 항만 조사를 마쳤고 더구나 총독부가 지시한 계획이라는 것인데 일부분만 시공해도 괜찮습니까? 그리고 부(府)가 시공하라고 한 것입니까?

의장(부윤) : 이것은 이른바 항만시설에 대한 이상(理想)이고, 부에서 한다든가 개인이 해도 좋다든가 그런 것은 아닙니다. 단지 기술상으로 본 계획입니다.

2번(미야케 요시로(三宅吉郎)) : 본건은 약간의 해면을 매립하는 것이지만 마산의 공익에 큰 관계가 있으니 결코 경시해서는 안 된다고 생각합니다. 부산의 매립 사업과는 그 취지가 다르고 마산의 해륙 연결을 위해 무엇보다 필요한 지구(地區)입니다. 조선철도회사가 수심 24척까지 매립해 3,000톤 급의 배가 해안에 정박할 수 있는 계획을 만들어 출원한 것이라, 우리는 허가가 내려질 날을 기쁘게 기다리고 있었습니다. 그런데 최근 철도회사가 경원인(競願人)에게 양보했다는 사실을 듣고 놀랐습니다. 과연 그렇다면, 부에서는 수도 부설, 시구 개정, 어항 설비 등 사업을 계획하고 있는데 그럴 때가 아닙니다. 이 항만 시설이 매우 급하다고 생각합니다. 조선철도도 점차 오지까지 연장되는데 원시시대의 작은 배로 하역(荷役)하는 것은 도저히 참을 수 없습니다.

지금 조선철도회사가 출원한 항만 설비 계획과 본안 메카타(目加田) 씨의 출원을 비교하여 보면 설비에서 큰 차이가 있습니다. 철도회사의 계획대로 시공한다면 별로 이견은 없지만, 수심이 낮고 공사가 쉬운 구역만 매립하는 것이라면 미래의 시설에 영향을 주어 큰 계획의 실현이 불가능한 상황이 되지 않겠습니까? 그러므로 철도회사의 의사가 어떤지 이사자가 그 부분을 물어보고, 장래 철도회사가 과연 출원 계획대로 시공하는지 아닌지를 확인하고 그 후에 본안을 고려해야 한다고 생각합니다. 이 점에 대해 이사자의 의견을 묻습니다.

의장(부윤) : 답변 드립니다. 조선철도회사가 경원(競願) 구역의 매립에 대해 양보한 것은 참고로 드린 계약서에 따르면 분명합니다. 원래 철도회사는 메카타(目加田) 씨보다 나중에 출원했지만 해륙 연결이 목적인 사업이라 현재까지 어느 쪽으로도 결정하지 않은 것이라고 생각합니다. 그런데 철도회사 쪽에서도 최근 재계 불황 때문에 매립에 손댈 수 없게 되었을 것입니다. 다음으로 질문하신 두 번째 점입니다. 이 항만 설비는 선차(船車) 연결을 위해 필요하므로 국가나 지방비 혹은 부에서 시공해야 할 성격의 것이라고 생각합니다. 그런데 현재 재정 상황에서 고찰해보면 국가 재정은 어렵고 지방비 역시 마찬가지입니다. 그러면 부에서 하면 어떨까 하는 점인데, 부가 시공하는 것도 한 방법이라고 생각해 일단 고려했습니다. 이 메카타(目加田) 씨의 계획에 의한 매립지의 평수는 9,429평이고 준공 후의 매가를 예상해보면 지구별로 계산해 1평을 최고 50원, 최저 20원으로 견적을 내면 평균 41원이 되어 39만 2,000여 원이지만 이것은 다소 미래를 예측한 계산입니다. 시가로 견적을 내면 1평이 최고 35원, 최저 20원, 평균 30원으로 28만 4,640원이 됩니다. 그리고 공사비를 13만 5,000원으로 가정해 연 9푼리로 차입하여 이를 10년간 상환하는 것으로 한다면 1년의 균등 상환액 2만 756원, 10년간 20만 7,560원이 필요하게 됩니다. 이것을 토지 매각대금 예상액 28만 4,640원에서 공제하면 순 이익금은 7만 7,000여 원이 됩니다. 이렇게 다소 이익은 있는 계획이긴 하나 매가(賣價)라는 것이 막연하기 때문에 만일 예상대로 팔리지 않을 경우에는 곧장 부 주민에게 부담을 주게 될 것입니다. 그래서 이를 개인이 시공하게 해서 공공단체인 부는 공익상 필요한 장소만 취득하는 조건을 붙이는 편이 안전하지 않을까 생각합니다. 앞에 말씀드린 것처럼 국고와 지방비, 부의 재정에 여유가 없기 때문에 위험한 지름길을 통과하기보다는 개인에게 하게 하는 편이 낫지 않을까 생각합니다.

또 조선철도회사와 교섭해 볼 의사는 없는가에 대해서는, 저는 당국의 말을 믿고 있습니다. 현재로서는 부가 시공하느냐 아니냐의 문제라서 상당히 고려가 필요합니다. 본안을 위원회에서 조사하게 되면 더 상세히 말씀드리기로 하고 너무 길어지니까 이 정도로 요점을 답변드립니다.

2번(미야케 요시로(三宅吉郎)) : 철도회사에서는 시공할 예정이 없다는 답변인데 그것은 언제쯤의 이야기입니까?

의장(부윤) : 최근 상경했을 때이니 올해 6월 25~26일경의 일이라고 기억합니다.

2번(미야케 요시로(三宅吉郎)) : 앞서 답변 중에 정부와 지방비는 재정이 곤란하여 도저히 문제가 되지 않는다고 말씀하셨는데 저는 다소 모순된 답변이라고 생각합니다. 과거에 시구 개정, 수도 부설, 어항 설비 등의 사업에 대해서는 보조 신청을 했는데 그런 사업에 대한 보조는 여유가 있으나 항만 설비에 대해서는 상황이 좋지 않다고 예상하십니까? 저는 설마 그렇지는 않다고 생각합니다. 그 점은 어떻습니까?

의장(부윤) : 개인이 출원한 경우는 가급적 이를 인정하고 국가나 지방비는 손대지 않습니다. 무엇보다 부가 시공하는 것이라면 보통은 공사비의 3분의 1 정도의 보조를 청구하는데, 개인의 출원은 나라 및 공공단체의 사업에 방해가 될 수도 있으니 그때는 부가 어느 조건을 붙여 개인에게 시공을 하게 하는 편이 안전하다고 생각합니다. 무엇보다 이것은 탁상공론이기 때문에 고려를 한 다음 부에서 시공하여도 좋을 것입니다. 단지 이상에 치우쳐 계획을 세우고 그 결과가 이상에 미치지 못하면 부민의 부담으로 돌아가는 것입니다. 특히 우리 부와 같이 인구가 희박하고 주택부지에 여유가 있는 지역에서 택지 조성을 위해 매립을 하는 것이 과연 어떨지 생각해보고 있습니다. 알고 계시듯이 이러한 점은 부산의 실례에 비추어 보더라도 명백합니다.

2번(미야케 요시로(三宅吉郞)) : 개인의 출원은 가능한 개인이 하게 하는 것은 동감이지만 제가 말하는 것은 항만 설비의 완성을 주안으로 하는 것입니다. 개인이더라도 철도회사의 계획처럼 시공한다면 당연히 찬성합니다. 지금 소규모의 매립을 한다면 장래 시설에 누가 되는 것 아닙니까? 단지 그 점을 걱정합니다. 부가 조건을 붙인다는 말씀도 하셨지만 본안에는 그 어떤 조건도 보이지 않습니다. 의견을 제시하시면 어떻겠습니까? 국가 또는 공공단체가 시공한다든가 국고에서 보조하여 공공단체가 시공한다든가 하는 것은 경제상의 이익뿐만 아니라 인민을 보호한다는 의미라고 생각합니다.

의장(부윤) : 개인이 시공하는 것과 단체가 시공하는 것은 방식에 큰 차이가 있기 때문에, 단체보다는 개인이 하는 편이 공사비가 쌀 것으로 생각합니다. 그리고 부에서 조건을 붙여야 한다는 문제는, 여러분의 기탄없는 의견을 받아 종합하여 위에 부신(副申)하려고 합니다.

6번(니시다(西田木惣市)) : 좀 질문을 드립니다. 메카타(目加田) 씨가 낸 매축 계획은 마산의 이상적 항만 설비에서 어느 정도의 것입니까? 또 이사자는 메카타(目加田) 씨가 출원한 대로 하는 게 일단 좋다는 전망입니까?

의장(부윤) : 사실 자금이 풍부하다면 조선철도회사의 계획대로 시공하는 것이 이른바 이상적이겠지만 현재 철도회사는 시공할 의사가 없는 것 같습니다. 그러나 출원 구역은 수산회사 앞까지도 보류해 둔 것 같습니다. 메카타(目加田) 씨의 계획도 위쪽부터 20간 정도의 잔교(棧橋)를 설치한다면 천지환(天智丸) 등은 접안할 예정이고 철도회사는 매립지에 인입선을 부설한다고 하니 화물 취급에 상당히 편리하고 임금을 줄일 수 있다고 생각합니다. 바다로부터 화물이 폭주하면 자연히 회사가 배와 차의 연결을 위해 출원한 대로 시공할 것이니 메카타(目加田) 씨의 출원이 이상적 설비를 촉진한다고 생각합니다. 더구나 그 계획이 큰 계획과 반대되지 않으니까 장래의 시설에 장애를 줄 우려는 없으리라 생각합니다.

마산의 항만 설비는 부(府)에 시행 능력이 없고 나라 및 지방비에서도 시행이 곤란하므로 우리의 이상이 용이하게 실현될 수 없기 때문에 개인 희망자가 있다면 그에게 맡겨 하루라도 빨리 해륙 연결을 원활해지게 하면 어떨까 생각합니다. 요컨대 하지 않는 것보다 하는 편이 좋은 것으로 귀착되는 것입니다. 그러나 계산을 해봤을 때 부에서 시공하는 것으로 된다면 저도 동의합니다. 반드시 개인에게 시켜야 한다는 것은 아닙니다.

6번(니시다(西田木惣市)) : 저는 출원인의 의사를 잘 헤아려 허가하도록 조치해야 한다는 의견을 갖고 있습니다.

11번(이노우에 요시타다(井上義理)) : 벌써 2독회로 넘어간 겁니까?

의장(부윤) : 아직 질문에 응답하고 있습니다.

1번(혼다 쓰치고로(本田鎚五郞)) : 저도 본안에 대해 상당히 고려하고 싶습니다. 철도회사가 출원한 대로 대규모 공사를 시공하면 좋겠지만 철도회사 쪽이 그럴 의사가 없다면 작은 계획이더라도 빨리 시공하는 데 찬성합니다. 출원인 중 메카타(目加田) 씨는 앞서 말했듯이 합당한 사람이지만 지금 구니무네(國宗) 씨도 있습니다. 최초 출원은 다카쓰(高津) 부윤 때의 일이었는데 어떠한 조서가 제출되었는지는 모르지만 사업 수행할 만한 자금력이 있다고 생각하지 않습니다. 그래서 이대로 서류를 진달(進達)한다면 그 때문에 공사가 지연되는 것은 아닙니까? 이사자의 생각은 어떻습니까? 그 사람은 이권 취득에 관심이 있다고 생각되기 때문에 착실하게 하려는 공동출원자에게 방해가 되지 않을까 생각해서 질문합니다.

의장(부윤) : 그것은 자력(資力)조사서에 그대로 써서 부신할 것이니 그것으로 알게 될 것입니다.

1번(혼다 쓰치고로(本田鎚五郎)) : 자산이 없으면 시공능력이 없으니 출원자를 분리하는 편이 좋지 않겠습니까?

의장(부윤) : 채택할지의 여부는 허가 관청에서 결정하니 부윤으로서는 원서에 있는대로 부신(副申)할 뿐, 그 이상은 저로서는 말할 수 없습니다.

1번(혼다 쓰치고로(本田鎚五郎)) : 그것은 알고 있는데, 출원인 두 명 중 한 명이 시행 능력이 없어서 성실하게 시공하려고 하는 한 명에 대한 면허가 좌우된다면, 부신(副申)할 때 그 내용을 적나라하게 표현하시는 편이 좋으리라 생각합니다.

의장(부윤) : 부윤은 자력(資力) 신용의 조서를 첨부할 뿐입니다.

7번(김치수(金致洙)) : 의사(議事)에 관해 희망사항이 있습니다. 여러분의 말씀 중에는 질문도 있고 의견도 있는 것 같은데 끝이 없다고 생각됩니다. 질문은 질문, 의견은 의견으로 구분을 해주기 바랍니다.

10번(마쓰모토 다조(松本多藏)) : 부신(副申)에 관한 1번의 말에는 다

소 동감입니다. 공동 출원자의 자금력은 본건의 허가 여부에 영향
을 준다고 생각합니다. 1번은 사실 각종 사업을 한 경험이 있어서,
부신할 때의 부윤의 생각을 질문한 듯합니다. 그런데 이사자의 답
변은 질문에 반대된다고 생각합니다.

　　　　("휴식, 휴식"이라는 소리가 들림)

의장(부윤) : 잠시 휴식합니다. (시각 오후 4시 15분)

의장(부윤) : 이어서 회의를 진행합니다. (시각 오후 4시 20분)

의장(부윤) : 질문은 없습니까?

의장(부윤) : 질문이 없으니 의견을 받겠습니다. 의견 있습니까?

　　　　("이의 없음"이라는 소리 들림)

의장(부윤) : 이의가 없으므로 의견을 받겠습니다.

11번(이노우에 요시타다(井上義理)) : 본건은 부(府)의 중요한 안건이
　　고 더 조사를 해야 할 사항이 많기 때문에 전원을 위원으로 하여 위
　　원회에서 신중하게 조사하기를 희망합니다.

("찬성, 찬성"의 소리 들림)

의장(부윤) : 11번의 위원회에 부탁하자는 말씀에 이의 없는 것 같으
　　니 결정하겠습니다. 본안은 전원을 위원으로 하는 위원회에서 조사
　　하는데 이의 없습니까?

(전원 "이의 없음")

의장(부윤) : 전원 이의 없으므로 본안은 위원회에서 조사를 부탁하기
　　로 결정합니다. 이어서 위원장의 호선을 청합니다.

("연장자"라고 외치는 자 있음. "찬성, 찬성"이라는 소리 들림)

의장(부윤) : 위원장은 연장자가 하자는 의견이 있고 찬성이 많으니
　　결정하겠습니다. 연장자를 위원장으로 하는데 이의 없습니까?

(이노우에(井上) 의원을 제외하고 "이의 없음")

의장(부윤) : 연장자에 다수가 찬성하니 이노우에(井上) 씨를 위원장으로 정합니다.

제15호안은 위원회의 조사 종료 후 재의하기로 하고 이어서 제16호안을 부의합니다. (하략-편자)

2) 1927년 제8회 마산부협의회 회의록(1927년 12월 26일)

항 목	내 용
문 서 제 목	第8回馬山府協議會會議錄
회 의 일	19271226
의 장	寺島利久(府尹)
출 석 의 원	松原早藏(2), 西田木惣市(3), 三宅吉郎(5), 구인욱(具麟旭)(6), 本田鎚五郎(7), 山內勉(8), 玉野秀吉(9), 弘重鶴之助(10), 相良勝治郎(11), 황갑주(黃甲周)(12),서광원(徐光遠)(13), 松本多藏(14)
결 석 의 원	弘淸三(1), 장재식(張在軾)(4)
참 여 직 원	飯塚照雄, 長谷目勇造, 武田與一右衛門(이상 부속), 石田彌作, 井手庄太郎, 上田良藏(이상 부 이원)
회 의 서 기	
회 의 서 명 자 (검 수 자)	
의 안	자제28호 1927년도 마산부 세입출예산 경정의 건, 자제29호 철도부설에 관한 건, 자제30호 우편국소 신설후보지의 건
문서번호(ID)	CJA0002591
철 명	부산부예산서류
건 명	부협의회회의록(마산부)
면 수	15
회의록시작페이지	362
회의록끝페이지	376
설 명 문	국가기록원 소장 '부산부예산서류'철의 '부협의회회의록(마산부)'건에 실려 있는 1927년 12월 26일 제8회 마산부협의회 회의록

해 제

본 회의록(15면)은 국가기록원 소장 '부산부예산서류'철의 '부협의회 회의록(마산부)'건에 실려 있는 1927년 12월 26일 제8회 마산부협의회 회의록이다. 1927년도 마산부 경정예산을 심의한 것으로 장티푸스, 성

홍열, 디프테리아 등 전염병 환자가 31명 발생해 일부 격리병사에 수
용하고 임시 간호부, 약 취급 인부 등 용인이 필요해 예산을 경정해야
한다는 내용이다.

내 용

의안
자제28호 1927년도 마산부 세입출예산 경정의 건
자제29호 철도부설에 관한 건
자제30호 우편국소 신설후보지의 건

부윤 : 지금부터 부협의회를 개회합니다. 연말이라서 바쁘실텐데 이렇
  게 모이게 해서 죄송하게 생각합니다.
(시각 오후 1시 45분)
의장(부윤) : 회의에 앞서 좀 묻겠습니다. 이번에 정무총감 경질에 관
  해서 지난 24일 공전(公電)이 있어 그날 통지했는데, 오늘 회의의
  의결을 거쳐 축전을 보내고자 하는데 어떻습니까?
("찬성, 이의 없음"이라는 소리 들림)
의장(부윤) : 전원 찬성이니 곧바로 기초하겠습니다. 잠시 기다려주시
  기 바랍니다.
의장(부윤) : 전보안을 말씀드립니다. "마산부협의회의 의결에 따라 삼
  가 각하의 취임을 축하드립니다." 어떻습니까?
("찬성, 이의 없음"이라는 소리 들림)
의장(부윤) : 전원 일치의 찬성입니다. 바로 타전하는 것으로 하겠습
  니다.

의장(부윤) : 지금부터 자문안 28호 1927년도 마산부 세입출예산 경정의 건을 부의합니다.

먼저 경정을 필요한 이유를 설명하겠습니다. 사무비 잡급에서 810원이 늘어난 것은 부 조례 규정에 따라 퇴직 부 이원 혼다(本多), 야마오카(山岡), 김형재(金炯才)에게 퇴직급여금을 지급해야 하기 때문입니다.

격리병사비에서 전염병 환자가 의외로 빈발했기 때문에 잡급에서 임시간호부 급여 632원, 임시 용인료 128원, 합계 760원이 늘었고, 수용비에서 비품비는 과부족이 없지만 의료비 및 경비 395원, 전등 등 기타 비용 92원, 이는 주로 의사의 봉급이고 합계 487원의 증가가 필요할 예정입니다.

잡지출에서 1,628원이 증가한 것은 일시차입금 이자 때문입니다. 이 증가가 필요한 이유는, 본년도에 속하는 수도비채(水道費債) 7만 2,500원은 늦어도 10월경에는 빌릴 수 있을 것으로 생각하였습니다. 우리 부에서 신청한 것은 9월인데, 이와 관련해 제출된 도지방비의 내년도 보조금 지출 건으로 총독부와 도(道) 사이에 승강이가 있었던 것 같습니다. 사업연도 종료 후의 보조금 4만 원은 부채 상환의 재원으로서 보조되기로 되어 있는데 이것을 사업연도 내에 보조하면 어떤가 하는 것이 총독부의 방침인 듯합니다. 이에 대해 지방비에서 뭐라고 답했는지는 모르지만, 이러한 사정으로 기채의 허가가 늦어졌기 때문에, 일시차입금으로써 이 수입 부족을 메우는 외에 방도가 없게 된 것입니다.

기채액 중 일부 저리자금을 혼입해 받기로 되어서 그 이자는 통산 연8푼에 해당할 예정입니다. 일시차입금은 연리(年利) 9푼 3리이어서 1푼 3리를 손해보는 것입니다. 기채와 관련해서 서면을 보내고 또 이원(吏員)을 경성·부산에 파견하여 상당히 손을 썼습니다만 허가가 될 때까지는 일시차입금으로 보충하는 수밖에 없습니다.

부채비(府債費) 이자에서 3,685원이 감소한 것은, 기정 예산에는 수도비채 금년도 차입액 7만 2,500원에 대해 10개월분의 이자를 계상했는데 위의 사정으로 3개월분만 있으면 되고 7개월분은 불필요하게 된 것입니다. 이 여유를 가지고 다른 세출 증가에 충당하려고 합니다.

2번(마쓰바라 하야조(松原早藏)) : 사무비 잡급 810원 증가는 부 이원 혼다(本多), 야마오카(山岡), 김형재(金炯才) 등 3명의 퇴직 급여금이라고 하셨는데 각 사람의 수급액은 얼마입니까?

의장(부윤) : 야마오카 180원, 김형재 180원, 혼다 450원입니다.

2번(마쓰바라 하야조(松原早藏)) : 격리병사비가 상당히 증가했는데 당초의 예정은 어땠습니까? 또 발생인원은 어떻습니까? 그리고 잡지출 증가는 기채 허가가 늦어졌기 때문에 일시차입금 이자의 소요가 많은 것입니다. 원래 수도비 같은 임시 사업 시행을 위해 필요한 일시차입금의 이자는 당연히 임시부에 속하는 성질의 것이 아닙니까?

의장(부윤) : 격리병사비에 관해 답변합니다. 잡급 가운데 간수인(看守人) 급여와 위로금은 과부족이 없을 전망입니다. 임시간호부 급여는 기정 예산액은 200원이었는데 554원을 지출했습니다. 이 예산 초과액 354원은 예비비를 지출하여 경리했는데, 앞으로 70명, 한 사람 1일 4원, 총 280원을 가산하여 634원의 증가가 필요합니다. 무엇보다 이 간호부는 면허가 있어야 하고 환자 1명을 수용할 때에도 1명을 고용해야 합니다. 임시 용인료는 기정예산 60원에 대해 지출 완료액 83원으로 23원 부족합니다. 그래서 앞으로 70명, 한 사람 1일

1원 50전, 총 105원을 가산하여 128원이 필요할 예정입니다. 요컨대 간호부 급여와 약을 만드는 인부의 임금을 잡급에 증가 계상한 것입니다.

다음으로 잡지출 중 일시차입금 이자인데, 임시사업비에 경상세입을 충당하는 것은 아무런 지장이 없습니다. 또 일시차입금의 이자를 경상부에 계상하는 것은 예산식에 그렇게 되어 있습니다. 따라서 일시차입금이 필요한 경우에는 그 사업의 경상, 임시를 불문하고 이자는 언제라도 잡지출로 계상하는 것이 당연하게 되어 있습니다.

5번(미야케 요시로(三宅吉郎)) : 간호부의 일급은 얼마입니까?

의장(부윤) : 1인 1일 4원의 예정인데 종래의 실제 지급액은 3원 80전과 3원 50전으로 되어 있습니다.

5번(미야케 요시로(三宅吉郎)) : 그렇게 차이가 있는 것은 무슨 이유입니까?

의장(부윤) : 식료비와 일당을 합산하여 처음에 1일 3원 80전으로 고용했지만 그 뒤 조사해 보니 병원의 경비가 좀 적어서 3원 50전으로 인하한 것으로 기억합니다.

5번(미야케 요시로(三宅吉郎)) : 식비와 일당의 구분은 어떻게 됩니까?

번외(다케다 요이치에몬(武田與一右衛門)) : 최초 일당 3원, 식비 80전이었던 것이 3원과 50전으로 되어 있습니다.

5번(미야케 요시로(三宅吉郎)) : 제 친척 중 한 명이 부산에서 철도병원의 간호부로 근무하고 있는데 1일 2원 40전 정도밖에 급여를 받지 못하고 있습니다. 급여액에 너무 차이가 있지 않습니까?

의장(부윤) : 간호부가 많은 곳에서는 싸게 고용할 수 있지만 우리 부처럼 적은 곳에서는 아무래도 얼마간 비싸집니다.

5번(미야케 요시로(三宅吉郎)) : 자혜부인회 쪽은 싼 것 같습니다. 몇 명을 고용할 경우에는 면허장이 있는 사람과 없는 사람을 안배해서 경제적으로 고용할 수 없습니까?

의장(부윤) : 환자가 많을 때는 면허장이 없는, 이른바 간병인도 섞어서 고용할 생각입니다.

5번(미야케 요시로(三宅吉郎)) : 예산에 계상된 1인 1일 4원은 조금 비싸지 않습니까? 가능한 실제 지급액에 따라 예산을 편성하길 바랍니다.

의장(부윤) : 본안은 금액을 기초로 하여 증감하는 것입니다. 주의를 주신 점은 잘 알았습니다.

14번(마쓰모토 다조(松本多藏)) : 간호부에 대해 좀 묻겠습니다. 간호부회에는 규정이 있을 것입니다. 그 규정을 알고 있습니까?

번외(다케다 요이치에몬(武田與一右衛門)) : 1923년경 부산에서 규정에 따라 급여액을 정한 것이 처음이고 지금까지 그것을 답습해왔습니다.

14번(마쓰모토 다조(松本多藏)) : 우리 부에서 간호부회 규정은 없습니까?

번외(다케다 요이치에몬(武田與一右衛門)) : 규정을 가지고 오겠으니 잠시 기다려주십시오.

14번(마쓰모토 다조(松本多藏)) : 보통은 2원이고 전염병은 2할 증가라든가 하는 규정이 있을 것입니다.

의장(부윤) : 조사하여 나중에 답변하겠습니다.

12번(황갑주(黃甲周)) : 상수도공사에 관해, 기사가 착임했을 때 말씀하신 것으로는 실지(實地) 조사 후 실시 설계를 수립하여 상담하겠다고 하셨는데, 본안은 예산 경정뿐이니 실시 설계에 대해서는 다시 자문하실 것입니까?

의장(부윤) : 본안은 기채 이자의 예산 경정뿐이고 수도비에는 아무런 변경이 없습니다. 실시 설계는 지금 제 소관이니까 심사한 후에 부협의회에 부의할 생각입니다.

2번(마쓰바라 하야조(松原早藏)) : 일시차입금의 이자는 임시 사업에 필요한 차입금이라 해도 경상지출에 해당합니다. 해마다 반복되는 수지는 경상비이고, 일시적인 것은 임시비에 속해야 한다고 생각합니다.

의장(부윤) : 경상과 임시의 구별은 말씀하신 의견대로입니다. 일시차입금도 반복해서 생기는 것이므로 그 이자는 경상비로 계상하는 것이 논리에 적합할 것입니다.

2번(마쓰바라 하야조(松原早藏)) : 수도비채의 허가가 늦어지는 것은 주로 총독부와 도(道) 사이에 논의가 있었기 때문이라고 하셨는데 그 밖에 다른 이유는 없습니까?

의장(부윤) : 저는 출장갈 수가 없어서 이원(吏員)을 파견해 당국과 논의를 했는데, 수도 수입 예산을 다시 조사해보라는 것은 있었지만 대체로 괜찮다고 했습니다.

5번(미야케 요시로(三宅吉郎)) : 수도의 실시 설계는 다 되었습니까?

의장(부윤) : 오늘 아침 저에게 제출되었습니다. 사실 일단 설계는 빨리 만들어졌으나 정수(淨水)공장을 자산동(玆山洞)의 산으로 변경하기로 되어서 이렇게 늦어졌습니다. 이미 연말도 며칠 남지 않았기 때문에 연내에는 부의하기 어려울 것이라고 생각합니다. 신년에 일찍 협의회의 자문을 거쳐 도 및 총독부에 가지고 가 서둘러 인가를 받을 작정입니다.

5번(미야케 요시로(三宅吉郎)) : 신청서를 제출하면 인가가 될 전망입니까?

의장(부윤) : 총독부에서는 45만 원을 일괄하여 실시 설계를 만들어도 되고 또 그 연도분만 만들어도 된다고 하는데, 작은 사업이니 일괄해서 인가를 받으려고 합니다.

11번(사가라 가쓰지로(相良勝治郞)) : 격리병사비는 이 예산에 의해 다액의 증가를 보이고 있는데 금년도 전염병 환자의 병명, 발생 수 및 현재의 상황을 듣고 싶습니다.

의장(부윤) : 11월 27일 조사에 따른 전염병환자의 발생 수는 장티푸스 15명, 이질 13명, 성홍열 1명, 디프테리아 2명 합계 31명입니다. 그 가운데 마산의원에 입원한 사람은 14명, 자택 치료 2명, 격리병사에 수용된 사람 15명입니다. 그리고 현재 격리병사에 수용되어 있는 사람은 1명입니다.

11번(사가라 가쓰지로(相良勝治郞)) : 오쿠다(奧田) 씨의 딸은 수용되어 있지 않습니까?

의장(부윤) : 격리병사에는 수용되어 있지 않습니다. 아마 병원 쪽일 겁니다.

2번(마쓰바라 하야조(松原早藏)) : 설명하신 바에 의하면 경정 증액의 대부분은 이미 지출이 끝난 것 같습니다. 그래서는 자문의 의의에 어긋날 뿐만 아니라 형식상으로 보더라도 좋지 않습니다.

의장(부윤) : 그렇지 않습니다. 알고 계시듯이 예산에는 예비비라는 융통성이 있는 과목이 있기 때문에 임시로 급하게 시설이 필요할 때 예산이 부족한 경우에는 응급조치로서 예비비 지출로 경영합니다. 그러나 그것으로는 도저히 연말까지 버틸 수 없을 뿐만 아니라 예비비도 점차 줄어들기 때문에 이 경정에 의해 예비비 지출액은 각각 되돌려놓을 예정입니다.

2번(마쓰바라 하야조(松原早藏)) : 갑자기 긴급한 사건이 돌발하여 예산이 부족해질 경우에는 속히 예산을 추가해야 하지 않습니까? 쓸데없이 예비비 지출로 조치하는 것은 예비비 그 자체의 본질에 어긋나는 것 아닙니까?

의장(부윤) : 이러한 경우에 예비비를 지출하여 응급 조치를 하는 것이 예비비의 본래 성질입니다.

2번(마쓰바라 하야조(松原早藏)) : 예산 이상의 지출이 필요할 때는 속히 추가 또는 경정하여 집행에 지장이 없도록 방법을 강구해야 하지 않습니까?

의장(부윤) : 예비비 지출에 의해 수행이 가능할 때까지는 연도예산액을 변동하지 않고 예비비 본래의 성격에 따라 지출해도 지장은 없습니다.

2번(마쓰바라 하야조(松原早藏)) : 현재 예비비가 부족하다면 예비비를 증액해야 하지 않습니까?

의장(부윤) : 그렇지 않습니다. 해당 과목의 예산을 증액하고 예비비 지출 금액은 예비비로 되돌려 넣는 것이 맞습니다.

2번(마쓰바라 하야조(松原早藏)) : 그렇다고 해도 종래 예비비 지출로 시행할 수 있었던 것이라면 그것은 그대로 하고 장래 필요한 만큼 증액하면 좋지 않습니까?

의장(부윤) : 본안은 예산 편성상 적법하다고 생각합니다.

2번(마쓰바라 하야조(松原早藏)) : 예비비는 어느 정도 예산이었습니까?

의장(부윤) : 1,208원입니다.

2번(마쓰바라 하야조(松原早藏)) : 제가 말씀드린 것은 작년에 예산액 이상의 지출을 하고 나중에 예산을 증액한 실례가 있기 때문에 주

　의하시길 바라서입니다.

의장(부윤) : 잘 알겠습니다.

2번(마쓰바라 하야조(松原早藏)) : 더 이상 질문도 이의도 없습니다. 진행을 바랍니다.

의장(부윤) : 질문 없습니까? 질문이 없다면 의견을 여쭙니다.

의장(부윤) : 별다른 의견이 없는 듯하니 결정하겠습니다. 자문안 28호 1927년도 마산부 세입출예산 경정의 건을 원안대로 가결하는 데 이의 없습니까?

(전원 이의 없음)

의장(부윤) : 전원 이의가 없으므로 원안대로 가결 확정합니다.

(하략-편자)

3) 제3회 마산부협의회 회의록(1928년 3월 31일)

항 목	내 용
문 서 제 목	第3回馬山府協議會會議錄
회 의 일	19280331
의 장	飯塚照雄(부윤 대리, 부속)
출 석 의 원	松原早藏(2), 西田木惣市(3), 三宅吉郎(5), 구인욱(具麟旭)(6), 本田鎚五郎(7), 山內勉(8), 弘重鶴之助(10), 相良勝治郎(11), 황갑주(黃甲周)(12), 서광원(徐光遠)(13), 松本多藏(14)
결 석 의 원	弘淸三(1)(질병), 張在軾(4)(여행중), 玉野秀吉(9)(여행중)
참 여 직 원	白石一郎, 野口重夫(부속), 石田彌作, 井手庄太郎(이상 부 이원)
회 의 서 기	
회 의 서 명 자 (검 수 자)	飯塚照雄(府尹대리, 부속), 松原早藏, 구인욱(具麟旭)
의 안	자제7호 1927년도 마산부 세입출추가예산의 건
문서번호(ID)	CJA0002591
철 명	부산부예산서류
건 명	부협의회회의록(마산부)
면 수	13
회의록시작페이지	381
회의록끝페이지	393
설 명 문	국가기록원 소장 '부산부예산서류'철의 '부협의회회의록(마산부)'건에 실려 있는 1928년 3월 31일 제3회 마산부협의회 회의록

해 제

본 회의록(13면)은 국가기록원 소장 '부산부예산서류'철의 '부협의회회의록(마산부)'건에 실려 있는 1928년 3월 31일 제3회 마산부협의회회의록이다. 철도 용지 대지료(貸地料) 문제를 논의하고 있는데, 이는 1927년부터 1929년까지 마산부협의회에서 꾸준히 제기된 문제다. 철도국 소유 택지 893평, 경작지 1만 3,198평의 용지가 있었는데, 마산 일본인 학교조합에서 택지는 평당 매월 20전, 경작지는 연 1전 5리씩이라는 염가의 차지료를 주고 중간 소작자가 되어, 실제 경작자로부터 평당 10전 5리를 받아서 폭리를 취해오고 있었다. 그 용지가 1927년 5월 마산부에 불하되었는데, 부에서는 계속 학교조합에 염가로 대여하고자 했다. 왜냐하면 일본인 부협의원 중에 학교조합 관계자가 많았기 때문이다. 이는 부 소유 재산으로부터 나오는 이익을 일본인 학교조합이 독자적으로 농단하는 것이었다. 그래서 1927년 부협의회에서 황갑주와 구인욱 등 조선인 의원들은 학교조합의 중간소작을 철폐하고 부에서 직접 소작인에게 적당한 지대료를 받으라고 요구했고, 데라시마(寺島) 부윤은 결국 1전 5리의 대지료로 학교조합에 대여하는 원안을 보류할 수밖에 없었다.[18]

이 1928년 3월 31일 회의에서는 철도용지를 매수하기 위한 부채(府債) 1만 7,000원의 상환 기일이 닥쳐서 부에서 추가예산을 제출한 안에 대해 논의하고 있다. 일본인 의원들이 원안을 통과시키려고 하자 황갑주와 구인욱 등이 반대하는 모습을 볼 수 있다. 황갑주는 이 안이 근본적으로 잘못되었고 부윤이 출석하지 않았으니 통과시킬 수 없으며 결정을 보류하자고 하고, 구인욱은 이 안은 조선인 차별이라고 주장하는 모습을 볼 수 있다.

---

18) 『東亞日報』 1927.6.15, 6.30.

내 용

의안
자문안 7호 1927년도 마산부 세입출 추가예산의 건

의장(이즈카 데루오(飯塚照雄), 부윤 대리) : 지금부터 부협의회를 시작
  합니다. (시각 오전 10시 45분) 부윤이 모친상을 당해 기일 중이므로
  제가 대리로 의장석에 섰습니다. 오늘 자문하는 의안은 1927년도
  마산부 세입출 추가경정 건입니다. 본안을 제출한 이유는 시가지
  조성을 위해 차입한 부채 1만 7,900원을 상환해야 하는데 바로 오늘
  이 원리금 상환 기일이라 지불할 필요가 있습니다. 또 하나는 경종
  대(警鍾臺)의 경종 한 개를 구입할 필요가 있어서 그 재원으로 부세
  1,223원, 즉 영업세 부가세의 자연 증수를 계상하고 재산 수입의 대
  지료 286원을 계상하고 임시부에서 독지가의 지정기부금 165원 계
  상한 것입니다. 심의를 바랍니다.
2번(마쓰바라 하야조(松原早藏)) : 이 부채원금 1만 7,900원은 어디에
  사용했습니까?
의장(이즈카 데루오(飯塚照雄), 부윤 대리) : 시가지 조성을 위한 철도
  용지 매수비입니다.
2번(마쓰바라 하야조(松原早藏)) : 이자는 이에 대해 균등할(均等割)이
  연 몇 보(步)입니까?
의장(이즈카 데루오(飯塚照雄), 부윤 대리) : 연 8보입니다.
2번(마쓰바라 하야조(松原早藏)) : 8보라는 계산은 맞지 않는 것 같습
  니다.
의장(이즈카 데루오(飯塚照雄), 부윤 대리) : 맞습니다.

번외(이데 쇼타로(井手庄太郎) 부 이원) : 이자 계산은 원금의 나머지에 대한 8보로 하면 맞지 않습니다. 이자 1,312원은 거치기간 중 이자를 합산한 것입니다.

2번(마쓰바라 하야조(松原부藏)) : 지정 기부금은 일반 기부입니까, 개인입니까?

의장(이즈카 데루오(飯塚照雄), 부윤 대리) : 개인입니다.

6번(구인욱(具麟旭)) : 영업세 부가세의 자연 증수의 부과 명세를 제시해 주십시오.

번외(이시다 야사쿠(石田彌作) 부 이원) : 이것은 1927년도 영업세 부가세에서 조정(調定) 실수액(實收額)을 말씀드리면 일반 1만 320원, 식산은행 1,865원, 조선철도회사 196원, 합계 1만 2,381원입니다. 이상은 조정이 끝난 것이고 또 수입이 끝난 것입니다.

7번(혼다 쓰치고로(本田鎚五郎)) : 임시부의 기부금은 그 이상의 수입이 없었다고 생각합니까?

번외(이데 쇼타로(井手庄太郎) 부 이원) : 본 예산에 계상한 액수는 세출의 필요 한도에 그친 것이고 수입은 이 이상 들어오고 있습니다.

의장(이즈카 데루오(飯塚照雄), 부윤 대리) : 잠시 5분간 휴식합니다. (시각 오전 11시 2분)

의장(이즈카 데루오(飯塚照雄), 부윤 대리) : 계속해서 회의를 열겠습니다. (시각 오전 11시 10분)

12번(황갑주(黃甲周)) : 재산 수입의 286원 51전은 6개월분이라고 하는데 이 토지는 언제 불하를 받았습니까?

의장(이즈카 데루오(飯塚照雄), 부윤 대리) : 작년 5월 4일입니다.

12번(황갑주(黃甲周)) : 이자는 몇 개월분입니까?

번외(이데 쇼타로(井手庄太郎) 부 이원) : 차입한 것이 지난해 5월 2일로 그 뒤의 이자와 원금 일부를 합쳐 3월 31일까지의 분을 계상한 것입니다.

12번(황갑주(黃甲周)) : 소작료 쪽은 얼마나 들어오고 있습니까?

의장(이즈카 데루오(飯塚照雄), 부윤 대리) : 철도국과 학교조합의 계약에 의해 경작지 쪽은 6개월분입니다. 택지 쪽은 월(月) 계산은 15일 이전은 1개월, 16일 이후는 반개월분으로 되어 있습니다.

12번(황갑주(黃甲周)) : 이 문제에 관해서는 이전에도 의장이 제안했다가 무슨 이유인지 철회하였는데 이번에 다시 추가예산으로 또 제출했습니다. 이것은 어째서입니까?

의장(이즈카 데루오(飯塚照雄), 부윤 대리) : 저는 잘 모릅니다.

12번(황갑주(黃甲周)) : 그러면 본안은 부윤이 출석할 때까지 보류하는 게 어떻습니까?

의장(이즈카 데루오(飯塚照雄), 부윤 대리) : 원금의 상환 기한이 오늘까지로 되어 있기 때문에 사실 오늘 논의를 마쳐주시지 않으면 곤란합니다.

12번(황갑주(黃甲周)) : 그렇게 임박한 문제라면 왜 좀 더 이전에 제출하지 않았습니까? 나는 아직 이 건에 관해서는 질문할 점이 많이 있습니다. 부윤이 출석할 때까지 보류할 것을 요청합니다.

의장(이즈카 데루오(飯塚照雄), 부윤 대리) : 말씀은 맞지만 여하튼 차입금의 상환 기일에 몰려 있습니다. 사정이 이러하니 은행 부분만이라도 논의를 끝내주시기 바랍니다.

12번(황갑주(黃甲周)) : 나는 지난 회에 철회된 안을 또 다시 이번에 제출한 이유를 알고 싶습니다.

2번(마쓰바라 하야조(松原早藏)) : 이 안은 작년에도 제출되어 철회된 안입니다. 한쪽은 10개월 반이고 한쪽은 6개월 분의 수입인데, 개인과의 대차(貸借) 관계가 적법하게 계약이 이루어진 것인지, 돈은 실제 들어오고 있는지, 회계법상 적법한지, 계약 방면에서 누락이 없는지, 이러한 점에 관해 고려해야 할 여지가 있다고 생각합니다.

의장(이즈카 데루오(飯塚照雄), 부윤 대리) : 개인과의 계약은 학교조합이 하고 있고 학교조합은 부(府)에서 빌린 것으로 되어 있습니다. 작년의 요금은 아직 부에 들어오지 않았습니다.

2번(마쓰바라 하야조(松原早藏)) : 이 돈은 어디에서 받고 있습니까?

의장(이즈카 데루오(飯塚照雄), 부윤 대리) : 조합에서 아직 부(府)로 들어오지 않았습니다.

12번(황갑주(黃甲周)) : 부에서 학교조합과 계약했다는 것은 언제입니까?

번외(이데 쇼타로(井手庄太郎) 부 이원) : 부윤이 책임지고 종전대로 계속 해오고 있는 것입니다.

12번(황갑주(黃甲周)) : 이전에 추가예산안으로 제출되었을 때도 질문했더니, 계약하는 경우에는 고려한 다음 다시 본회에 자문하겠다고 했습니다. 그런데 지금 말씀으로는 부와 조합 사이에 아무런 계약이 없는 것 같습니다. 저는 본안이 잘못된 방식이라고 생각합니다. 오늘은 부윤의 출석이 어려운 것 같은데, 요컨대 이 안을 본회에 자문한 이상 정정당당하게 시행하기 바랍니다. 부윤이 출석할 때까지 보류하는 것이 지당하다고 생각합니다.

8번(야마우치 쓰토무(山內勉)) : 지난번부터 상당한 논의가 있었지만, 이 문제는 매우 간단합니다. 재산 수입으로 내걸고 있는 것은 부가 당연히 수입해야 할 것을 수입하여 부채의 상환재원으로 충당하고, 이 대차 계약 관계에서 부윤이 가령 절차상 잘못하여 위법한 것이 있다고 하더라도 그것은 뒷날 다시 크게 나무랄 일입니다. 오늘은 부예산 경리상 긴요하고 임박한 일이니 부디 아량을 보여주어, 본안을 완료해서 부 재정의 경리를 원활하게 해줄 것을 특히 12번에게 바랍니다. 지금 말씀드린 의미에서 부디 뒷날 충분히 연구하기로 하고 속히 만장일치의 찬성으로 결의하길 바랍니다.

14번(마쓰모토 다조(松本多藏)) : 이 문제에 관해서는 지금 야마우치(山內) 씨의 설명과 같이 이미 근본적으로 들어간 문제가 아니라 수입해야 할 것을 당연히 수입하여 상환 재원에 충당하려는 것이고 상환은 이미 정해진 방법에 의해서 한다는 단순한 것이라고 생각합니다.

그래서 본 문제는 의안에 대한 문제가 아니라 부윤이 국가의 관리로서 철도국, 학교조합과 계약한 것을 계승하여 이 1개년의 계약을 행하는 것입니다. (중략-편자) 근본문제는 훗날로 넘기고 본안 논의를 끝내는 데 찬성을 얻고 싶습니다.

6번(구인욱(具麟旭)) : 이 의안에 관해서는 단지 어느 일부의 의견만을 참작한, 예산 전체에 걸쳐 완전히 조선인 차별입니다. 양두구육, 즉 겉만 번지르르하고 내실은 없는 것입니다. 문제가 되는 것은 사실이 수입인데, 마산부 전체의 이권에 관한 문제입니다. 어느 일부 사람을 위해 이를 희생하는 것은 정말 당치 않다고 생각합니다. 이대로 진행한다면 완전히 우리 조선인 의원을 무시하는 것입니다. 이자가 있고 없고의 문제가 아니라 그 내부에는 아직 중대한 문제가 있습니다. 형식 문제가 아니라 꼭 내부의 근본 문제를 해결해주기를 바랍니다.

의장(이즈카 데루오(飯塚照雄), 부윤 대리) : 이것은 말씀하신 것처럼 근본 문제와는 조금도 관련이 없습니다. 세입의 재산에서 생기는 수입은 철도국에서 승계한 요금을 게재한 것이고 사실 그 이상 수입은 불가능합니다.

6번(구인욱(具麟旭)) : 1전 5리 이상 받을 수 없는 사유는?

의장(이즈카 데루오(飯塚照雄), 부윤 대리) : 이것은 계약에 의한 것입니다.

5번(미야케 요시로(三宅吉郎)) : 나는 구인욱 의원에게 주의를 드리고자 합니다. 1독회에서는 질문만 요청하고 또 지금 말씀에서 일본인과 조선인의 차별문제 등은 온당하지 않다고 생각합니다. 신사(紳士)로서 말할 일이 아니라고 생각합니다.

6번(구인욱(具麟旭)) : 이것은 완전히 차별입니다. 이 내용은 조선인 차별입니다. 부유지(府有地)인데 왜 공평하게 하지 않습니까? 계약인지 뭔지 작년에도 이와 비슷한 안을 냈다가 철회했습니다. 완전히 일본인과 조선인 차별입니다.

(회의장 소란)

의장(이즈카 데루오(飯塚照雄), 부윤 대리) : 정숙하기 바랍니다. 질문만 진행합시다.

12번(황갑주(黃甲周)) : 1독회의 성격은 안(案)을 넓은 범위에 걸쳐 의논하고, 2독회에서는 가부의 의견을 묻는 것이 본래의 성격이라고 생각합니다. 그런데 이 해석이 틀렸나 봅니다. 모든 일을 선의로 해석한다고 하면서 질문에만 그치라고 하는 것은 일종의 압박 아닙니까? 더 말하지 않겠지만 이 문제는 완전히 고등정책상의 일이라 생각합니다.

조선을 식민지라고 할 것인지는 잠시 제쳐두고 대만의 식민정책을 보더라도, 어떻게 대만인과 일본인이 동화하고 근검역행하여 마침내 오늘날의 경제 독립을 비롯해 산업 기타 제반에 걸쳐 현저하게 발달을 거두었는가를 생각해보면, 우리들 일본인과 조선인이 더욱 융화하고 제휴해야 한다는 점은 매우 바라는 바입니다. 그런데 쓸데없이 우리들의 흥분을 도발하는 태도로 나오면 매우 유감입니다. 가장 공평하고 온당한 방법으로서, 이 안은 꼭 부윤이 출석할 때까지 보류하고 싶습니다.

의장(이즈카 데루오(飯塚照雄), 부윤 대리) : 심려를 끼쳐 잠시 휴식합니다. (시각 오전 11시 48분)

의장(이즈카 데루오(飯塚照雄), 부윤 대리) : 이어서 개회합니다. (시각 오후 1시 10분)

앞서 재산 수입 설명에서 조금 부족한 점이 있었습니다. 지금 상세히 말씀드리니 양해를 바랍니다. 대지료 187원 53전와 98원 98전이라는 것은 학교조합이 철도국에 대해 1개년간 차지계약을 4월에 하고, 철도국과의 계약은 전약(前約)으로 되어 있습니다. 조합은 1928년 3월 31일까지의 지료(地料)를 철도국에 지불했습니다. 그런데 5월 4일이 되어 부가 불하를 받았고, 계약기간 중인 것을 중도에 부가 계승한 것으로 되어 있습니다. 그래서 철도국은 학교조합에 환불을 해야 하게 되었습니다. 경작지는 1년 2푼, 택지 쪽은 15일 이전은 1개월분, 16일 이후는 반 개월 분이라는 계산으로, 택지는 10개월 반, 경작지는 반 개월치를 환불하는 것입니다. 이 돈은 새로운 소유자인 부에게 납부하는 것으로 되어 있습니다. 앞서의 설명에 더해 이상을 보충하겠습니다. 부디 양해를 바랍니다.

12번(황갑주(黃甲周)) : 그렇다면 지금의 설명으로는 학교조합과 철도국 사이에서 이미 계약이 있었던 것을, 도중에 부가 불하를 받았기 때문에 연액(年額) 중 반분을 취하게 된 것입니까? 사실 그렇다면 문제없을 것입니다. 이미 계획대로 되고 있다면 선의의 해석을 했을 때 특별히 이의는 말씀드리지 않겠습니다.

의장(이즈카 데루오(飯塚照雄), 부윤 대리) : 이것은 사실에 틀림없습니다. 다른 질문 있습니까?

("질문 없음"이라는 소리가 들림)

의장(이즈카 데루오(飯塚照雄), 부윤 대리) : 그러면 의견을 받겠습니다.

("의견 없음, 원안에 찬성"이라고 외치는 자 있음)

의장(이즈카 데루오(飯塚照雄), 부윤 대리) : 다른 의견이 없는 것 같으니 결정하겠습니다. 자문안 제7호 1927년도 마산부 세입출 추가예산의 건을 원안대로 가결하는 데 이의 없습니까?

("이의 없음"이라고 외치는 자 있음)

의장(이즈카 데루오(飯塚照雄), 부윤 대리) : 전원 이의 없으므로 원안대로 가결 확정합니다. 오늘은 이로써 폐회합니다. (시각 오후 1시 15분)

4) 제9회 마산부협의회 회의록(1928년 12월 24일)

항 목	내 용
문 서 제 목	第九回馬山府協議會會議錄
회 의 일	19281224
의 장	板垣只二(부윤)
출 석 의 원	松原早藏(2), 西田木惣市(3), 三宅吉郎(5), 구인욱(具麟旭)(6), 本田槌五郎(7), 玉野秀吉(9), 弘重鶴之助(10), 相良勝悟郎(11), 松本多藏(14), 황갑주(黃甲周)(12)
결 석 의 원	弘淸三(1), 장재식(張在軾, 4), 山內勉(8), 서광원(徐光遠)(13)
참 여 직 원	三羽松太郎(마산부 속), 岡雄吉(마산부 속), 白石一郎(마산부 속), 三浦菊雄(마산부 이원), 石田彌作(마산부 이원), 井手庄太郎(마산부 이원), 松田耕作(마산부 촉탁)
회 의 서 기	
회 의 서 명 자 (검 수 자)	板垣只二(부윤), 구인욱(具麟旭)(6), 本田槌五郎(7)
의 안	마산 수도공사 기간 단축의 건 마산 수도부 설비 계속 연기 및 지출방법 변경의 건 부채 변경에 관한 건 공유수면 매립면허액에 관한 건 소화3년도 마산부 세입출 예산 추가의 건 공사의 청부, 노력의 공급 및 물건의 매매대차에 관한 조례 중 개정의 건
문서번호(ID)	CJA0002671
철 명	마산부관계서류
건 명	부채변경허가신청의건-회의록첨부
면 수	14
회의록시작페이지	570
회의록끝페이지	583
설 명 문	국가기록원 소장 '마산부관계서류'에 포함된 1928년 12월 24일 마산부협의회 회의록

해 제

1928년 12월 24일 마산부협의회 회의록으로, 상수도 준공기 단축과 관련하여 상당한 설전이 오가고 있다. 원문에 중략되어 있는 부분이 신문기사에 있는데 이날의 회의 분위기를 알 수 있다. 회의 벽두에 미야케 요시로(三宅吉郎)가 의장에게, 회의에서 결의된 것을 실행하지 않는 것은 협의원을 무시하는 것이라고 몰아세우며 결의의 효과에 대한 설명을 청구하고 설명을 듣기 전에는 의사 진행을 할 수 없다고 강경하게 주장했다. 이에 대해 의장의 간단한 답변 후 다시 미야케 요시로(三宅吉郎)는 경비 남용에 대한 질문과 부윤의 실태(失態)를 일일이 들어 장시간 논박했다. 이어 마쓰바라 하야조(松原早藏)도 부윤의 부정(府政)에 대한 성의와 상식의 유무를 의심한다고 하면서 부윤의 잘못을 일일이 들어 공격했다.[19]

이어 진행된 회의 내용을 보면, 자문안 제21호 상수도 공사 기간 변경에 대한 건 논의에서, 황갑주는 상수도 설계 변경이 되었는데도 변경된 명세서 제출이 없는 것을 지적함과 함께, 조선인이 많이 사는 오동동(午東洞)에는 도로 개수나 급수 계획이 없는 것을 질타한다. 이어 다른 의원들도, 설계 내용이 변경되었는데도 부협의회에 제안하는 수속을 생략한 것은 절차상 문제가 있다고 지적하면서 명세서 제출을 요구했다. 결국 명세서를 나중에 제출하고 연도 단축 자체에 대해서만 의결하는 것으로 마무리되었다.

---

[19] 「마산 부윤 규탄, 부 의회 소란, 결의안을 실행치 않는다고, 문제는 去益 확대?」, 『동아일보』 1928.12.27.

내 용

부윤 : 지금부터 부협의회를 열겠습니다.(오후 1시 40분)

의장(부윤) : 오늘 결석자는 1번, 4번, 8번, 13번이고 모두 병이 있거나 여행 중입니다. 우선 제21호안을 부의하겠습니다.

(중략-원문)

의장(부윤) : 자문안 제21호, 22호, 23호는 서로 관련이 있으니 일괄해서 부의하겠습니다. 수도공사는 아시는 것처럼 1927년도부터 1930년도까지 4개년 계속사업으로 되어 있는데 정수장 및 수원지 공사가 착착 진척되어 철관 부설도 진행하고 있으므로 4년을 3년으로 단축시키고자 합니다. 따라서 계속비를 별지와 같이 변경하고 또 부채변경을 하려고 합니다. 총 공비 45만 원에 변경은 없습니다. 보조금에도 증감은 없지만, 1930년도의 보조금 6만 원은 사업 종료 후에 받는 것이므로, 1929년도까지 30만 원을 차입하고 6만 원은 상환 재원이 될 것입니다. 원래 보조금은 해당 연도의 반액은 연초에, 남은 반액은 공사 진척 상황을 보아 교부되므로, 1930년도 분은 가급적 공사를 진척하여 연도 개시 후 2개월 이내에 받기를 바라고 있습니다.

이렇게 공사기간을 단축하면 인건비에 잔여가 생기고 한편 수도사용료를 1년 먼저 수입할 수 있습니다. 대단히 부에 유리하리라 생각합니다. 이에 관해서는 지난번 상부와 합의하여 대체적인 이해를 얻었습니다. 아무쪼록 심의하셔서 찬동해주시길 바랍니다.

5번(미야케 요시로(三宅吉郎)) : 올해 여름에 사업 연도 단축 이야기를 들었습니다. 당시 철관도 사고, 공사 진척 방침을 바꿔서 수립했다고 들었는데, 여기에 설계 변경에 대한 자문이 없는 것은 무슨 이유입니까? 본안은 이미 실행되고 있는 것 아닙니까?

의장(부윤) : 설명이 불충분했을지도 모르겠는데 철관 구입은 이미 1927년도에 계약을 체결해서 착착 납입되고 있습니다.

5번(미야케 요시로(三宅吉郎)) : 4개년을 3개년으로 단축하는 것을 만약 부협의회에서 부결하면 어떻게 됩니까?

12번(황갑주(黃甲周)) : 본안이 가결되면 다시 총독부의 인가를 청합니까?

의장(부윤) : 그렇습니다. 인가를 받아야 합니다.

12번(황갑주(黃甲周)) : 그렇다면 인가신청안도 동시에 제출하시는 게 어떻겠습니까. 또 수원지의 제언(堤堰)은 우리가 의결한 것은 흙으로 된 제언이었는데 그 후 돌로 만드는 제언으로 변경되었다고 들었습니다. 설계 변경 수속은 필요하지 않습니까?

의장(부윤) : 이는 돌로 된 제언의 공비(工費)이고 9만 원에는 변함이 없습니다.

(부윤이 잠시 의장석을 내려오고 미와 마쓰타로(三羽松太郎) 부속이 부윤 대리로서 의장석에 앉는다. 오후 3시 25분)

12번(황갑주(黃甲周)) : 흙으로 된 제언이 돌로 된 제언으로 변경되어도 공비에 증감이 없다는 것인데, 높이에는 영향이 없습니까?

번외(마쓰다 고사쿠(松田耕作) 촉탁) : 제언의 높이를 줄이지 않고 저수량을 감소시키지 않으려면 9만 원으로는 불가능합니다. 대략 11만 6,000원 정도 듭니다. 그래서 부윤이 설계서를 제출하여 총독부와 합의한 결과 9만 원의 범위에서 최초 계획에 의한 저수량 50만㎥ (300일 분)를 34만㎥(191일 분)으로 하여 높이를 낮추기로 했습니다. 즉 최초의 제언 높이 20.2m를 19.8m로 설계 변경했습니다.

(부윤이 의장석에 돌아오고 미와 마쓰타로(三羽松太郎) 부속이 의장

석에서 내려온다. 오후 3시 27분)

12번(황갑주(黃甲周)) : 공비에 변함이 없는데 설계 내용에는 변경이 있는 것입니까?

번외(마쓰다 고사쿠(松田耕作) 촉탁) : 그렇습니다.

12번(황갑주(黃甲周)) : 최초의 저수량 50만㎥를 34만㎥로 변경했는데, 그것은 부에 큰 관계가 있지 않습니까? 그리고 수관 공사비 중 철관 대(鐵管代)는 얼마 정도입니까?

번외(마쓰다 고사쿠(松田耕作) 촉탁) : 철관대는 14만 2,470원 50전입니다.

12번(황갑주(黃甲周)) : 기타는 공사비입니까?

번외(마쓰다 고사쿠(松田耕作) 촉탁) : 철관대 외에 부속품 비용이 1만여 원이고 기타는 공사비입니다.

12번(黃甲周) : 송수관과 배수관을 구분해서 총 공사비가 얼마입니까?

번외(마쓰다 고사쿠(松田耕作) 촉탁) : 구분하지 않았습니다.

12번(황갑주(黃甲周)) : 내역이 없으면 안됩니다만.

번외(마쓰다 고사쿠(松田耕作) 촉탁) : 철관에서 송수관이란 저수지에서 정수장까지 구간의 것을 말하고, 기타는 전부 배수관이라 칭합니다. 부설하는 사람들은 구경(口徑)에 의해, 예를 들면 300㎜관, 200㎜관 등이라고 하고 송수관 배수관 구별 없이 종류에 의해서 구분하고 있으므로 알기가 어렵습니다.

12번(황갑주(黃甲周)) : 조사하셔서 구분된 명세표를 제출해주시기 바랍니다.

번외(마쓰다 고사쿠(松田耕作) 촉탁) : 알겠습니다.

12번(황갑주(黃甲周)) : 검사비는 최초 2,000원이었는데 변경되어 5,500원으로 증가했습니다. 이는 무슨 까닭입니까? 예산은 대체로 부족하지 않게 되어 있었는데 갑자기 세 배나 된 이유를 묻습니다. 이것도 함께 명세서를 제출해주시기 바랍니다.

번외(마쓰다 고사쿠(松田耕作) 촉탁) : 최초의 2,000원이 너무 적었던 것 외에 이유는 없습니다.

12번(황갑주(黃甲周)) : 듣는 것만으로는 충분하지 않으니 명세서를 제출해주십시오. 그리고 보상비(補償費)는 대부분 지출이 끝났다고 생각되니 이것도 명세서 제출을 바랍니다.

원래 상수도를 부설할 때는 음료, 위생, 방화(防火) 등 세 가지 목적이 있습니다. 그런데 오동동(午東洞) 쪽에 급수할 계획이 없는 것은 매우 유감입니다. 만일 오동동의 세민 부락에 전염병이라도 유행한다면 어떻게 조치할 것인지, 당국자의 방침을 묻습니다.

의장(부윤) : 설계 변경이 필요한 경우에는 후일 자문할 예정입니다.

12번(황갑주(黃甲周)) : 오동동 지역 내의 도로 개수 건은 전 부윤 때 의견을 진술했으므로 기록이 남아있으리라 생각합니다. 현 부윤이 그것을 실행하지 않으면 오동동은 수도 혜택을 받을 수 없습니다. 가령 오동동에서 전염병이 발생해서 부 전체에 퍼질 우려가 있습니다. 제가 조선인 의원이라서 조선인의 일만 논하는 것이 아닙니다. 부민의 대표자로서 회의에 온 이상, 부 전반에 걸쳐 고려해서 의견을 말하는 것입니다. 전 부윤 때 기록을 조사하신 후 확실한 답변을 해주시길 바랍니다.

의장(부윤) : 이번 회의는 그냥 연도를 단축하는 것으로 끝내고 설계 변경은 따로 자문을 구하고 싶습니다.

12번(황갑주(黃甲周)) : 저는 자문 시기를 묻는 것이 아닙니다. 오동동 쪽에도 급수할 방침인지 아닌지를 묻는 것입니다. 오늘 답변이 불가능합니까?

의장(부윤) : 나중에 설계 변경 때에 협의하려고 합니다.

12번(황갑주(黃甲周)) : 그러면 저는 부윤을 믿고 기다리겠습니다. 또 아까 말한 명세서를 본 후에 다시 묻겠습니다.

14번(마쓰모토 다조(松本多藏)) : 수도비는 이미 정한 방침에 의해 연 할당액 11만 2,500원인데 내용을 자세히 설명하지 않으면 복잡합니다. 의원들도 수도에 관한 지식이 늘어감에 따라 질문도 증가하는 것입니다. 1929년도에 부채(府債) 6만 원이 늘어나있는데 무슨 이유입니까? 수도비 같은 것은 이미 정한 방침에 의해서 이미 구입 계약이 되어 있을 것입니다. 연도 단축에 관한 당업자와의 교섭 전말에 대해 설명을 원합니다. 또 수원지(水源池) 같은 것은 이미 청부금액도 결정한 현재 공사비를 증감하지 않고 최초에 결정한 액수와 동일한 이유를 묻겠습니다.

의장(부윤) : 공사 기간을 3년으로 단축하면 수도관 납입기를 앞당겨야 합니다. 따라서 대금 지불기일도 앞당겨야 하므로 6만 원이 필요한 것입니다. 수원지 공사는 제언이 대부분인데, 암반 굴착이 어느 정도가 될지 의문입니다. 현재 총독부에 전문 기술관 파견을 신청했으니 실지 조사를 해서 굴착이 늘어나는 것에 대한 확실한 예측을 할 생각입니다. 6만 원 범위 내에서 끝내면 좋겠다고 생각하고 있습니다.

번외(마쓰다 고사쿠(松田耕作) 촉탁) : 지금으로서는 수원지 공사비는 8만 1,200원 예정이지만 굴착이 늘어나는 부분은 미정입니다. 그리고 그 중 4만 9,500원은 청부공사입니다.

14번(마쓰모토 다조(松本多藏)) : 철관 납입에 대해서는 상대방은 승인했습니까?

의장(부윤) : 승인을 얻을 예정입니다.

번외(마쓰다 고사쿠(松田耕作) 촉탁) : 그리고 수원지 공사비 중 매입
이 끝난 재료대 2만 4,400원, 감독비 5,037원은 결정했습니다.

14번(마쓰모토 다조(松本多藏)) : 우리는 처음부터 설계 내용을 알지
못하고 단지 연 할당액 11만 2,500원밖에 알지 못하니까 여러 질문
이 나오는 것입니다.

5번(미야케 요시로(三宅吉郞)) : 설계 내용이 변경되었음에도 불구하
고 형식상의 수속을 밟지 않는 것은 곧 부협의회를 무시하는 것이
라 생각합니다. 우선 설계 변경 제안을 바랍니다.

번외(마쓰다 고사쿠(松田耕作) 촉탁) : 설계서는 나와 있지만 부족한
부분이 있으니 나중에 제출하는 것으로 하겠습니다.

5번(미야케 요시로(三宅吉郞)) : 제가 말하면 부윤은 여하튼 못하겠다
고 합니다. 기공식 건에서도 그렇습니다. 그래서 어쩔 수 없이 질문
하는 것입니다.

의장(부윤) : 내용 설계 변경은 조사를 마친 후에 제안하는 것을 잊은
것은 아니지만 실행을 못했습니다. (중략-편자)

("휴회, 휴회"라고 소리치는 자 있음)

의장(부윤) : 희망하신 바도 있긴 하지만 설계서 내용은 처음부터 발
표하지 않았던 것이기도 해서 어떻게 할까 생각했습니다. 이미 나
와있으니 후일 제출하는 것으로 하겠습니다.

5번(미야케 요시로(三宅吉郞)) : 꼭 발표를 해주시길 바랍니다. 우선
설계 변경을 제안하고 그 후 본안을 부의하기를 바랍니다. 여러분
은 어떻습니까?

2번(마쓰바라 하야조(松原早藏)) : 지금은 입찰도 끝났으니 발표하는
게 어떻겠습니까. 아니면 후일 제출하는 조건부로 본안을 결정하면
어떻겠습니까.

부윤(의장) : 다른 의견은 없습니까?

12번(황갑주(黃甲周)) : 의견이 있습니다. 앞서 말씀드린 명세서가 나온 후에 심의하길 바랍니다.

7번(혼다 쓰치고로(本田槌五郎)) : 보조를 청하는 관계도 있으니 명세서는 나중에 제출하는 조건으로 본안을 결정하길 바랍니다. 설계서에 미비한 점이 있으면 그때 선처하는 방법도 있을 것입니다.

의장(부윤) : 7번 의원의 말처럼 다음 회에 설계 내용을 상세히 말씀드리는 것으로 하고 본안은 결정하길 바라는데 어떻습니까.

(5번 미야케 요시로(三宅吉郎) 퇴석함. 오후 4시 35분)

번외(마쓰다 고사쿠(松田耕作) 촉탁) : 처음에 수도 부설 전체의 실시 설계를 수립하여 인가를 신청했습니다. 수원지만 제외하고 인가되었고, 그 후 다시 수원지만 설계하여 인가를 얻어 이미 설계서는 나와 있으니, 내년 봄에 제출하는 것으로 하고, 연도 단축 관계만 결정을 원하는데 어떻습니까.

6번(구인욱(具麟旭)) : 그때 변경할 부분이 발견되면 어떻게 합니까?

번외(마쓰다 고사쿠(松田耕作) 촉탁) : 45만 원의 총공비는 변함이 없습니다. 단지 각각의 금액에 증감이 있을 뿐입니다.

6번(구인욱(具麟旭)) : 당신은 자신이 있겠지만 우리는 명세서를 보지 않으면 모릅니다.

의장(부윤) : 그러면 내일이라도 내용을 설명하겠으니 속행해주시겠습니까.

2번(마쓰바라 하야조(松原早藏)) : 부협의회에서 부의 시설을 심의할 때 경우에 따라서 사업 운용상 다소 부민의 불이익이 있어도 진행해야 하지만, 본건은 부민의 이익이라는 점은 명확하니, 명세서는 후일 심의하고 미비한 점은 그때 변경하기로 하고 본안은 결정하는 게 어떻겠습니까.

12번(황갑주(黃甲周)) : 내용을 안 후에 결정하고 싶습니다.

14번(마쓰모토 다조(松本多藏)) : 본안은 부의 이익이기도 하고 인가도 받아야 하니 설계와 분리해서 결정하는 게 적당하다고 생각하므로 원안에 찬성합니다.

10번(히로시게 쓰루노스케(弘重鶴之助)) : 저도 공사 기간 단축에는 찬성하니 원안에 찬성합니다.

의장(부윤) : 6번은 어떻습니까?

6번(구인욱(具麟旭)) : 명세서를 본 후 심의하는 게 순서에 맞지만 나중에 문제가 발생한 경우 당국자가 책임을 진다는 조건이라면 결의에 이의 없습니다.

의장(부윤) : 그것은 물론 당연하게도 제 책임입니다.

12번(황갑주(黃甲周)) : 설계 내용을 보면 연한 단축과 경비 융통이라는 두 가지가 있습니다.

의장(부윤) : 오는 1월 중순에 설계서를 발표하기로 하고 제21호, 제22호, 제23호 의안은 원안대로 결정하는 데 이의 없으십니까?

(모두 이의 없음)

의장(부윤) : 그러면 제21호부터 제23호안까지 모두 원안대로 가결 확정하겠습니다.

의장(부윤) : 오늘은 이것으로 폐회합니다.

(오후 5시 10분)

5) 제9회 마산부협의회 회의록(1929년 11월 4일)

항 목	내 용
문 서 제 목	第九回馬山府協議會會議錄
회 의 일	19291104
의 장	板垣只二(마산부윤)
출 석 의 원	松原早藏(2), 장재식(張在軾)(4), 三宅吉郎(5), 구인욱(具麟旭)(6), 本田槌五郎(7), 山內勉(8), 玉野秀吉(9), 弘重鶴之助(10), 相良勝次郎(11), 황갑주(黃甲周)(12), 서광원(徐光遠)(13), 松本多藏(14)
결 석 의 원	弘淸藏(1), 西田木惣市(3)
참 여 직 원	三羽松太郎(부속), 岡熊吉(부속), 野口重夫(부속), 石田彌作(부서기), 井手庄太郎(부 서기), 馬場秀夫(부서기), 三浦菊雄(부 기수)
회 의 서 기	
회 의 서 명 자 (검 수 자)	
의 안	자문안 제36호 공유수면 매립 면허원에 관한 건, 37호 잡종세 조례 중 개정 건, 38호 1929년도 마산부 세입출 예산 추가경정의 건, 39호 시가계획 노선 일부 폐지 건
문 서 번 호 (I D)	CJA0002738
철 명	마산부관계서류
건 명	마산부잡종세조례중개정의건-부협의회회의록
면 수	4
회의록시작페이지	207
회의록끝페이지	210
설 명 문	국가기록원 소장 '마산부관계서류'철 중 '마산부잡종세조례중개정의건'에 포함된 1929년 11월 4일 마산부협의회 회의록

해 제

본 회의록(4면)은 국가기록원 소장 '마산부관계서류'철 중 '마산부잡종세조례중개정의건'에 포함된 1929년 11월 4일 마산부협의회 회의록이며 의안 37호 마산부 잡종세 조례를 개정하는 내용이다. 첨부된 자문안에 의하면 개정 전 잡종세 제3조에서 지정한 과세 표준과 세액의 범위는 다음과 같다. 전주(電柱)는 1년에 1개 당 3원, 예기 1등은 1개월에 15세 이상이 6원, 15세 미만이 3원, 예기 2등은 15세 이상 4원 50전, 15세 미만 2원 50전, 창기 1등은 3원, 2등은 2원이었다. 여기서 예기 2등 1세 미만 2원 50전을 2원 25전으로, 창기 2등 2원을 1원 50전으로 개정한 것이다.

이 회의에서는 자문안 36호부터 39호까지 심의하였으나 회의록 원문이 37호 심의 부분만 수록되어 있어 다른 내용을 알 수 없다. 이 회의에 올라온 자문사항은 시가계획 노선 일부 폐지에 관한 인가 신청 건, 1929년도 세입출 예산 추가경정 건, 잡종세 조례 중 개정 건, 공유수면 매립 면허원에 관한 건 등이었다. 일반의 주목을 끌던 중요한 자문안은 39호 시가계획선 일부폐지에 관한 인가 신청 건이었다. 마산부청은 위치가 일본인이 많이 거주하는 서남쪽에 치우쳐있어 관공서가 일본인 본위와 편리 위주로 되어있다는 비판을 오래 받아왔는데, 이 자문안에는 이전할 부청 부지와 기타 부 공용지와 그와 관련한 도로선 변경 등을 총독부에 신청하는 건을 협의하는 것이 포함되어 있었다. 신마산 쪽 일부 협의원은 부청 이전 문제를 철회시킬 생각으로 원안을 부결시키고자 했으나 결국 원안대로 통과하자는 다수 의견으로 가결되었다.[20] 그러나 이 문제는 계속 난항을 겪다가 결국 만장일치로 부청 이전이 가결된 것은 1935년 11월 13일 부회에서였다.[21]

20) 『조선일보』 1929.11.6; 『동아일보』 1929.11.10.
21) 『동아일보』 1935.11.15.

내 용

〈자문안〉 제36호 공유수면 매립 면허원에 관한 건, 37호 잡종세 조례 중 개정 건, 38호 1929년도 마산부 세입출 예산 추가경정의 건, 39호 시가계획 노선 일부 폐지 건.

의장(부윤) : 의안 제37호 잡종세 조례 중 개정 건을 부의하겠습니다. 본건에 대해 서면 회의로 자문드렸던 추가 예산안은 철회하고 다시 본안을 자문해주시는 것으로 하겠으니 양해 부탁드립니다. 번외(番外)가 제안의 이유를 설명 드리겠습니다.

번외(이데 쇼타로(井手庄太郞) 서기) : 자문 제37호 잡종세 조례 중 개정 건에 대해 설명 드리겠습니다. 잡종세는 아시는 것처럼 조례에 정해진 세액의 범위 내에서 매년도 예산을 정하는 것 외에 부과액을 결정하고 있습니다만, 본년도 예산에 정해진 액수에 대해서 지시가 있었습니다. 그것은 조례에 정한 제한액에 대해 저감 부과하는 경우는 각 종목에서 그 저감율을 같게 하라는 것입니다. 그리고 만일 예산으로 정한 액수가 실제 상황과 맞지 않으면 조례 개정을 하는 식이기 때문에 본안을 제출하게 되었습니다. 즉 예기(藝妓) 1등 15세 이상은 조례에 의하는 한도는 6원이지만 4원을 부과하고 있으므로 6할 7푼 약에 해당합니다. 여기에 2등 15세 미만 및 창기 2등도 같은 비율로 해서 균형을 맞추고자 하는 것입니다.

의장(부윤) : 질문이나 의견 없으십니까?

("이의 없음"이라는 소리 들림)

의장(부윤) : 이의 없으시면 제37호 잡종세 조례 중 개정 건은 원안대로 가결 확정하겠습니다.(하략·원문)

3. 부산부협의회 회의록

1) 제1회 부산부협의회 회의록(1920년 2월 2일)

항 목	내 용
문 서 제 목	釜山府協議會會議錄
회 의 일	19200202
의 장	本田常吉(부윤)
출 석 의 원	安武千代吉(2), 坂田文吉(4), 香椎源太郎(6), 石原源三郎(7), 박영길(朴泳吉)(9), 윤상은(尹相殷)(10), 이규직(李圭直)(11), 오인규(吳仁圭)(12)
결 석 의 원	萩野彌左衛門(1), 迫間房太郎(3), 大池忠助(5), 五島甚吉(8)
참 여 직 원	寺島利久(부사무관), 草場信治, 手代木良策, 高城貞雄(이상 부서기)
회 의 서 기	
회 의 서 명 자 (검 수 자)	本田常吉(부윤) 외
의 안	자제1호 수도확장공사비 보조신청의 건, 자제2호 부세조례 중 개정의 건, 자제3호 토지기부에 관한 건
문 서 번 호 (I D)	CJA0003877
철 명	경상남도청이전관계서류
건 명	도청소재지변경에관한품청서의건-경남(제1회부산부협의회회의록)
면 수	4
회의록시작페이지	385
회의록끝페이지	388
설 명 문	국가기록원 소장 '경상남도청이전관계서류'철의 '도청소재지변경에관한품청서의건-경남(제1회부산부협의회회의록)'에 실려 있는 1920년 2월 2일 제1회 부산부협의회 회의록

해 제

본 회의록(4면)은 국가기록원 소장 '경상남도청이전관계서류'철의 '도청소재지변경에관한품청서의건-경남(제1회부산부협의회회의록)'에 실려 있는 1920년 2월 2일 제1회 부산부협의회 회의록이다. 같은 날 부산부윤 혼다 쓰네키치(本田常吉)가 총독에게 제출한 '도청소재지 변경에 관한 건'에 첨부되어 있다. 부윤은 이 도청 소재지 변경에 관한 신청서에서, 1910년에 도청소재지를 정할 때 거의 대한제국기의 도청 소재지를 답습하여 경남에서도 진주에 설치했고 이는 지방행정의 중심을 갑자기 이동하면 조선인의 동요를 일으킬 수 있기 때문이었으나, 10년이 지난 시점에서는 교통과 경제, 여러 시설상 우월한 부산이 가장 적합한 지역임을 피력하고 있다. 그리고 병합 때부터 이미 부산의 유력 조선인들과 일본인들이 부산상업회의소 부지와 건물을 제공할 뜻을 밝히면서 도청 이전을 청원했음을 역설한다. 도청을 이전하게 되면 기꺼이 부지 제공을 하고 여러 편의를 제공할 것을 말하고 있다.[22]

이 회의는 도청이 이전될 경우 부산의 부지 제공 여부에 대해 논하는 자리였고, 단 어느 부지를 제공할 것인지에 대해서는 여러 의견이 오가는 것을 볼 수 있다. 이 도청 이전 문제는 진주 지역민의 강력한 반발과 저항을 불러일으켰으나 결국 1925년에 이전이 실현된다.

---

[22] 「도청소재지변경에관한품청서의건-경남(제1회부산부협의회회의록)」, 『경상남도청이전관계서류』, 국가기록원(CJA0003877), 381~384쪽.

내 용

의안

자제1호 수도확장공사비 보조신청의 건

자제2호 부세 조례 중 개정의 건

자제3호 토지 기부에 관한 건

의장(부윤) : 다음은 자제3호안 토지 기부에 관한 건에 대해 의견을 여쭙니다.

부윤 : 도청 이전 문제는 총독부에서도 이미 지방민의 진정에 의해 잘 알고 있습니다. 어떻게 하면 이것을 촉진할 수 있을지는 결국 재정의 문제로 귀착할 것입니다. 부산에 도청을 이전하기 위해, 지방민의 성의를 피력하여 사건이 빨리 진행되도록 그 소요 부지를 제공하겠다는 내용을 당국에 진정하려고 합니다.

2번(야스타케 초키치(安武千代吉)) : 도청 이전은 국가 및 경상남도의 전 도민의 공중 이익에 관한 것임은 물론이며, 동시에 우리 부산이 특히 지방적 이익을 입는 것은 자연스러운 것입니다. 이 자연적 이익을 향유하기 위해 그에 맞는 기여를 하는 것은 역시 당연하므로, 저는 이 자문안에 찬성 의견을 표합니다.

4번(사카타 분키치(坂田文吉)) : 본안은 우리 부산부로서 지극히 당연한 각오라고 생각합니다. 단 이전할 장소의 선정에 관해 좀 의견을 말하고 싶습니다. 도청 이전이라고 하면 어쩌면 부근 지주들 중에는 토지 등을 기부하는 자도 있을 것으로 생각합니다. 또 구체적으로 말씀드리면 북부 지방은 자연적으로 번영과 발달을 보이고 있기 때문에 만약 북부에 부지를 구한다면 비교적 많은 돈이 필요하겠지

만, 이에 반해 서부 시가와 같은 곳은 특별 기부를 하는 사람들이
있어 용이하게 필요한 땅을 구할 수 있을 것으로 생각합니다. 이에
관해서는 여러 수단을 써야 할 것이라 믿는데 가급적 이해관계가
절실한 자가 기부하도록 하는 것이 좋으리라 생각합니다.

부윤 : 알았습니다. 이에 관해 충분히 연구할 필요가 있다고 저희도
생각하고 있습니다.

4번(사카타 분키치(坂田文吉)) : 소요 부지는 약 몇 평 정도 필요할 예
정입니까?

부윤 : 약 1만 평 정도 필요할 것입니다.

6번(가시 겐타로(香椎源太郎)) : 저도 물론 본안에 찬성하지만 부지가
결정되고 나서 그 소유주가 팔지 않거나 하는 일이 일어나선 안 되
니까 협의회에서 위원을 두어 그 위원이 말하는 것에 절대로 승복
하는 식으로 하면 좋으리라 생각합니다.

부윤 : 본건에 대해서는 불복을 말하는 사람은 없으리라 믿습니다.

7번(이시하라 겐자부로(石原源三郎)) : 그렇지 않습니다. 부지가 결정
되면 불복하는 사람도 없다고 볼 수는 없습니다. 그때에 대비해 우
리는 노력을 다해야 합니다.

부윤 : 그때가 되어 만약 그러한 자가 있을 때는 적절한 방법을 취할
길도 있을 것입니다.

4번(사카타 분키치(坂田文吉)) : 본안은 전원일치로 가결하기 바랍니다.

7번(이시하라 겐자부로(石原源三郎)) : 이의 없습니다.

의장(부윤) : 다른 부협의회원의 의견은 어떻습니까?

11번(이규직(李圭直)) : 조선인 측에서 아무런 이의가 없을 뿐 아니라
우리들도 가능한 한 이에 관해 노력을 아끼지 않겠습니다.

10번(윤상은(尹相殷)) : 동감합니다.

12번(오인규(吳仁圭)) : 동감합니다.

9번(박영길(朴泳吉)) : 찬성입니다.

의장(부윤) : 자제3호안은 제안대로 확정하겠습니다.

부윤 : 제1회 부협의회는 이로써 폐회합니다.

(시각 오전 11시 57분)

2) 제5회 부산부협의회 회의록(1927년 6월 24일)

항 목	내 용
문 서 제 목	第5回釜山府協議會會議錄
회 의 일	19270624
의 장	泉崎三郎(부윤)
출 석 의 원	芥川完一郎(1), 上杉古太郎(2), 大池忠助(4), 松岡甚太(5), 山本榮吉(6), 古賀九一郎(8), 矢頭伊吉(10), 西條利八(11), 武久捨吉(12), 淸水忠次郎(13), 小原爲(15), 竹下隆平(16), 阪田文吉(17), 中島鶴太郎(18), 山田惣七郎(19), 이경우(李卿雨)(20), 어대성(魚大成)(21), 川島喜彙(23), 國司道太郎(24), 岩橋一郎(25), 小坂唯太郎(26), 西村浩次郎(27), 田端正平(30)
결 석 의 원	
참 여 직 원	山內忠市(부이사관), 上野竹逸(부속), 速水隆三(부기사), 田中佐次郎, 志達房太郎(이상 부서기)
회 의 서 기	竹下忠治郎(부서기)
회 의 서 명 자 (검 수 자)	
의 안	자제21호 1927년도 부산부 세입출추가예산, 자제22호 도로 및 하수개량공사의 시행과 해당 공사비에 대해 국고 및 지방비 보조 신청의 건, 자제23호 북빈(北濱) 연안설비의 시공 및 국고보조신청에 관한 건
문서번호(ID)	CJA0013083
철 명	1927년국고보조신청서
건 명	부산북빈연안무역설비공사비국고보조의건(회의록관련도면첨부)
면 수	7
회의록시작페이지	250
회의록끝페이지	256
설 명 문	국가기록원 소장 '1927년국고보조신청서'철의 '부산북빈연안무역설비공사비국고보조의건(회의록관련도면첨부)'에 실려 있는 1927년 6월 24일 제5회부산부협의회 회의록

해 제

　본 회의록(7면)은 국가기록원 소장 '1927년국고보조신청서'철의 '부
산북빈연안무역설비공사비국고보조의건(회의록관련도면첨부)'에 실려
있는 1927년 6월 24일 제5회 부산부협의회 회의록이다. 부산 북빈(北
濱) 연안설비의 시공 및 국고보조신청에 관한 건이 주로 논의되었다.
남항 수축이 진행되고 있어 급하게 시설할 필요가 없고 연안무역도
늘고 있지 않으니 매립면적을 줄여야 한다는 반대의견이 있었으나 장
래 부산의 발전을 위해 북쪽 해안의 매립이 필요하다고 해 원안대로
확정되었다.

내 용

의안
자제21호 1927년도 부산부 세입출추가예산
자제22호 도로 및 하수개량공사의 시행 및 해당공사비에 대해 국고
　　　　및 지방비 보조 신청 의견
자제23호 북빈(北濱)연안설비의 시공 및 국고보조 신청에 관한 건

자제21호 1927년도 부산부 세입출 추가예산
자제22호 도로 및 하수개량공사의 시행 및 해당공사비에 대해 국고
　　　　및 지방비 보조 신청의 건
자제23호 북빈(北濱) 연안설비의 시공 및 국고보조신청에 관한 건

의장(부윤) : 자제23호 북빈 연안 설비의 시공 및 국고보조신청에 관

한 건으로 본건을 제1독회에 부의합니다. 낭독은 생략하고 설명 드립니다.

참여원(야마우치 추이치(山內忠市) 부이사관) : 본안은 부산 무역을 위한 설비로서 새삼스레 말씀드릴 필요도 없다고 생각합니다. 연안의 설비를 1928년도와 1929년도의 계속사업으로서 공사비 41만 원으로 제시한 계획의 개요에 따라 이를 시행하려고 합니다. 공사비는 41만 원이고 국고 보조를 20만 5,000원 받고 나머지 20만 5,000원은 부비로 충당하는 것으로 하여 첫해에 21만 5,000원, 다음 연도에 19만 5,000원의 공사를 시공하려 합니다. 공사비 내역은 암벽에 대해 19만 1,070원, 하역장에 4만 1,800원, 매립에 6만 3,689원 20전, 도로에 9,483원 60전, 창고 5만 6,386원 80전, 기타 기계비, 잡비, 사무비 등에 4만 7,570원 40전, 합계 41만 원으로 시행합니다.

부비를 통해 충당하는 것은 첫해에 11만 9,600원, 다음 연도에 10만 2,400원의 기채를 하여 연액 2만 2,433원씩 상환을 20년간 하여 완성하고자 합니다.

상환 자원은 계선료 5,641원, 창고료 1만 3,662원, 하역장 수입 6,350원, 합계 2만 5,653원으로 기채상환 자원과 유지비를 지불하려고 합니다.

매립하는 면적은 29간에 100간으로 2,900평입니다. 그렇게 해서 연안의 설비를 완전하게 해 부산의 발달에 기여하고자 합니다.

또 본건에 관해서는 전에 간담회에서 부윤이 개요 설명을 드린 그대로이기 때문에 부디 만장일치의 찬성을 얻어 목적을 달성하려고 합니다.

25번(이와하시 이치로(岩橋一郎)) : 본안에 관해서는 미리 개인적 의견은 말씀드렸는데, 부산항의 유효 면적은… 이용 면적은 넓지 않습니다. 그런데 20간에 100간이라는 면적을 매립하고 그 위에 창고를 설치한다는 것입니다. 원래 연안 무역 시설은 항만 시설의 일부로서 국가 예산으로 하는 것이 당연하다고 생각합니다. 그럼에도 불구하고 본건의 달성을 하기 위해 바다를 매립하여 다액의 부비를 투자하고 바다의 이용 가치를 줄이면 장래에 벽에 부딪힐 것으로 생각합니다. 현재 연안 무역은 해마다 2할 내지 3할 정도밖에 늘고 있지 않은 상황입니다. 그런데 그런 장소에 그렇게 큰 시설을 하는 것은 잘못 아니겠습니까. 특히 남항 수축이라는 문제가 실현을 향해 나아가고 있는 현재, 바다의 활력을 없애는 시설은 중지해야 한다고 생각합니다. 만일 그 장소에 반드시 시설이 필요하다고 한다면 20만 원 정도에 그쳐야 한다고 생각합니다. 남항 수축이 실현된다면 매립 조건으로 토지 제공을 하게 하는 등 여러 가지 유리한 방법이 있다고 생각합니다. 다시 생각해주기 바랍니다.

4번(오이케 추스케(大池忠助)) : 북쪽 해변 연안 설비에 대해서는 전에 간담회에서 말씀하시길 바다를 매립하는 것은 본뜻이 아니라고 하였습니다. 지극히 타당한 의견입니다. 그렇지만 부산은 무역의 중심지로 많은 화물이 집산하고 있기 때문에 화물에 드는 경비는 가능한 한 저렴하게 해야 합니다. 배에서 곧바로 화차선(貨車線)에 옮기면 이상적이겠지만 그렇게까지는 못하더라도 인천이나 군산에 비교하여 저렴한 운임으로 하고 싶습니다.

이제 북쪽 해변 연안 설비공사 계획이 만들어져서 과연 대부산(大釜山)이라고 말할 수 있게 되었습니다. 25번 의원이 남항 수축 등에 대해 말씀하셨는데, 현재로서는 급하게 시설을 할 필요가 없고 매립 면적도 반 정도면 좋을 것이라고 했지만, 남항 수축의 문제는 언제 이루어질지 예상도 힘들 정도입니다. 만약 남항 수축이 가령 급하게 이루어진다 하더라도 반드시 불필요한 것은 아닙니다. 연안 무역에 이용하면 충분히 유리하다고 저는 생각합니다. 바다를 좁히는 것은 유감이지만 운임이 저렴해지는 점이 중요하니 빨리 본안에 찬동해주기를 바랍니다.

의장(부윤) : 잠시 휴식합니다.

(시각 오후 6시 20분)

의장(부윤) : 의사를 개회합니다.

(시각 오후 6시 40분)

18번(나가시마 쓰루타로(中島鶴太郎)) : 본안은 간담회에서도 여러 논의가 이루어진 문제이기 때문에 대체로 이견을 가진 사람은 없을 것으로 생각합니다. 확실히 시설은 훌륭합니다. 25번 의원은 바다를 협소하게 하는 것은 안된다고 말하지만, 바다가 넓다고 해서 이용가치가 늘어나는 것은 아닙니다. 좁다고 해도 여러 가지 시설이 완비되어 있다면 그것이 유리하다고 생각합니다. 현재 그 장소에는 과거 잔교(棧橋)시설이 있었으나 아무런 불편은 없었습니다. 이번의 설계는 이전 잔교보다 짧다고 하므로 저는 찬성합니다. 여러분도 부디 만장일치로 찬성하기를 희망합니다.

19번(야마다 소시치로(山田惣七郎)): 아까 25번 의원이 이러한 시설은 당연히 국가가 해야 한다고 말씀하셨는데 그것은 합당합니다. 그런데 그렇다고 해서 국가가 해줄 때까지 언제까지나 기다리는 것은 부산의 발전상 불가능합니다. 하물(荷物)의 부대 비용을 경감하고 무역의 편리를 가져오는 시설에 대해 부비(府費)를 투자하더라도 결국 부민의 이익이기 때문에, 이 보조액은 가능한 노력해서 줄이지 말고 이 공사를 시공하고 싶습니다. 저는 적극 찬성합니다.

15번(오하라 엔(小原焉)) : 저는 찬성하지만 위치에 관해 충분히 고려해주시길 바랍니다. 즉 어느 정도 암벽으로 만들어도 화물차가 들어가지 못하면 효용이 적으니 이 점을 고려하기 바라는 희망을 덧붙여서 찬성합니다.

6번(야마모토 에키치(山本榮吉)) : 찬성합니다.

25번(이와하시 이치로(岩橋一郎)): 바다의 가치라는 점에 관해 제 의견을 진술했으나 이야기를 들어보니 별 지장이 없다고 생각됩니다. 앞에 말씀드린 것을 철회하고 원안에 찬성합니다.

17번(사카타 분키치(阪田文吉)) : 저는 전폭적으로 찬성합니다. 저는 부가 모든 경영을 하며 국고에서 상당한 보조를 받고 부에서도 상당한 금액을 투자하여 즉각 수입이 있고 경영이 가능하다면, 국가가 하지 말고 부가 하는 것이 부의 영원한 이익이라고 생각합니다. 즉 부의 전유물입니다. 국가로부터 대부를 받지 않더라도 부가 생각하는대로 사용할 수 있는 것입니다. 다음으로 위치 문제인데, 역시 예측 불가능하지만, 모든 시설이 만들어지고 나서 언제까지나 그 시설에 변화가 없다는 것이 과연 바람직한 것입니까? 저는 적어도 시설물이 발전에 동반해 변화하는 것이 당연하며, 바꾸어 말하면 부산부의 발전을 증명하는 것이니 매우 기뻐할 만한 일이라고 생각합니다.

의장(부윤) : 달리 의견이 없습니까? 없다면 표결을 하겠습니다.

원안 찬성인 분은 기립해주시기 바랍니다.

(전원일치)

의장(부윤) : 이어서 제2, 제3 독회를 묶어서 부의하고자 합니다.

("이의 없음"이라고 말하는 자 다수)

의장(부윤) : 전원 이의 없다고 인정되므로 원안대로 확정합니다.

3) 부산부협의회 회의록(1928년 3월 20일)

항 목	내 용
문 서 제 목	釜山府協議會會議錄
회 의 일	19280320
의 　 장	泉崎三郎(부윤)
출 석 의 원	芥川完一郎(1), 上杉古太郎(2), 大池忠助(4), 松岡甚太(5), 山本榮吉(6), 古賀九一郎(8), 山川定(9), 矢頭伊吉(10), 西條利八(11), 武久捨吉(12), 淸水忠次郎(13), 小原爲(15), 竹下隆平(16), 坂田文吉(17), 中島鶴太郎(18), 山田惣七郎(19), 이경우(李卿雨)(20), 어대성(魚大成)(21), 川島喜彙(23), 國司道太郎(24), 岩橋一郎(25), 小坂唯太郎(26), 西村浩次郎(27), 石原源三郎(29), 田端正平(30)
결 석 의 원	
참 여 직 원	山內忠市(부이사관), 齊藤直人(부이사관), 三羽松太郎(부속), 小林博(부속), 大野幹平(부속), 高橋淸次(부속), 速水隆三(부기수), 蒲生正德(부기수), 小澤宮太
회 의 서 기	田中伍次郎, 佐治爲敬, 長直人, 楠本才平, 村田市次郎, 浦田省三, 松本三一
회 의 서 명 자 (검 수 자)	泉崎三郎(부윤), 松岡甚太(5), 山本榮吉(6)
의 　 안	제1호 소화3년도 부산부 세입세출 예산 제2호 부세 부가세의 과율 결정의 건 제3호 특별세 토지평수할의 부과액 결정의 건 제4호 도장 및 牛皮건조장 사용료 결정의 건 제5호 시장관리 및 사용조례 중 개정의 건 제6호 부산부 운동장 사용조례 설정의 건 제7호 기본재산 축적정지의 건 제8호 부 이원 봉급조례 중 개정의 건 제9호 北濱 설비공사를 위한 계속비 설정의 건 제10호 北濱 설비공사비를 충당하기 위한 기채의 건 제11호 부산부 납세장려 조례설정의 건 제12호 부립병원 조례 중 개정의 건
문서번호(I D)	CJA0002670
철 　 　 명	부산부관계서류

건 명	부산부북빈설비공사비기채의건-회의록및공사실시계획서설계도내역서등첨부
면 수	19
회의록시작페이지	250
회의록끝페이지	268
설 명 문	국가기록원 소장 '부산부관계서류'에 포함된 1928년 3월 20일 부산부협의회 회의록

해 제

　본 회의록은(총 19면)은 국가기록원 소장 '부산부관계서류'의 '부산부 북빈 설비공사비 기채의 건- 회의록 및 공사실시 계획서 설계도 내역서 등 첨부'에 포함된 1928년 3월 20일 부산부협의회 회의록이다. 부윤이 1928년도 부산부 세입출 예산에 대한 설명 후 제1독회에 들어갔는데 의원들은 부산부의 계속된 현안으로서 1927년에 부협의회에서 만장일치로 결의했던 전기부영문제에 대해, 그동안 부윤이 어떤 교섭을 했는지 그 경과 보고를 요구하고 있다. 부윤은 교섭이 진척되지 않은 이유를 총독, 총감의 교체와 총독부 중요 인사들의 경질, 도지사의 이동 등 인적 문제에 전가하고 있다. 이에 다수 의원은 부윤의 무책임한 답변을 질타하며, 부민을 대표하는 부협의원의 책임상 이 문제의 해결을 부윤에게만 일임할 수 없으니 따로 전기부영문제 해결을 추진할 위원을 두기로 결정했다. 이로써 7명의 위원을 부윤이 선임하는 것으로 회의를 종료하고 있다.

　식민지시기에 주요 부(府)에서는 전기를 민간회사가 독점하여 이에 대한 불만이 일어났고 이는 각 지역의 전기공영화운동으로 발전했다. 1927년 평양에서 부영화가 성공한 후 부산, 대구, 경성, 함흥, 부산 등지에서 공영화 운동이 더욱 확산되었다. 부산부는 부에서 직접 전기 부영을 추진한 데서 다른 지역과 차별성을 갖는다. 이 회의록은 1928년 말 전기부영기성회가 설립되기 전 부협의회원들의 동향을 포착하는 데 도움을 준다.

내 용

(오전 11시 50분 개회)

부윤 : 통상 부협의회를 개최하여 여러분과 격의없이 의견을 교환하는 기회를 얻게 되어 매우 기쁩니다.

우리 부의 여러 행정이 대체로 순조롭게 진보하고 부의 여러 시설도 시세의 진운에 맞추어서 점차 그 면목을 새로이 해나가고 있어 매우 기쁘지만, 이를 부치(府治)의 이상(理想)에서 보면 겨우 그 기본을 만든 데 지나지 않고 아직 앞길이 요원하다고 생각합니다. 우리가 이상의 달성을 위해 계속 더 부치의 개선에 노력하여 부민의 기대에 부합하도록 해야 할 것입니다. 여러분도 대국적 견지에서 공정한 태도를 갖고 당국에 대해 아낌없이 편달을 해주시기 바랍니다.

오늘부터 여러분의 심의를 바라는 안건은 1928년도 부산부 세입출예산 외 11건입니다. 예산의 대체적인 것은 요전에 배부해 드린 예산안으로 아시리라 생각합니다. 그 요점을 말씀드리고자 합니다.

예산 편성 방침은 아시는 바와 같이 정부에서 계속 재정 긴축 방침을 채택하고 있는 관계상, 지방단체로서는 이에 순응할 필요가 있어서, 우리 부는 그 취지하에 진행해왔습니다. 따라서 본년도 예산에서는 이 방침하에 긴축에 힘쓰고 특히 이미 정해진 경비에 관해서는 극히 절감을 도모했습니다. 그러나 부민의 이해휴척(利害休 戚)과 직접적인 관련이 있고 복지를 증진할 중요한 사업에 들어가 는 비용은, 재정이 허하는 범위 내에서 적극적으로 시설하는 것이 당연하므로, 여러 상황을 고려해서 계상하는 것으로 했습니다.

1928년도 예산 총액은 세입세출 모두 각 204만 7,481원이고 이를 전 년도 예산액과 비교하면 5만 8,495원이 증가했습니다. 그 내용을 개 략적으로 말씀드리면 세출 경상부에서는 앞서 말씀드린 것처럼 극 히 경비 절감을 도모하여 가능한 팽창을 피했습니다만, 운동장비나 공회당비 같이 새로운 경비가 필요하고 또 부의 발전에 따라 여러 사무가 현저히 증가해서 어쩔 수 없이 경비를 증액했습니다. 세출 경상부 총액은 63만 9,370원이고 전년도에 비해 3만 8,489원 증가했 습니다.

다음으로 세출 임시부에서 본년도에 새로 계상한 것은 대전봉축비 (大典奉祝費), 시구개정비, 묘지비, 임업비, 도선비, 공회당비, 사무비 및 북빈 연안 무역설비 공사비 등으로, 전년도에 비교해서 2만 6원 이 늘어 140만 8,111원입니다. 임시부에서 시설할 사업은 많습니다 만 재정 관계상 사업의 완급을 고려해서 어쩔 수 없이 이 정도로 그 쳤습니다. 세입 상황을 말씀드리면, 재계 현황에 비추어보면 증세 를 행할 시기가 아니라서 모두 전년도의 과율을 답습했습니다. 부 세에서는 토지평수할을 제외하고 약 8,000원, 또 사용료 및 수수료 에서 2만 3,000여 원 등의 증수를 예정할 수 있는데, 세출부에서 시 구개정 공사비 감소에 따라 토지평수할에서 7만여 원이 감수(減收) 될 것이라서, 세입경사부 총액은 103만 4,740원입니다. 전년도에 비 해 3만 6,279원 감소를 보았습니다. 다음으로 세출 임시부에서는 재 산 매각대 부채 등에서 감소를 보았습니다만, 조월금, 국고보조금의 증수를 예정하고 있으므로 총액 101만 2,747원입니다. 전년도에 비해 9만 4,770원이 증가했습니다. 이상으로 예산의 요점을 말씀드렸습니다. 상세한 것은 따로 참여원이 설명드릴 것입니다.

기타 의안은 비교적 간단하므로 그 의안을 논의할 때 설명 드리도록 하겠습니다. 그리고 질문하시는 것에 대해서는 참여원이 수시로 설명 드리겠습니다. 바라건대 충분히 여러 안의 심의에 힘써주시고 기탄없이 의견을 토로해주셔서 부민 복리 증진에 공헌해주시길 바랍니다.

의장 : 곧바로 의사에 들어가겠습니다. 참여원을 통고하겠습니다.

참여원(야마우치 추이치(山內忠市) 이사관) : 참여원은 야마우치(山內)·사이토(齊藤) 이사관, 미와(三羽)·고바야시(小林)·오노(大野)·다카하시(高橋) 부속, 하야미(速水) 기사, 가모(蒲生) 기사, 다나카(田中) 서기, 사지(佐治) 서기, 초(長) 서기, 구스모토(楠本) 서기, 무라타(村田) 서기, 우라타(浦田)서기, 오자와(小澤) 부기수, 부협의회 서기 마쓰모토(松本) 서기, 이상입니다.

의장 : 의사에 대해 묻고 싶은 것이 있는데 종래의 예에 의하면 전부를 1독회에 부의해서 대체적인 설명을 말씀드리고 질문을 받고 2독회에서 위원회에 부탁하는 형식으로 되어 있었습니다만, 대체로 그렇게 해도 되겠습니까?

("이의 없음"이라 소리치는 자 있음)

의장 : 그러면 그렇게 하겠습니다. 그리고 회기 중에 사업소 시찰 등이 있으면 그 준비를 해두는 것으로 했는데 이 점은 어떻게 할까요?

25번(이와하시 이치로(岩橋一郞)) : 오히려 예산을 심의하기 전에 전년도의 사업소 성적을 보고 싶습니다.

의장 : 위원 부탁으로 되고 나서 그때 시찰하는 것이 좋지 않을까 생

각합니다.

1번(아쿠타가와 간이치로(芥川完一郎)) : 지금 25번 말씀처럼 대체적
인 설명을 듣고 동시에 일단 부의 현황 및 사업의 현재 상황을 보고
나서 그 후에 심의하는 쪽이 적당하다고 생각됩니다. 저는 오늘 번
외가 대체적인 설명을 하면 곧장 시찰을 가는 게 어떨까 생각합니
다. 여러분의 찬동을 바랍니다.

의장 : 1번의 말씀도 있지만 어떻습니까. 일단 위원 부탁으로 되고 나
서 시찰하는 편이 진행상 좋으리라 생각합니다만.

4번(오이케 추스케(大池忠助)) : 지금 부윤이 1928년도 예산 설명을 하
셨고 또 부로서는 지금 앞에 놓인 큰 사업이 있으리라 생각합니다.
이에 대한 많은 의견이 있으리라 생각하므로, 1독회에서 당국의 설
명이 있기를 바랍니다.

15번(오하라 엔(小原焉)) : 저도 1번 말씀에 찬성합니다. 실지를 시찰
하면서 당국자의 설명을 듣고 싶습니다.

17번(사카타 분키치(坂田文吉)) : 저는 오늘 참여원이 예산 편성 내용
을 설명을 충분히 하고, 대체적인 질문을 끝내고 위원회로 이동하
게 되면 그때 시찰할 곳을 선택해서 시찰을 가고 싶습니다. 부의 시
설은 평상시에 보고 있는 바도 있으니 전부를 볼 필요는 없습니다.
시찰하는 곳은 미리 선택해서 가능한 유효하게 시간을 절약하고 싶
습니다. 따라서 오늘은 예산 편성에 대해 참여원의 설명을 듣고 대
체적인 질문을 하고, 그것이 끝나면 위원회로 넘어가서 그 후에 시
찰을 하고 싶습니다.

의장 : 그러면 이렇게 하겠습니다. 지금 1독회에서 예산 설명을 듣고
자 하는 것이니까 그렇게 진행하고, 그 전에 여러분의 생각을 듣고
그 후에 자문을 하는 것으로 하겠습니다.

25번(이와하시 이치로(岩橋一郎)) : 예산 심의 전에 전기부영 문제 의
　견서를 부윤에게 제출했는데 일반 부민과 의원은 그 후 상황에 대해
　어떤 소식도 듣지 못해서 대단히 불안해하고 있습니다. 이 기회에
　예산 심의 전에 일단 지장이 없다면 보고를 해주시는 게 좋다고 생
　각합니다. 예산 내용과도 관련 있는 문제라고 생각합니다. 이미 1년
　이나 경과했으니 부윤이 지장 없는 정도에서 말씀해주시길 바랍니다.
부윤 : 의사에 들어가서 설명 드리는 것이 맞다고 생각합니다.
15번(오하라 엔(小原馬)) : 저는 지금 경과 보고를 듣는 것이 예산 심
　의에 편리할 것이라 생각합니다. 그리고 사소한 문제이긴 하나 세
　출을 보면 본년은 여러 사업에 대해 조사하는 항목이 설정되어 있
　습니다. 부산부민을 위해 좋은 일이긴 하나, 전기부영 문제는 1년이
　지나도 말씀을 듣지 못하니까 부민은 불안해하고 있습니다. 우선
　그 말씀을 듣고 나서 조사비로 넘어가고 싶습니다. 그 의미에서, 각
　의원이 찬성해주시면 오늘 말씀을 듣기를 희망합니다.
부윤 : 지금 질문에 대해 답변 드리겠습니다. 전기부영 문제는 다년간
　문제이고 부민의 실제 생활에 대단히 깊은 관계를 가지고 있습니
　다. 이를 하루라도 속히 해결해야 한다는 점은 저도 깊이 고려하고
　있고 또 각오도 하고 있습니다. 아직 이를 실현하지 못해서 매우 유
　감이라 생각합니다. 그러나 이렇게 중대한 일은 쉽게 간단히 해결
　할 수 없다는 점은 여러분도 양해하시리라 생각합니다. 일본의 예
　를 보아도, 이런 문제의 해결은 단순히 당국자만으로는 원만하게
　해결할 수 없습니다. 역시 감독관청 즉 지사, 체신대신 등이 큰 노
　력을 해야 해결되는 경우가 많습니다. 조선에서도 작년 해결된 평
　양 부영 전기는 비교적 간단한 상황에서, 사업도 크다고는 말할 수
　없지만, 역시 지사와 총독부를 상당히 번거롭게 했다고 보입니다.

부산도 이 문제를 해결하려면 역시 지사와 기타 총독부 방면의 양해를 얻어 그 원조를 기대할 수밖에 없습니다. 그런데 작년 12월 총독·총감이 바뀌고 이어 최근 체신국장과 도지사가 바뀌었습니다. 좀 시간이 필요한 것입니다. 현재는 회사와 교섭 중인데 비밀이 필요하고 지금 경과 보고를 드릴 단계는 아닙니다. 지금 말씀드린 점을 생각해주시고 잠시 그 경과 보고를 연기해주시길 바랍니다. 저는 어디까지나 제 힘이 미치는 한 이 문제에 진력할 결심을 하고 있습니다. 이 정도를 말씀드리고 여러분의 양해를 원합니다.

25번(이와하시 이치로(岩橋一郎)) : 지금 과거 1년간의 대체적인 상황을 들었지만 저도 당국자가 말한 것처럼 극히 중대한 문제이고 결코 간단하지 않다는 점에 동감합니다. 그러나 본 문제가 부산부민의 여론에 오르고 나서 7~8년의 세월이 지났고 또 부협의원이 와전(瓦電)을 부산부 경영으로 옮기자고 부윤에게 요청한 지 이미 1년입니다. 그 동안 본안을 해결할 만한 기관인 총독, 총감, 체신국장, 지사, 이런 사람은 이미 교체되고 현재 부윤과 회사가 남아있는 상태입니다. 다시 이 4개 기관을 통해서 양해를 얻으려면 또 1~2년이 필요한 것이 아닌지 극히 불안한 생각을 품고 있습니다. 만약 부윤이 교체되면 우리는 또 어떻게 합니까? 또다시 요망서를 제출하고 새로운 부윤이 또 계속 원하지 않으면 안됩니다. 일이 중대하고 단시일 내에 시행되지 않는 것은 알고 있지만 분위기가 무르익었다면 그 무르익은 기회에 좀 신속하게 결정하시길 원합니다. 이 회사는 하나의 영리회사이고 1년 전에 교섭했으니 현재는 그 이상이 아니면 응할 수 없다는 상태일 수도 있습니다. 시일을 헛되이 보내면 가격 등에서 큰 지장을 초래합니다. 또 부윤도 역시 길어질 것이라고 말씀하신 것처럼, 회사 쪽에 대해 의구심이 있으리라 생각합니다.

중역 등도 일정한 임기가 있습니다. 작년 중역에게 이야기한 것이 그 후의 중역에게 반드시 계승되는 것도 아니라고 생각합니다. 저는 지금 좀 교섭 내용을 듣고 만약 정돈(停頓) 상태라면 부민도 그 전개 계획을 강구해야 한다고 생각합니다. 부윤에게만 왜 우리 생각대로 진행되지 않느냐고 나무라는 의도가 아니고, 만약 진행되지 않는다면 진행할 방법을 강구하고, 부탁해야 할 곳이 있으면 우리가 나서서 부탁해서 부민의 장래 행복을 도모하고자 하기 때문에, 지금 좀 상세하게 1년간 회사와의 교섭 내용과 또 어느 정도까지 진행되었는지를 말씀해주시면 안되겠습니까.

15번(오하라 엔(小原焉)) : 저는 당국자의 설명은 매년 같은 것을 말씀하시는데 불과하다고 생각합니다. 협의회원인 우리의 직책상 11만 부민에게 귀하의 말씀처럼 똑같은 인쇄 활판과 같은 설명을 하면 안되는 것입니다. 관계 당국의 관리가 이동할 때마다 문제가 새롭게 되고 그래서 빨리 진행되지 않는다는 게 당국자의 설명인 듯합니다. 관리 이동은 부초와 같은 것이라서 5년 10년 있지 않습니다. 이 문제 같은 것은 부윤이 이미 3대에 이른 지금에도 시간을 달라, 관리가 바뀌어서 어쩔 수 없다, 우리는 이런 설명에는 만족할 수 없습니다.

한편 예산 내용을 보면 많은 문제에 대해 조사비를 지출하고 있습니다. 우리는 당연히 당국자의 인격을 신뢰하지만, 그 수완에는 별로 신뢰가 가지 않습니다. 이러한 중대한 문제에 대해 매년 같은 형태로 말씀하시는데 우리에게 중대한 것과 귀하에게 중대한 것이 대단히 차이가 있습니다. 우리가 생각하는 중대한 원인을 말씀드리면, 1년 늦어지면 매수액이 적어도 10만 원이나 20만 원 차이가 발생하는 것은 아시리라 생각합니다. 이것은 부민이 겪어야 할 고통입니다. 귀하가 부임한 이래 3년이니 60만 원의 손해이고, 부산이 현재 60만 원의 금액을 내야 하는 결과를 보게 된다면 어떻게 지금 그런 답을 하실 수 있습니까. 상당히 노골적으로 말씀드렸습니다만, 본 문제는 관리가 바뀔 때마다 부산 부민은 매년 20~30만 원의 손해를 입고 있다는 느낌을 갖고 있습니다. 전기 부영문제에 대해 당국에서도 찬성하지 않는 것은 아니고, 일본의 예를 봐도 전기, 가스 같은 것은 공공단체가 하는 것으로 되어 있습니다. 평양처럼 겨우 1년 이내에 시행하고 7,8만 인구인 곳에서 전차는 5전 균일제도로 하고 있는 현재, 부민을 대표하는 우리가 몇 번이나 같은 설명을 듣고 있을 수는 없습니다. 따라서 본년은 조금이라도 구체적으로 진행하고 싶습니다. 시기를 빙자하고 관리 전근으로 늦어졌다고 하는 것은 별로 바람직하지 않습니다. (중략-편자)

23번(가와지마(川島喜彙)) : 다년간의 현안인 전기사업 부영문제에 대해서 오늘 여러 논의가 있는 것은 당연하다고 생각합니다. 그러나 저는 부윤을 절대로 신뢰하고 부윤의 활동을 기대했습니다. 그리고 지금 말씀도 있었지만 만약 부윤을 편달할 필요가 있으면 그 책임은 우리 부협의회원에게 있다고 생각합니다. 이런 의미에서 우리가 부윤을 지나치게 신뢰한 게 아닌가 하는 생각도 무리는 아닙니다. 그러므로 우리는 총독·총감과 요로의 인물의 교체를 기회로 하여, 이 사업을 부영으로 하는 게 필요한 이유를 개진하여 한편으로는 부윤의 활동에 조력함과 함께, 우리 부민의 뜻하는 바를 진술하여 속히 해결에 도달하고 싶습니다. 오하라(小原) 씨의 말처럼 우리는 위원을 두어 경성에 보내 총독과 총감, 기타 요로의 인물에게 열심히 진정을 할 필요가 있습니다. 또 새 도지사에게 우리의 의사를 철저히 전달하기 위해 충분한 이야기를 해야 합니다. 우리가 종래 부윤을 신뢰한 것은 우리 의사를 부윤을 통해 요로의 인물에게 전달하기 위한 것이므로, 우리는 부윤의 활동을 기대함과 동시에 12만 부민을 대표하여 맹렬한 운동을 해야 할 시기가 아닌가 생각합니다. 바라건대 모두 이 점에 동의해주셔서 이 중대 문제를 촉진시키는 의미에서 우리의 분기(奮起)를 필요로 하는 것입니다. 모두의 찬성을 바랍니다.

10번(야토(矢頭伊吉)) : 저도 25번, 23번, 15번과 같은 생각을 갖고 있습니다. 부윤이 긴 시간 동안 충분한 노력을 했다고 어느 정도 믿지만, 지금까지의 설명을 보면 언제까지나 기다려도 똑같을 것이라 생각합니다. 또 부민 중에는 지금 말씀드린 것처럼 이 문제에 대해 목소리를 높이는 자가 다수라고 생각합니다. 부윤의 수완을 믿지 못하겠다고 말씀드릴 용기는 없지만, 이 문제는 경제적 방면에서도 15번의 말처럼 회사는 계속 사업을 진행하므로 10만 원 투자한 것을 100만 원으로 사야 하게 됩니다. 언제까지나 신중해야 한다든가 비밀이라든가 하기보다도, 오히려 좀더 진전된 사고로써, 이를 공공연히 하고, 교섭 진행상 불리한 점이 있다면 좀더 뭔가 다른 형식에 의해 이렇게 되어 있다는 것을 신뢰할 만한 정도까지 말씀해주셔서 우리 의원과 의견을 일치시켜 진행하길 희망합니다.

1번(아쿠타가와 간이치로(芥川完一郎)) : 전기부영사업이 의제로 올라가 있습니까? 어떤 의사 형식입니까?

부윤 : 의사에 들어가 있지 않습니다. 행정방침에 대해 관련 질문을 하시면 좋으리라 생각합니다. 의안으로는 1독회에 들어있지 않습니다. 이 문제에 대해 여러 의견이 있으시겠지만 후일 적당한 기회에 간담회 시간을 만들면 어떻겠습니까?

("찬성"이라 소리치는 자 있음)

의장 : 그러면 그렇게 하겠습니다. 이제 자문안 제1호 외 11건의 제출 의안 전부를 1독회에 부의하는 것으로 하겠습니다. 낭독은 생략하고 대체적인 설명을 드리는 게 어떻겠습니까. 이 점에 대해 또 위원회 쪽에서도 상세히 설명을 드릴 것이니 지금은…

10번(야토(矢頭伊吉)) : 1시가 넘었으니 휴식을 원합니다.

의장 : 그러면 1독회에 부의하고 잠시 휴식하겠습니다.(오후 1시 10분 휴식)

의장 : 계속해서 개회하겠습니다. (오후 3시) 간담회에서 전기부영에 관한 위원 7명을 의장이 지명하기로 했으니 이제 보고 드리겠습니다. 아쿠타가와(芥川) 씨, 다케히사(武久) 씨, 오하라(小原) 씨, 사카타(坂田) 씨, 가와지마(川島) 씨, 이와하시(岩橋) 씨, 고사카(小坂) 씨, 이상 7명에게 의뢰하겠습니다. 곧장 의사에 들어가는데 의안은 전부 1독회에 부의하겠습니다. 이제 번외가 설명을 드리고자 하는데 어떻습니까?

30번(다부치 쇼헤이(田端正平)) : 저는 그 설명은 종래 상황에 비추어 보면 시간을 허비하는 것이라 생각합니다. 전체적인 설명을 생략하고 실제로 조사한 경우에 그 비목에 대한 설명을 하는 쪽이 낫다고 생각합니다.

("찬성"이라 소리치는 자 있음)

의장 : 지금 30번의 말씀에 대해 찬성하시니 낭독과 설명을 생략하겠습니다. 질문이 있으면 대체적인 것에 대한 질문을 받는 것으로 하겠습니다.

30번(다부치 쇼헤이(田端正平)) : 본안은 신중히 심의할 안이니 이대로 2독회로 넘어가고 싶습니다.

("찬성"이라 소리치는 자 있음)

의장 : 2독회로 넘어가자는 의견이 거의 전원 찬성이시니 이 역시 2독
회로 넘어가는 것으로 결정하겠습니다.

30번(다부치 쇼헤이(田端正平)) : 예에 의해 2독회에서 전원위원으로
서 각 안건을 위원회에 부쳐 이를 조사하고 싶습니다.

("찬성" "이의 없음"이라 소리치는 자 있음)

　의장 : 30번이 전원위원을 두어 전부 위원 부탁하자는 주장을 하셨
는데 여러분 이의 없습니까?

("이의 없음"이라 소리치는 자 있음)

의장 : 그러면 전원위원 부탁으로 결정하겠습니다. 그러면 이제 위원
장을 선거해주시면 좋겠습니다.

1번(아쿠타가와 간이치로(芥川完一郞)) : 위원회로 넘어가면 위원장을
선거하지만 지금까지의 예에 의하면 선거 또는 전형에 의해 뽑았는
데 이런 수속은 생략하고 가장 그 방면을 잘 아시는 사카타(坂田)
씨를 추천하고 싶습니다.

("찬성"이라 소리치는 자 있음) (박수)

1번(아쿠타가와 간이치로(芥川完一郞)) : 모두 찬성하시니 승낙을 원
합니다. 오늘은 이것으로 본회를 마치고 부영사업과 기타 예산에
관계가 있는 서부 방면을 시찰하고 싶으니 편의를 봐주시길 희망합
니다.

의장 : 위원장은 모두가 사카타(坂田) 씨를 추천하셨고 이것으로 오늘
회의를 마치겠습니다. 이의 없습니까?

("이의 없음"이라 소리치는 자 있음)

의장 : 그러면 그렇게 하겠습니다. 일정은 내일 곧장 위원회를 열기로
하겠습니다.

("모레 오후 1시부터"라 소리치는 자 있음)

의장 : 22일 오후 1시부터 위원회를 열자는 의견이 다수인 것 같으니 그렇게 하겠습니다. 올해는 이미 연말도 다가오고 열흘밖에 남지 않아서 바쁘시겠지만 여러분 모두 힘써주시길 바랍니다. 가능한 빨리 회의를 종료하고 싶으니 노력해주시기 바랍니다.

의장 : 그러면 오늘은 이것으로 폐회하겠습니다.(오후 3시 20분)

4) 부산부협의회 회의록(1928년 3월 30일)

항 목	내 용
문 서 제 목	釜山府協議會會議錄
회 의 일	19280330
의 장	泉崎三郎(부윤)
출 석 의 원	芥川完一郎(1), 上杉古太郎(2), 大池忠助(4), 松岡甚太(5), 山本榮吉(6), 吉岡重實(7), 古賀九一郎(8), 山川定(9), 矢頭伊吉(10), 武久捨吉(12), 淸水忠次郎(13), 平野宗三郎(14), 小原焉(15), 坂田文吉(17), 中島鶴太郎(18), 山田惣七郎(19), 어대성(魚大成)(21), 川島喜彙(23), 國司道太郎(24), 岩橋一郎(25), 小坂唯太郎(26), 西村浩次郎(27), 石原源三郎(29), 田端正平(30)
결 석 의 원	
참 여 직 원	
회 의 서 기	
회 의 서 명 자 (검 수 자)	泉崎三郎(부윤), 吉岡重實(7), 古賀九一郎(8)
의 안	자문안 제1호 소화 3년도 부산부 세입출예산 자문안 제2호 부세 부가세의 과율 결정건 자문안 제3호 특별세 토지평수할 부과액 결정건 자문안 제4호 도장 및 우피건조장 사용료 결정건 자문안 제5호 시장관리 및 사용조례중 개정건 자문안 제6호 부산부 운영장 사용조례 설정건 자문안 제7호 기본적산 축적정지건 자문안 제8호 부 이원 봉급 조례중 개정건 자문안 제9호 북빈설비공사 위한 계속비 설정건 자문안 제10호 북빈설비공사비에 충당할 위기채를 위하는 건 자문안 제11호 부산부 납세 장려 조례 설정건 자문안 제12호 부립병원 조례중 개정건
문서번호(ID)	CJA0002670
철 명	부산부관계서류
건 명	부산부북빈설비공사비기채의건-회의록및공사실시계획서설계도내역서등첨부
면 수	16
회의록시작페이지	269

회의록끝페이지	284
설 명 문	국가기록원 소장 '부산부관계서류'에 포함된 1928년 3월 30일 부산부협의회 회의록

해 제

1928년 3월 18일부터 열린 부산부협의회의 본회의 마지막날 회의록으로, 위원회에서 세출입예산과 각 자문안을 심의한 내용을 위원장 사카타 분키치(坂田文吉)가 보고하고 있다. 병원비 중 격리병사 개축 부분, 병원장 사택비를 삭제해서 예비비에 편입, 부협의회에 부정(府政)에 대한 조사회를 두기 위한 조사비 7,000원을 1만 원으로 증액한 것 등의 수정 사항과, 위원회에서 나온 의원들의 희망사항을 정리해서 보고하고 있다. 의원들은 만장일치로 위원회 수정안대로 의결했다. 회의 말미에 아쿠타가와 간이치로(芥川完一郎)가 부협의회의 한계 즉 예산 항목 삭제는 가능하지만 새롭게 항목을 제기하는 것은 허락되지 않는 자문기관으로서의 답답함을 토로하는 것도 눈여겨볼 만하다.

내 용

(오후 2시 30분 개회)

의장 : 지금부터 개회하겠습니다. 제출 의안 전부 위원 부탁으로 되었는데 위원회 측에서 이미 조사를 마쳤다는 취지의 보고를 받았습니다. 이제 위원장의 보고를 바랍니다.

17번(사카타 분키치(坂田文吉)) : 제가 위원회의 경과 및 결과를 보고하겠습니다. 위원회 결과는 서류에 있는데 사실 어제 늦게 위원회를 종료했고 그 후 위원회의 전체 내용을 서류로 작성하기도 쉽지 않았습니다. 또 수정한 곳이 지극히 적고 오히려 희망 조건이 많아서, 구두로 위원회 경과를 보고하고자 합니다.

본월 20일 본회에서 부산부 1928년도 세입출 예산 외 11개의 의안이 전부 위원 부탁으로 되었습니다. 그리고 22일부터 어제까지 8일간 중 일요일을 제외하고 7일간 모든 위원은 신중하게 심의를 거듭하여 당국의 의견도 듣고 각자의 의견도 진술하여 12개 의안 중 제1호 1928년도 부산부세입출예산 및 제6호 의안 부산운동장사용조례 중 일부 수정을 가한 외에 다른 의안은 전부 원안대로 가결했습니다. 그동안 여러 희망도 있고 소수 의견이 있었기 때문에 저는 지금부터 수정된 곳과 희망의 요점 그리고 소수 의견을 보고하겠습니다.

수정한 점은 우선 제1호 의안 부산부 1928년도 세입출예산 중에서 도로 수리에 사용할 모래 구입비가 1,000평 1만 9,000원 계상되어 있는데, 제안 내용을 보면 모래 거치장의 정리 및 운반법 개선에 따라서 1,900원이 감소되어서 그 감소한 금액으로 모래 구입을 늘리기로 위원회의 의견이 일치해서, 1,000평 1만 9,000원을 1,100평 2만 9,00원으로 수정했습니다. 그 취지는 경상부(經常部)에서 도로수선용 모래의 수량이 적으니 가능한 많이 구입해서 각 방면의 도로 수리가 가능한 잘 진행되도록 하자는 의견이 있었고, 또 그 이상의 요구도 있었지만 100평을 증가하는 데 그쳤습니다. 장래 부에서 수리용 모래에 가장 적당한 것이 있는 곳을 발견하면 나중에 부영으로 모래를 얻는 연구도 진행해주길 바라는 희망도 있었습니다.

다음으로 세출 임시부 제6관 병원비에서 격리병사 개축비 3만 1,509원과 병원장 사택건축비 6,000원, 합계 3만 7,509원을 삭제하고, 2,656원을 계상했습니다. 이는 병원 시설로서 격리병사 개축이 절박하기 때문입니다. 또 병원장 사택이 필요하다는 점도 물론 인정하지만 현재 상황상 영구적인 건축을 하는 것은 현재 병원 위치의 적절성에 대한 의견이 있어서, 위치에 대해 근본적인 연구를 해서 장래 이상적인 위치를 선정한 후 영구적 건축물을 만드는 것이 장래를 생각하면 최선의 방법이므로 일단 이 비용을 삭제했습니다.

다음으로 임시부 제20관의 조사비에 7,000원을 계상한 것을 1만 원으로 증가한 제안 내용을 보면, 와사전기사업조사 외에 장래에 도시행정연구회를 만들어 각종 방면에 대해 조사하는 게 적절하다는 것입니다. 부협의회원은 협의회원의 입장에서 부(府)의 장래를 위해 연구를 거듭해야 하니, 부협의회원 중에 조사회를 두고 도시행정조사회와 함께 부산 장래의 시설에 만전을 기하고자 하여, 그 조사 비용을 예상해서 3,000원을 증가했습니다.

이상 3관에 대한 수정에서 세출을 감소한 것이 3만 2,609원입니다. 세입에서는 수정을 하지 않았습니다. 따라서 세입 잉여금이 3만 2,609원 나옵니다. 이 잉여금은 병원 위치 연구상 삭제한 병원비이고, 그 의미를 간직하는 것을 우리의 희망조건으로 해서 예비비에 넣어 보류하기로 했습니다.

다음으로 제6호 의안 부산운동장 사용조례 일부를 수정했습니다. 수정 사항은 운동장 사용료에서, 집합한 사람들로부터 관람료를 징수하지 않는 경우 각 경기장 사용료를 감액한 것입니다. 즉 경기장 전부를 사용하는 경우 하루 사용료 20원인 것을 15원으로 감하고, 트랙 및 야구장이 각 13원인 것을 10원으로 감하고, 정구장 하루 사용료 3원을 2원으로 감했습니다. 수정한 이유는 운동장 위치와 설립 취지를 생각해서 될 수 있는 대로 싼 사용료를 징수하는 것이 맞다고 생각했기 때문입니다.

또 제12조 제1호를 "타인에게 혐오를 줄 만한 모습 또는 행위를 하는 자 혹은 전염병 질환이 있는 자"로 수정했습니다. 그 외 입장자에 대해서는 입장요금을 징수하지 않는 것이 적당하다는 의견도 있었습니다. 그러나 당국에서 정리하는 데 곤란할 것이라는 의견도 있어서 이 정도 수정에 그쳤고, 기타는 이후 운동장 사용 상황을 봐서 당국에서 충분히 고려하길 바란다는 각자의 희망이 있었습니다. 이상이 수정 사항에 대한 대체적인 보고입니다.

다음은 희망 사항을 모아서 이를 예산에 관한 희망과 부 조례에 대한 희망으로 나누어 보고하겠습니다. 예산에 관해서 각 항에 걸친 위원회의 희망은, 세입에서 첫째로 영업세 부가세를 낳는 근본인 영업세에 대한 사정(査定)입니다. 이는 국세이지만 본세의 사정은 부의 재무에 속하는 것이며 이원(吏員)이 조사 사정하고 있는데, 작년 처음으로 만들어진 세제이므로, 작년의 결과는 극히 조사가 불충분했고 균형을 잃은 점이 일일이 들 수 없을 정도입니다. 따라서 충분히 균형을 맞출 수 있도록 여러 실제 예를 들어서 의원들이 희망했습니다. 충분한 주의를 해주시길 바라고 가장 실제에 적합하도록 조사를 바랍니다. 세금의 공평을 기하기를 바라는 희망이었습니다.

다음으로 부채(府債) 이자입니다. 여러 종류로 차입이 나뉘어 있기 때문에 이자도 비율이 높은데 최근 경제 상황에 비추어 저이자로 빌릴 수 있다고 생각하니 가능한 한 당국은 금리의 저감에 대해 최선의 노력을 해주길 바라는 희망이 있었습니다.

다음으로 세출에서는, 토목비에서 남부민정(南富民町) 부락 내에 도로 신설 희망이 있었습니다. 그리고 보수천(寶水川)의 가교가 충분치 않으니 부평정(富平町)과 보수정(寶水町)에 속하는 가교를 가능한 급히 만들어달라는 희망이 있었습니다. 다음으로 오물소제비에서 마필(馬匹)의 사역이 지나치게 과중하니 이 점을 연구해달라는 희망이 있었습니다. 다음은 도수장(屠獸場) 비목에서 도수장 자체의 경영에 상당한 연구가 필요하니 이를 강구해달라는 것, 또 오물 처리에 1,080원을 계상했는데 이 오물 처리는 상당히 연구할 여지가 있으니 이 점도 당국에 원합니다. 다음으로 경비비 중에서 증기펌프 자동차는 5년 내지 7년의 연한이지만 수리를 하면 원래대로 복구할 수 있다는 말도 있으니 이런 방법을 쓰자는 희망입니다. 다음으로 임시부 제1관 사무비에서 폐도(廢道) 정리를 위해 본년부터 2명의 고원을 두었는데 당국의 설명에 의하면 본년 1년으로 완성할 예정이니 다음 연도로 넘어가지 않기를 바란다, 이것이 세입출예산에 대한 희망 조항입니다.

다음으로 부 조례에 관한 희망 조항은 병원 위치 연구입니다. 다음으로 도수장 이전에 대한 연구, 그리고 부 경영에 속하는 시장의 계통적 정리 연구, 이 세 가지의 부 사업에 대해서는 특히 조사위원을 두어서 강구하기를 원합니다. 우리 부영 사업에 대한 희망 조항입니다. 그리고 한 가지 소수 의견으로서 조선주(朝鮮酒) 개량 장려 방법을 연구해달라는 의견이 있었습니다. 다음으로 조례에 관한 희망이 두 가지 있습니다. 첫째, 토지평수할은 현재 도로 신설의 경우에 10간까지는 1원 이상 2원의 범위에서 징수하고, 10간보다 작으면 25전에서 75전까지 범위에서 징수하는 조례로 되어 있으나, 실제 문제로서 현재까지 해온 바를 생각하면 다소 불공평하게 흐르는 감이 있으므로, 금후 어느 지역을 한정해서 시구개정을 행해서 계속사업으로 토지평수할을 부과하고 사업을 일으키는 경우에는 이 부 조례 내용을 좀 실제에 적합하게 공정을 기할 수 있도록 수정하기를 희망합니다. 둘째, 병원의 약국에는 약제원 1명이 있고 보조원이나 조수가 있지만, 공립병원 성격상 약국에는 3명의 약제원을 모두 유자격자로 두는 방침을 채택해달라는 것, 이것이 부 조례에 대한 희망 조건입니다. 이 외 부민의 거주의 의의에 대한 문제도 있었지만 이런 것은 중요하게 연구가 필요한 문제이고 당국에서도 충분히 연구를 하고 우리도 연구를 거듭하여 후일 결정을 보고 싶다는 의견이었습니다. 이상 7일간에 걸친 위원회에서의 수정과 희망 사항, 소수 의견의 발표 등은 위와 같습니다. 이로써 보고를 마치겠습니다. 모쪼록 심의를 부탁드립니다.

의장 : 방금 들으신 대로 보고가 있었습니다. 이제 질문이 있으시면…

25번(이와하시 이치로(岩橋一郎)) : 지금 위원장의 보고 중 토지평수할이 실제 사정에 적합하지 않으니 당국에서 고려를 해달라는 말씀이 있었습니다. 본건에 대해서 작년 경성에 가서 유아사 구라헤이(湯淺倉平) 정무총감을 만났을 때, 신시가지 설치의 경우 구획정리가 조선에는 되어 있지 않아 특별지세할을 부과하게 되어 도로수익세를 부과하지만, 실제 사정은 대지(袋地)23)가 된 토지에 또 도로수익세를 부과하는 불편이 있다, 이제 이러한 것에 대해 구획 정리라는 일본에서의 경지 정리처럼 규정을 만들 의사는 없는가 하는 것인데, 이는 부 당국자가 그런 청원이 있으면 특별한 방법으로 뭔가 고려해보겠다고 하므로, 저는 돌아와서 곧장 당국자 및 부윤에게 총독부의 의향을 전했습니다. 올해 제3호 의안이 제출되었을 때 신시가지 설치와 관련하여 구획 정리 규정을 만들어 자문에 올리지 않

---

23) 다른 택지에 둘러싸여 있고 좁은 통로에 의해 도로에 연결되는 택지를 말함.

을까 생각했습니다만, 종전 그대로 제출하지 않으셨습니다. 대신정 (大新町) 같은 곳에 현재 규정만 적용하면 고통을 느끼는 자가 많으리라 생각합니다. 진정을 하시면 총독부에서도 그 점에 대해 뭔가 특별히 고려를 해보려는 때이니까, 부디 그 정리 규정을 부의 규정으로 설정해주시길 바랍니다.

그리고 토지평수할은 1년마다 징수하는 규정인데, 경성부에서는 그 금액이 우리 부산처럼 25전에서 2원까지가 아니라, 토지의 실제 지가에 따라서 5원이나 8원까지도 부과할 수 있는 규정이 있습니다. 또 경성에서는 한 걸음 더 나아가 5~7년까지 연도를 연장해서 분납하는 규정이 있습니다. 다른 지역에서 실제로 행하고 있는 것을 연구해서 적용하면 일반 부민이 그 규정에 따라 기쁘게 응할 수 있을 터이니 고려해주시길 바랍니다. 경성에서는 허락되는데 부산에서는 허락되지 않을 이유는 없다고 생각합니다. 이는 어제 출석했을 때 수정해주시길 바랬지만, 단지 희망의 일단으로서 말씀드리니 당국이 참고하시기 바랍니다.

의장 : 이것은 문제가 있고 역시 연구할 여지가 있다고 생각하니 아울러 고려하겠습니다.

12번(다케히사 스테키치(武久捨吉)) : 희망하는 점을 하나 말씀드리고자 합니다. 부립병원의 격리병사는 급히 개축할 필요가 있습니다. 부산부로서 저런 상태 그대로 둘 수는 없다고 생각합니다. 이전을 하려면 막대한 비용도 들 것이고 부민의 의혹도 고려해야 하겠지만, 제 생각으로는 7,000~8,000원을 투자하면 훌륭하게 개축할 수 있습니다. 이전하기보다는 현재 어려운 상태에 있으니 7,000~8,000원의 적은 경비로 개축하는 게 좋다고 생각하고 고려를 부탁드립니다.

의장 : 위원회 조사에서도 격리병사를 개축할 필요가 있다고 인정되

었으므로 조사회에서도 연구해주셨으면 하니까…

7번(요시오카 시게자네(吉岡重實)) : 위원장이 상세히 보고하신 것에 대해 완전히 찬성합니다. 몇 가지 희망과 소수 의견 등이 있는데, 당국이 신중히 고려해서 우리의 희망을 참작해주시길 원하고, 회의 법칙으로서 수정에 대해서 당국이 찬동하는지를 묻고 찬동하신다면 만장일치로 수정안을 통과시키고 싶습니다.

25번(이와하시 이치로(岩橋一郞)) : 제2독회로 넘어갑니까?

의장 : 그렇습니다.

25번(이와하시 이치로(岩橋一郞)) : 자문안 제2호 중 시가지세 부가세가 본세 1원에 대해서 60전이라는 원안을 위원회에서는 통과했습니다. 제가 말씀드리는 것이 제2독회에서 소수의견으로서 부결될지도 모르지만 제 생각을 말씀드리고 싶습니다. 저는 시가지세 부가세는 본세와 마찬가지로 1원으로 수정하자는 의견을 갖고 있습니다. 그 이유는 영업세는 본세 1원에 대해 부가세가 70전이고, 가옥세 부가세는 본세 1원에 대해 1원, 차량세도 같습니다. 그런데도 불구하고 오로지 시가지세 부가세가 1원에 대해 60전이라는 것은 지나치게 가벼운 부담입니다. 저는 1원은 충분히 부담할 수 있다고 생각합니다. 가옥세처럼 현재와 같은 재료로 건축하면 10년 내지 20년 수명밖에 안됩니다. 그런데 또 70전의 부담을 하고 있는…

의장 : 25번에게 말씀드리는데, 시가지세 부가세의 본세 1원에 대해 60전이라는 것은 규정으로 결정되어 있으니까… 60전 이상은 안된다고 총독부령에서 결정하고 있습니다.

25번(이와하시 이치로(岩橋一郞)) : 법률 개정이 가능한 현재 희망을 말씀드리면 개정이 된다고 생각해서…

참여원(야마우치 추이치(山內忠市) 이사관) : 제가 말씀드리겠습니다.

부제시행규칙 제6조에서 시가지세 부가세는 본세의 10분의 6이라는 제한이 설정되어 있습니다. 이 제한이 설정된 이유는 국가의 세원을 침해할 우려가 있다는 결과입니다. 단지 우리가 이에 대해 부담력이 있다든지 없다든지 하는 것은 어려운 문제라고 생각합니다. 이 제한에 따라서 부산부에서는 부가세 조례를 설정하고 본세의 10분의 6이라는 세율을 결정했고, 이 조례 개정은 조선 전체의 통치에 관계가 있는 것입니다. 단지 의견을 전달하신다 해도 쉽게 결정할 문제가 아니라고 생각합니다. 이 제한은 각종 방면의 사정을 참작하여 설정된 것입니다. 한편 부산부에서는 국세 영업세에 대한 부가세는 제한을 꽉 채워서 부과하고 있지 않습니다. 다른 일반적인 것을 최대한도로 취해도 부의 세계(歲計)를 유지할 수 없습니다. 더욱이 부산부는 특별한 사정에 따라 조세 능력이 충분한 경우라면 또 몰라도, 다른 세금에 여지를 두고 있는 때에 그러한 의견을 제출해도 별로 채택되지는 않을 것이라 생각합니다. 이러한 까닭에서 제출하신 수정의견은 적당하지 않다고 생각합니다.

1번(아쿠타가와 간이치로(芥川完一郎)) : 25번에게 말씀드리는데 이미 제1호 자문안부터 12호까지 전부 위원회에서 신중히 심의해서 그 결과는 아까 위원장이 보고한 바와 같으니, 이제 위원장의 보고를 존중하는 게 어떻겠습니까. 당신도 위원의 한 사람이니…

25번(이와하시 이치로(岩橋一郎)) : 영업세 같은 것은 국세로 되어 있어서 부담이 많아지게 되었지만 영업세에 대해서만 부가세가 7할이어서 극히 영업자가 고통받고 있으므로 그 사정을 생각해서 시가지세 부가세 60전을 증액해서 재정의 조절을 도모해주었으면 합니다. 이러한 요망을 총독부에 내는 것은 문제없다고 생각합니다.

23번(가와지마(川島喜彙)) : 저는 아까 위원장이 보고한 수정안에 대해 무조건 전부 찬성합니다. 위원회는 전원으로써 조직된 것이므로 전원위원회의 결의에 따르는 것이 당연하다고 생각합니다. 그러므로 규정 찬성자가 있는 경우 속히 채택해주길 바랍니다. 그리고 더해서 말씀드리면 위원회에서는 많은 희망을 진술했습니다. 그 희망에 대해 당국의 의향도 묻고 있으니, 의사진행상 속히 채결하길 원합니다.

의장 : 위원회에서 부의 의견을 말씀드렸으니 7번 의원, 괜찮으십니까?

7번(요시오카 시게자네(吉岡重實)) : 그렇다면 괜찮습니다.

의장 : 그러면 채결에 들어가겠습니다. 원안과 위원회의 수정설, 두 개로 되어 있는데 위원회의 수정설에 찬동하는 분은 기립해주십시오.

(모두 기립)

의장 : 모두 기립하셨습니다. 2독회에서는 위원회의 수정설로 결정하겠습니다. 계속해서 제1호부터 12호까지 제출의안 전부를 3독회에 부의하겠습니다.

("이의 없음"이라 소리치는 자 있음)

의장 : 그러면 별다른 질문이 없으니 곧장 제3독회로 넘어가서 채결하겠습니다. 찬성하는 분은 기립해주십시오.

(모두 기립)

의장 : 모두 기립하셨습니다. 그러면 3독회에서는 원안대로 결정하겠습니다.

1번(아쿠타가와 간이치로(芥川完一郞)) : 저는 이 기회에 한 마디 드리고 싶습니다. 이 회의에서 이해되지 않는 점이 하나 있습니다. 그것은 장래를 위해 당국에서도 특별히 연구해서 적당한 처치를 강구해주시길 바랍니다. 여기에 나온 모든 의안은 말할 것도 없이 자문안이므로, 그 결정은 원래 당국이 하는 것은 물론입니다. 그러나 저는 제시된 것에 대해서, 이게 정당한지 아닌지, 이게 부산 발전을 위해 가장 적당한 처치인지 아닌지, 이게 부산부민을 위해 가장 적절한 사항인지 아닌지를 자문하시는 것이니까, 이것은 좋다, 이것은 이렇게 하면 어떠냐, 이것은 그만두는 게 좋겠다, 이렇게 당연히 말할 수 있다고 생각합니다. 이 예산을 보면 이 문제는 적절하지 않다고 생각해서 그만두면 좋을 것이다, 이를 바꾸어 말하면 관항목(款項目)의 삭제입니다. 적당하다고 믿는 것은 원안에 찬성합니다. 여기 나와 있는 것을 물리고 달리 이런 방법을 강구하면 어떻겠느냐 하는 것도 말할 수 있다고 생각합니다. 삭제하는 것은 자문기관이라도 인정되지만 새롭게 항목을 제기하는 것은 허락되지 않는다고 당국자가 설명했는데, 여기에 대단히 의문이 생기는 것입니다. 삭제할 수 있다면 새롭게 항목을 제기하는 것도 불합리하지 않다고 생각하는데 그런 규정이 있는지, 너무 멀리 가는 것일지도 모르지만 그것을 발견할 수 없는 것입니다. 만약 진실로 부산을 위해 생각한다면, 부민의 요망을 받아들이려는 생각이 있다면, 새 항목이라도 채용해주시길 바랍니다. 이렇게 희망을 말씀드립니다.

의장 : 이번에 제출한 의안은 전부 이로써 토의 완료되었습니다. 연일 힘써주셔서 매우 감사드립니다. 그리고 회의에서 여러 유익한 말씀을 해주셔서 부정(府政)에 참고가 될 것이 많습니다. 이에 대해 아울러 감사의 뜻을 표합니다. 실행할 때 충분한 주의를 기울여서 기대에 부응할 각오입니다. 이렇게 인사를 드리고 본 회의를 마치겠습니다.(오후 3시 30분)

5) 부산부협의회 회의록(제1차)(1929년 3월 18일)

항 목	내 용
문 서 제 목	釜山府協議會會議錄(第一次)
회 의 일	19290318
의 장	桑原一郎(부산부윤)
출 석 의 원	芥川完一郎(1), 上杉吉太郎(2), 大池忠助(4), 松岡甚太(5), 山本榮吉(6), 吉岡重實(7), 山川定(9), 矢頭伊吉(10), 西條利八(11), 武久捨吉(12), 淸水忠次郎(13), 小原爲(15), 竹下隆平(16), 坂田文吉(17), 中島鶴太郎(18), 山田惣七郎(19), 이경우(李卿雨)(20), 어대성(魚大成)(21), 川島喜彙(23), 岩橋一郎(25), 小坂唯太郎(26), 西村浩次郎(27), 石原源三郎(29), 田端正平(30)
결 석 의 원	
참 여 직 원	齋藤直人(府理事官), 村上恥己(부이사관), 小林博(府屬), 加藤章(부속), 大野幹平(부속), 高橋淸次(부속), 貝塚正(부기사), 速水隆三(부기사), 田中佐次郎(부주사), 佐治爲敬(부서기), 長直人(부서기), 楠本才平(부서기), 村田市次郎(부서기), 小澤宮太(부기수)
회 의 서 기	松尾孝平(부서기)
회 의 서 명 자 (검 수 자)	桑原一郎(부산부윤), 西條利八(협의회원), 武久捨吉(협의회원)
의 안	자문사항 제1호 1929년도 부산부 세입출 예산, 2호 부세 부가세 조례 중 개정 건, 3호 부세 부가세의 과율 결정의 건, 4호 부세 특별소득세 조례 폐지 건, 5호 특별세 토지평수할의 부과액 결정 건, 6호 도장 및 우피 건조장 사용료 결정 건, 7호 부이원 봉급 조례 중 개정 건, 8호 시장 관리 및 사용조례 중 개정 건, 9호 하수 개수 공사를 위한 계속비 설정의 건, 10호 牧島洲岬地先浚渫 및 매축공사를 위한 계속비 설정의 건, 11호 부산부 공익질옥 조례 설정 건, 12호 기본재산 축적 정지의 건, 13호 청사 건축비에 충당하기 위한 기채 건, 14호 시장 설비비를 위한 기채 건, 15호 도장 이전 신축비를 위한 기채 건, 16호 공익질옥 유통자금을 위한 기채 건, 17호 하수개수공사비를 위한 기채 건, 18호 牧島洲岬地先浚渫 및 매축공사비를 위한 기채 건
문서번호(I D)	CJA0002736
철 명	부산부관계서류

건 명	부산부시장관리및사용조례중개정의건(회의록첨부)
면 수	22
회의록시작페이지	65
회의록끝페이지	86
설 명 문	국가기록원 소장 '부산부관계서류'철의 '부산부시장관리및사용조례중개정의건'에 포함된 1929년 3월 18일 부산부협의회 회의록(제1차)

해 제

본 회의록(22면)은 국가기록원 소장 '부산부관계서류'철의 '부산부시장관리및사용조례중개정의건'에 포함된 1929년 3월 18일 부산부협의회 회의록(제1차)으로 1929년도 부산부 세입출예산을 토의하고 있다. 긴축 재정으로 전년도보다 세출이 7,781원 감소했으나, 임시부에서는 긴급한 신규 사업 시설로 인해 전년도보다 43만 3,956원 늘어났으므로 결국 총액은 42만 6,165원이 팽창했고 세입 경상부도 전년도보다 5만 5,357원 증액된 것을 볼 수 있다.

회의에서는 주로 부산부 남쪽 해안의 공설시장에서 차료(借料)를 줄이는 문제, 수도 조례개정, 화장장 식수비(植樹費)와 매수비 문제, 부사(府史) 편찬비를 둘러싸고 편찬의 진척 상황, 대신정의 시구 개정과 공설운동장 문제, 부립병원 설비와 개축 문제 등을 토의하고 있다. 특히 목도(牧島)의 매축권을 오이케 추스케(大池忠助)[24]과 사카타 분키치(坂田文吉) 두 사람이 출원했는데 부에서 어떤 사전 약속이라든

---

[24] 오이케 추스케(大池忠助)는 부산부 일본인 유력자의 대표격인 사람으로, 일제시기 전 시기를 통해 부산부협의회 협의원은 물론 부산상업회의소 회두, 부산번영회 회장, 관선 경남도의원, 제국의회 중의원 등을 겸직하거나 역임했다.

가 보상을 준 것 아닌지를 추궁하기도 하고 있다. 목도는 현재의 부산 광역시 영도구에 있는 섬인 영도(影島)를 말하며, 예로부터 말 사육장 으로 유명하여 목도(牧島)라 불렸다. 또 이곳에서 사육된 명마가 빨리 달려 그림자조차 볼 수 없다 하여 절영도(絕影島)라 불렸다고 한다. 이 목도의 모래톱 지역 준설, 즉 배가 잘 드나들도록 바닥의 모래나 암석을 파내 물의 깊이를 증가시키는 작업의 우선권을 부(府)가 누구 에게 줄지에 대해 의원들이 확인하는 과정을 볼 수 있다.

내 용

부윤 : 오늘부터 심의할 안건은 1929년도 부산부 세입세출 예산 외 17건 입니다. 예산의 대체적인 내용에 대해서는 어제 배부한 것으로 알 고 계시리라 생각합니다. 요점을 말씀드리면, 1929년 부 예산은 기 정 사업을 수행하면서도 대체적으로 긴축주의 방침하에 편성했습 니다. 그러나 부민의 이해 휴척에 직면하여 부민의 복지를 증진할 유용한 비용에 대해서는 재정이 허락하는 범위에서 계상했습니다. 1929년도 예산은 총액 세입세출 247만 3,646원으로 이를 전년도 예 산에 비교하면 42만 6,165원의 증가입니다. 그 내용을 말씀드리면 우선 세출경상부에서 시장 신설, 공익질옥 경영, 화장장 재장비(齋 場費) 같은 새로 계획한 것이 있지만, 대체적으로 절약 방침을 집행 하여 결국 총액 66만 6,088원이 됩니다. 전년도에 비해 7,791원이 감 소한 것입니다. 다음으로 세출 임시부에서는 본년도는 상당히 신규 사업을 계획하고 있습니다. 주요한 것은 우선 부청사 신축입니다. 총독부의 계획에 기반하여 공사비 30만 원인데, 그 중 12만 원은 총 독부가 부담하고 잔액 18만 원이 부비(府費)에서 나간다는 게 총독

부 방침이 되어 있습니다. 우리 부가 부담할 18만 원은 기채에 의할 생각입니다. 그리고 총독부가 부담할 12만 원은 그 재원을 영정(榮町) 착평지(鑿平地)[25]의 매각 대금으로써 충당한다는 것입니다. 그 매각 방법은 부에 위탁할지 혹은 총독부가 직접 할지 아직 결정되지 않았습니다. 총독부에서는 부에 위탁하려는 의견이 많은 것 같습니다. 만약 위탁하는 경우에는 착평공사를 하는 토지를 빌려 그 걸로 계획을 세우지 않으면 안됩니다.

다음은 도장(屠場) 이축입니다. 이것은 이미 행정 조사회에서도 심의한 사항인데 3만 원 기채를 써서 교외로 이전한다는 계획입니다. 3만 원의 기채 상환은 주로 사용료 수입으로써 충당하려고 합니다. 다음은 화장장 매수입니다.

다음은 시장 증설인데, 이 역시 4만 원의 기채로 부산진에 1개소, 중도정(中島町)에 1개소를 설치할 예정입니다. 중도정은 부평정(富平町) 시장의 보조 격으로 필요하다고 생각합니다. 이 기채도 시장 사용료의 수입으로써 상환할 계획을 수립하고 있습니다.

다음으로 공익질옥 신설에 필요한 비용 9,950원을 계상했습니다. 질옥의 유통자금은 기채에 의하고, 그 상환 재원의 일부는 질옥 사업 수입으로 충당할 계획입니다.

다음은 개량 소주택지구 설치인데, 부산에서 상당히 중요한 위치에 세민이 집을 만들어 도시 미관을 해칠 뿐 아니라 위생상, 보안상 뭔가 정리하지 않으면 안되는 상태입니다. 그 정리는 쉬운 사업은 아니지만 전에 정무총감 각하의 순시 때도 정리의 필요를 통감하고 좀 고려를 해보자는 말이 있었습니다. 그러나 현재 부비로써는 도

---

[25] 깎아서 평평하게 만든 땅.

저히 이를 할 수 없으므로, 재원은 주로 부호들의 기부에 의해 충당해서 가능한 만큼의 시설을 해보려는 것입니다. 이 1만 5,000원은 세입에서 기부를 예정하고 있습니다.

다음으로 다년간 문제인 하수 개수인데 이는 총 공사비 26만 원으로 3년 계속사업이고 기채에 의해 할 계획을 수립하고 있습니다. 이것은 총독부에서 약 반액을 보조한다는 양해를 얻었습니다.

마지막으로 목도 주갑 지선 준설(牧島洲岬地先浚渫) 및 매축 공사인데 총액 13만 6,000원이 필요하고 2개년 계속사업으로서 기채에 의해 사업을 할 생각입니다. 매축지를 매각해서 재원을 충당합니다. 이 준설은 목도의 선박 하역의 편의를 도모하기 위해서임은 물론이지만, 부는 그곳에 선류장(船溜場)26)을 만들고 다음에 할 시구 개정의 첫걸음이라는 생각도 갖고 있습니다. 주갑(洲岬)의 선박이 닿는 얕은 곳을 8척 여의 깊이로 준설하여 하역의 편의를 도모할 예정입니다.

이상 신규 사업을 더하여 세출 임시부는 총액 180만 7,558원, 전년도에 비해 43만 3,956원 증가했습니다. 세입 상황은 지방세제의 체계가 바뀌었기 때문에 부세에도 일부 개폐가 있고 다소 감소를 본 것입니다. 다른 세에서 자연 증수가 예정되면 영업세 부가세 과율을 본세 1원에 대해 70전을 80전으로 바꾸고, 또 세출에서 공사비에 따른 토지평수할의 증가가 있으므로, 부세에서 2만 9,000여 원이 증가합니다. 기타 사용료 등도 상당히 자연 증가가 예정되어 있으므로 총액 109만 97원을 계상하여 전년도에 비교하면 5만 5,357원 증가가 되었습니다.

---

26) 선박들이 풍파를 피하기 위해 정박하는 곳.

임시부에서는 보조금 및 기부금이 증가했고, 청사 신축, 시장 설비, 도장 이축, 하수 개수, 목도 주갑 지선 준설 및 매축공사비 등은 기채에 의하기로 했습니다. 결국 총액 138만 3,549원이 되어 전년도에 비해 37만 808원 증가했습니다.

이상은 1929년도 예산에 대한 대체적인 설명입니다만 상세한 것은 적당한 기회에 참여원이 설명을 드리리라 생각합니다. 부디 신중하게 심의하여 적절히 협찬해주시길 희망합니다.

의장(부윤) : 자문안 제1호 1929년도 부산부 세입출예산 제1독회를 열겠습니다. 낭독은 생략합니다.

25번(이와하시 이치로(岩橋一郎)) : 지금 의장이 제1호 의안의 제1독회를 열겠다고 하셨지만 제2호부터 제8호까지를 결정하고 나중에 하지 않으면 예산을 결정해도 여기에 영향을 가져오리라 생각합니다. 제2호부터 제8호까지를 제1독회에 부의하고 그 결정을 갖고 제1호 의사에 들어가고 싶습니다.

17번(사카타 분키치(坂田文吉)) : 이것은 1929년도에 되어야 할 조례 개정 기타를 나열하여 제출한 것이고 예정된 의안입니다. 18호에 나누어져 있지만 따로따로가 아니라 18호 의안 전체에 걸쳐 자유로운 질문을 허가받고 싶습니다. 제1독회의 질문이 끝나고 나서 심의 순서를 따르고 싶습니다.

의장(부윤) : 어떤 순서라도 좋습니다만 예산 제1독회를 하고 순차적으로 제1독회를 하는 쪽이 혼란을 줄일 것이라 생각합니다.

25번(이와하시 이치로(岩橋一郎)) : 제2호부터 8호까지와, 제11호와 제12호는 이걸 끝내고 나서 예산을 심의해야 합니다. 제9호 제10호는 예산과 병행해서 심의해야 하고 제13호 이하는 기채에 관한 것인데 예산을 결정하지 않으면 할 수 없는 문제입니다. 그래서 제2호부터

8호까지와 제11호 제12호를 결정하고 제1호 심의에 들어가는 것이
좋으리라 생각합니다.

7번(요시오카 시게자네(吉岡重實)) : 25번 의원의 내년도 예산과 다른
의안의 불가분론은 맞지만 종래의 예에 의하면 일괄해서 부의하는
것으로 되어 있습니다. 지금 휴식을 하고 어떤 식으로 심의하면 좋
을지 대체적으로 상담을 할 필요가 있다고 생각합니다.

의장(부윤) : 잠시 휴식합니다.

(오후 2시 40분 휴식)

(오후 2시 45분 재개)

의장(부윤) : 재개하겠습니다. 자문안 제1호 1929년도 부산부 세입출
예산 제1독회를 열겠습니다.

25번(이와하시 이치로(岩橋一郎)) : 1929년도 예산에서 부 청사 건축
등 우리 부민이 바라던 사안의 대부분이 다행히 채택되어 우리도
만족합니다. 그러나 본년도 수도사용 조례 개정은 왜 내지 않았습
니까? 또 우리가 수년간 말해온 부선(艀船)의 계선료(繫船料) 조례
개정은 왜 없는 겁니까. 또 남쪽 해안의 공설시장은 언제까지 사유
물건을 임차하는 것인지, 또 부산역 앞부터 장수통(長手通)까지의
도로 공사는 부민이 열망하고 있고 이에 대해서는 평수할 등으로써
하겠다는 약속이 있었지만 전혀 채택되지 않아서 매우 유감입니다.
왜 계상되지 않은 것인지, 적극적으로 하신다면 이런 것은 당연히
본년도에 들어가야 한다고 생각합니다.

참여원(무라카미(村上恥己) 부 이사관) : 수도사용조례는 수도 확장
공사 완성과 맞추어 상당히 개정해야 합니다. 이 기회에 적당히 개

정을 해보려 합니다. 남쪽 해안의 시장은 말씀하신 것처럼 이사자도 상당히 고려하여 연구하고 있지만 재정상 아직 그 실현이 불가능합니다. 계선(繫船)은 적극적으로 개조와 개량을 진행하려고 생각합니다. 도로 개조는 하수공사 완료 후에 하려고 합니다. 평수할에 대해서도 상당히 조사 연구하고 있지만 총독부 등과 상의가 필요해서 이번에는 제안하지 않았습니다. 내년 이후에 포장공사와 함께 할 생각입니다.

25번(이와하시 이치로(岩橋一郎)) : 수도조례 전체 개정은 확장 완성 후 시행되겠지만 현재 1석 2전이라는 요금으로 사용하고 있어 절수를 하는 의미에서는 결함이 있습니다. 이대로는 낭비할 우려가 있으므로 조례 개정을 원합니다. 이 점에 대해 아무런 언급이 없어서 유감입니다. 또 남쪽 해안 시장은 부산진시장 매수와 중도정 시장 신설 등에도 불구하고 계속 5천 원의 차료(借料)를 지불하는 것은 부조리하다고 생각합니다. 도로 포장은 내년도부터 한다는 것인데 이해관계자들도 빨리 하고 싶다고 하므로 내년도부터 한다면 좀 유감입니다. 금년은 조선박람회도 있는데 언제까지나 부산 거리는 나막신을 신고 걸어가야 하니 유감입니다. 부디 빨리 조사해서 임시라도 시설하는 것이 지당하다고 생각합니다.

부윤 : 도로 공사는 하수 공사를 하고나서 하는 게 좋고 그것은 간담회에서도 이야기한 것입니다. 총독부에게도 그렇게 설명하고 1929년도부터 하수공사 보조를 받으려고 합니다. 부산진 중도정 시장은 반드시 필요하니 신설하기로 하고, 남쪽 해안은 현재 토지와 건물을 부의 소유로 할지 어떨지 생각중입니다. 부 재정으로 상환이 가능하다면 소유자의 양해를 얻어서 사도 좋다고 생각합니다. 수도조례 개정은 수도 완성을 기다려서 하는 게 좋다고 생각합니다.

15번(오하라(小原爲)) : 본년도 예산은 임시부에서 단념한 시설을 한다
는 점에서 기쁜 일이지만 또 한편으로는 차금 정책인 점이 걱정됩
니다. 목도(牧島)의 준설은, 상업회의소에서도 어업 계획이 있는데
그 쪽과도 협조가 있을 것인지, 또 매년 예산회의에서 목도 사람들
에게 들은 바인데 준설(浚渫)입니까 아니면 매축(埋築)입니까. 수도
조례 개정에서는, 두 집이 공용으로 쓰면 사회 문제가 일어납니다.
이는 개정이 필요하다고 말씀드립니다. 완성 후에 한다는 것은 처
음부터 실제에 적합하지 않은 것을 그대로 두는 것입니다. 올해 개
정되지 않은 이유를 듣고 싶습니다.

다음으로 화장장 식수비(植樹費)입니다. 화장장 설비는 작년에 전
부 완성했다고 들었습니다. 겨우 이 정도의 금액을 올해 제출하는
것은 무슨 까닭입니까. 처음에는 예산을 조금만 쓰고 매년 지출하
려는 것인지 듣고 싶습니다. 다음으로 운동장에 매년 수만 원의 경
비가 지출되는데 언제 완성되는 겁니까. 토지평수할은, 수익세를
취해서 하는 공사인데 도로 쪽에는 석탄 또는 콘크리트를 쓰고 안
쪽은 아무 시설도 하지 않습니다. 이는 매우 좋지 않다고 생각됩니
다. 어떤 생각으로 하신 건지 듣고 싶습니다.

수도 확장공사는 진행이 의외로 빨리 되어 대단히 기쁘지만, 최초
의 계획보다 경비를 축소하여 어느 정도 싸게 했다고 하는데, 그 금
액은 어느 정도이고 어느 정도로 축소된 것입니까? 또 화장장 매수
비가 나와 있는데, 민간사업을 부가 독점 경영하려면 그 권리를 인
정하는 것도 필요하겠지만, 가격 산정에 대해 설명해주시기 바랍니
다. 다음으로 조사비인데 우리도 다소 책임이 없는 것은 아니지만
작년에도 상당한 금액이 계상되었는데 어느 정도 조사가 진행되었
습니까? 또 부사(府史) 편찬비가 매년 예산에 계상되고 있는데 언제

완성되는 것인지, 이상에 대한 설명을 원합니다.

참여원(무라카미(村上恥己) 부 이사관) : 목도 주갑 지선(牧島洲岬地先)의 준설은 장래 시가개정 목적을 달성하기 위한 하나의 수단으로서 부가 독자적 방침으로 제안한 것입니다. 수도조례 개정은 연구해보겠습니다. 화장장은 해당 연도에 준공하지 않고 익년도로 조월한 관계상, 물가 변동 등도 있고 실제 조월한 예산으로는 충분한 설비가 불가능한 상황입니다. 그 중 식수(植樹)는 취체규칙에 의해 심지 않으면 안되는 법령이 있으므로 특별히 그 비용을 예정한 것입니다. 토지평수할에 대해서는 역시 잘 아시겠지만 부의 재정상황도 있으므로 도로 안쪽은 지주의 부담과 협력을 얻어 시행하려고 합니다.

수도확장공사에 대해서는 뒤에 좀 상세히 말씀드릴 생각입니다. 화장장 매수비 산정의 기초는 현재 설비를 시가(時價)에 따라 견적낸 것입니다. 조사비는, 작년도에 예상보다는 진척되지 않은 점도 있지만 부산의 발전을 기하기 위해서는 여하튼 각 방면의 전문적 지식으로써 연구할 필요가 있으므로 전년과 같은 경비를 계상했습니다. 도수장(屠獸場) 이전 문제는 이 조사 연구 결과를 보면 좋으리라 생각합니다.

부사 편찬 사업은 1925년 2월 10일 편찬 사무를 준비하기 시작하여 1926년 1월 6일에 자료 수집 준비에 들어갔습니다. 그리고 1926년 3월 1일 실제로 착수했습니다. 이후 현재에 이르기까지 자료 수집, 등사, 고적 조사, 지도 제작 등을 해왔습니다. 그런데 사무의 추진이 늦어지고 예상 이상의 자료가 모였기 때문에 예정대로 완성이 불가능해져서 매우 죄송합니다. 작년 11월 27일부터 부산사 총목차 제작에 착수하여 지금 진행 중입니다. 이 편찬을 전부 끝내려면

1931년 3월까지 걸릴 것입니다. 또 총목차는 1929년 6월까지 완료하고 7월부터 기고에 착수할 예정입니다. 편찬 내용을 말씀드리면 제1 정치편, 제2 통상무역편, 제3 산업편, 제4 교통편 등 4편으로 나누었고, 가능한 빨리 하도록 독려하고 있습니다만, 편찬 자료의 매수는 현재 3만 5,000매 정도이고 이를 통일해서 진행하기에는 대단히 노력이 필요합니다. 정치편은 1930년 12월에 완료합니다. 예정이지만 1929년에는 정치편 중 근세시대만은 탈고하려고 생각중입니다. 1930년 12월까지는 상고시대를 탈고하고 기타 통상무역편, 산업편, 교통편은 각각 1개월 정도 작업하여 1931년 3월까지 탈고할 예정으로 진행하고 있습니다.

15번(오하라(小原爲)) : 수도확장공사 내용은 위원회에서 듣기로 하겠습니다.

참여원(무라카미(村上恥己) 부 이사관) : 운동장은 현재 야구장만 완성했고 될 수 있는 대로 완성을 기할 생각입니다만 재정 관계상 허락하는 범위 내에서 진행할 방침입니다.

15번(오하라(小原爲)) : 평수할에 대해서인데 수익세를 취하면서 옆쪽 민유지에는 석탄도 콘크리트도 축조하지 않은 것은 무슨 까닭입니까. 현장을 보신 적이 있습니까?

참여원(무라카미(村上恥己) 부 이사관) : 현장을 본 적이 있습니다.

15번(오하라(小原爲)) : 목도(牧島)를 매축해서 장래 시가지를 만들 예정이라고 하셨는데 그렇게 급하지 않은 것을 이 힘든 시기에 특별히 할 필요는 없지 않습니까? 어항과의 관계는 어떤 식으로 되어있습니까. 화장장 매수비는 시가(時價)로 견적했다고 했는데 누구에게 견적낸 것입니까?

참여원(무라카미(村上恥己) 부 이사관) : 우리 부의 건축기수로 하여

금 견적내게 했습니다. 그 견적이 적당하다고 생각합니다.

15번(오하라(小原爲)) : 귀하는 실제 지역을 보고 있습니까?

참여원(무라카미(村上恥己) 부 이사관) : 저는 안 봤습니다.

15번(오하라(小原爲)) : 부사 편찬은 언제까지 걸릴지 모르겠지만 이번 가을 박람회를 기회로 이를 완성해서 왕래하는 사람들에게 소개하는 것은 생각해보지 않았습니까?

참여원(무라카미(村上恥己) 부 이사관) : 지금 현재로는 자료가 풍부해서 급하게 완성하기는 불가능하지만 어쩔 수 없는 경우는 정치편이라도 작성하고 일단 중단하는 것도 생각했습니다. 그러나 귀중한 자료를 모았으므로 높은 완성도를 기하고 싶다는 의미로 이 경비를 계상했습니다.

15번(오하라(小原爲)) : 본년 가을 박람회를 기회로 선전하는 것은 고려해보지 않았다고 생각합니다. 운동장 시설을 매년 하는 것은 좋지만 앞으로 몇 년 정도 걸리고 비용은 어느 정도 들 예정입니까?

참여원(무라카미(村上恥己) 부 이사관) : 운동장에 대해서는 상세 조사 후 말씀드리겠습니다.

10번(야토(矢頭伊吉)) : 부립병원 문제입니다만, 본년도 예산에는 경상부에서 1만 원, 임시부에서도 상당히 증가하고 있는데, 예산 자체에 대해서는 이의가 없지만 지금대로 경영을 하는 겁니까 아니면 언젠가 기회가 있으면 좀 권위 있는 경영을 할 방침인 겁니까? 제2소학교가 이전하고 난 지역으로 옮기는 것 아닌가 하는 이야기를 들었는데 어떻습니까.

부윤 : 조사회에서도 현재 장소는 적당하지 않으므로 개축하는 게 좋겠다고 결정했습니다. 그러나 상당히 많은 경비가 필요하여 본년 예산에는 계상하지 않았습니다. 당국은 우선 지금 제2,제5소학교 자

리로 이축하는 게 어떨까 하는 복안을 갖고 있습니다. 지금 토지를 매각해서 재원을 만들어 일부는 이축하고 일부는 개축한다는 안입니다. 질문하실 때 장래도 부의 병원으로서 경영하는가를 물으신 것 같은데, 지방비의 병원으로 되면 좋겠지만 금방 가능한 것은 아닙니다. 상당한 권위 있는 도립병원이 되지 않는다면 당분간 부가 경영할 필요를 느끼고 있습니다.

18번(나가시마 쓰루타로(中島鶴太郎)) : 대신정(大新町)의 시구개정은 원래 2개년 예정이었는데 작년 예산회의에서 어쩔 수 없이 3개년이 되었습니다. 그런데 이 예산을 보면 4개년이 되어 있습니다. 토지 매수 가격은 당초에 정해져 있었지만 1929년이 경과하면서 지가는 등귀하고 있습니다. 처음에 5원으로 산 사람은 같은 가격으로 팔지 않으면 안됩니다. 그 때문에 지주는 토지를 이용할 수 없어 매우 불합리합니다. 지주도 3개년으로 알고 있는데 또 1개년 연기된다는 것은 어떻게 된 것입니까? 부에서 뭔가 생각하고 계신 게 있습니까?

부윤 : 질문의 취지는 잘 알겠습니다만 재정 상황상 이 이상 안됩니다.

25번(이와하시 이치로(岩橋一郎)) : 지금 18번 의원이 대신정의 시구개정에 대해 질문했는데 이를 균일하게 부과하는 것이 부당하다고 저는 2년 전에 여기서 논의하며 싸운 적이 있습니다. 그런데 18번 의원 등은, 대신정 24만 평의 토지에 대해 균일하게 평당 2원을 부과하여 매수해도 그 가격에 따르겠다고 결정했고 이건 의사록에 남겨져 있습니다. 이는 지주회에서 결정한 문제라서 여하튼 결정이 된 것입니다. 스스로 원인을 만들고 당국은 조금 하다가 그만두어서 더 늦어진 것입니다.

18번(나가시마 쓰루타로(中島鶴太郎)) : 다시 1년 연기하는 것을 약속한 적은 없습니다.

부윤 : 예정한 것은 가급적 예정대로 하고 싶지만 재정상황과 공정(工程) 상황도 있어서 방법이 없습니다.

18번(나가시마 쓰루타로(中島鶴太郎)) : 상세한 것은 제2독회로 넘기겠습니다.

16번(다케시타 류헤이(竹下隆平)) : 저는 수도 부설에 대해 질문하겠습니다. 작년 수도 조사위원회에서 말씀드렸는데, 부산의 토지는 고저가 있으므로 저지선(底地線)으로써 고지까지 급수하기가 곤란합니다. 부산과 닮은 곳은 고베(神戶)입니다. 고베는 고지선으로써 하고 있습니다. 일단 제한급수를 할 때는 저지선 고지선 구별이 없으면 저지대만 급수하게 됩니다. 대청정(大廳町)의 야마노(山野) 씨 저택이 불탔을 때도 호스를 3개 사용해서 물을 뿌렸습니다. 현재 고지대 급수를 위한 아무 시설도 없는 건 어찌된 일입니까. 또 화장장은 재래의 것을 3개소나 매수하자는 제안인데 곡정(谷町)에 부영의 완전한 것이 생기니 본원사(本願寺)가 경영하는 것도 부에서 매수하는 게 당연하다고 생각되는데, 부산진 목도(牧島)도 매수하는 것은 무슨 이유입니까. 또 400원의 식수비(植樹費)에 대해 15번 의원이 질문한 것에 대해 이사관의 답은 화장장 식수는 당연한 의무이기 때문이라고 했는데 사실 이건 작년에도 결정한 것입니다. 식수는 3월경부터 하는 게 좋으니 4월 이후에 하면 어떻겠습니까. 또 병원 개축은 작년에도 문제였습니다. 지금 위치는 부적당하고 또 본관 개축이 필요한데도 연기된 것입니다만, 본년은 하등 이것이 없는 건 왜입니까.

참여원(무라카미(村上恥己) 부 이사관) : 수도의 고지선 이야기는 상당한 경비와 날짜가 들지 않으면 개선이 불가능합니다. 우리 수도에는 기술 직원이 없어서 다양한 연구 조사에 불편을 느끼고 있습니다. 이번에 새로 기수를 1명 배치하려는 제안을 하고 있습니다. 조만간 재정이 허락하는 범위에서 고려해야 한다고 생각합니다.

화장장은 사실 경영자가 생기면 사지 않을까 하는 요망이 있습니다. 곡정(谷町) 부분을 사는 것은 현재 부영 부분은 2기밖에 안되므로 예비로 두는 게 좋을 것이라서 매수비를 계상했습니다. 부산진 화장장은 도청이 인가할 때 조만간 공공단체에서 경영하는 것이 적당하다고 해서 연기(年期)를 붙였는데, 그 연기가 도래한 것입니다. 경영자가 계속할 의사가 없으니 매수해달라는 요망도 있어서 계상했습니다. 목도(牧島)도 마찬가지인데 이런 사업은 지금 다른 지역과의 균형도 있고 부로서도 장래 상당한 경비가 들어갈 것을 각오해야 하지만, 부에서 경영하는 게 적당하다고 생각합니다.

병원 문제는 다년간 현안이고 상당히 조사 연구를 해야 하는데, 현재까지 충분히 확실한 안을 얻지 못해서 유감으로 생각합니다. 본년은 개선되어 개축에 대해 충분히 연구하려고 합니다. 화장장 식수는 조만간 해야 되는 사업으로 말씀하신대로 늦어져 있습니다. 충분한 설비가 되지 않았기 때문에 올해 새로 요구했습니다.

25번(이와하시 이치로(岩橋一郎)) : 대신정(大新町) 공설운동장은 국민보건을 위해 설치한 것임에도 불구하고 사용료가 비싸 사용자가 많지 않습니다. 이사관은 현재 사용료를 어떻게 생각합니까? 또 대정공원(大正公園)은 국화가 피는 시기가 되면 부산일보, 유곽 조합이 사용하는 특권을 부여받고 있는데 특별한 약속이라도 있는 겁니까? 일반 부민이 사용할 시기에 사용하는 이유는 무엇입니까?

부윤 : 특약 등은 없습니다. 부산일보뿐만 아니라 씨름에도 빌려준 적이 있습니다다만 장래는 절대로 빌리지 않는 방침으로 상의하려고 합

니다.

참여원(무라카미(村上恥己) 부 이사관) : 운동장 사용료는 현재 경성이나 평양 등과 비교했을 때 비싸지 않습니다. 단 아직 충분히 완성되지 않아 다소 비싸다는 느낌이 있습니다. 조례에 의하면, 완성할 때까지는 부윤의 권한으로 상당히 참작할 수 있으므로 연습은 2원으로 하고 있습니다. 그 정도는 비싸지 않다고 생각합니다.

1번(아쿠타가와 간이치로(芥川完一郎)) : 저의 질문은 앞서 분들과 다소 중복될지도 모르지만 허락해주시기 바랍니다. 현재 부산부의 사업이 다양하므로 바쁘시리라 생각되는데, 거의 예정대로 진행될 것인지, 아니면 시행할 시기를 놓쳤다면 그 이유를 듣고 싶습니다. 부 청사 신축비가 계상되어 있는데 위치는 지금의 유치원 소재지로 선정한 것 같은데 이 장소 이외에 적당한 장소는 없는지, 혹은 달리 있어도 불가능한 사정이 있는지 연구한 적이 있으면 보여주시길 바랍니다.

현재 부립병원 설비는 내부에서 일하는 사람에게도 좋지 않지만 환자들에 대해서는 말할 것도 없습니다. 실은 저도 작년 11월 다리를 다쳐 1개월 통원한 적이 있어서 상황을 보았는데 아주 좋지 않은 상태입니다. 수술실에서 대수술을 하는 것은 위험천만하다고 생각합니다. 천장에서 페인트가 벗겨져 떨어지는 모습입니다. 부윤은 개축 이전의 필요를 느끼고 있다고 하셨는데 가장 시급하게 대개수를 할 필요가 있다고 생각합니다. 이전 개축의 필요가 눈앞에 다가왔다고 생각하는데 어떻습니까.

부사 편찬에 대해서는 여러 질문이 있었지만 저는 처음부터 이에 반대했습니다. 언제나 부사 편찬에 대해 부가 말하는 것은 어딘가 모자랍니다. 이사관은 1931년 완성한다고 하셨는데, 전 이사관은

1926년에 완성한다고 말했습니다. 이런 책임은 어떻게 지는 것입니까? 대체로 이런 종류의 사업은 필생의 사업으로서 해도 불가능합니다. 부(府)는 연구를 하는 곳이 아니니, 이 정도로 그만두어도 좋다고 생각합니다. 이후에도 이렇게 계속 갈 것인지 듣고 싶습니다. 다음으로 도수장은 어디로 이전하는 것입니까? 처음에는 적당한 위치라고 선정된 현재 장소였는데 2,3년 만에 이전할 필요가 생긴 겁니까. 복안이 있으면 보여주시길 바랍니다. 화장장 매수비는, 필요가 있어서 매수하는 것입니까, 아니면 부영으로 통일한다는 생각입니까.

참여원(무라카미(村上恥己) 부 이사관) : 올해 사업 진행은 착착 진척하고 있습니다. 도로 개수와 고관공원(古館公園) 시설 등은 다소 늦어져서 본년도 안에 꼭 완료할 생각입니다만 어쩌면 완료를 못할지도 몰라서 걱정하고 있습니다. 이유는 물론 당국의 노력 부족도 있겠지만, 토지 매수에 좀 곤란을 느끼고 있습니다. 그 점에 대해서는 충분히 노력하려고 합니다.

청사 신축에 관해서는, 그 위치가 적당한지 아닌지는 사람마다 다양한 의견이 있겠지만, 이 토지가 역사상 상당한 연혁이 있는 토지이고 부산의 현재 상황에서 볼 때 반드시 부적당한 것은 아닙니다. 오히려 적당하고 또 현재 국유지에 건축하는 것으로 되어 있어서 부지 매수비가 필요 없으니 재정상 유리합니다. 또 통용도로를 만들면 불편이 없을 테니 현 청사의 아래가 적당하다고 생각합니다. 병원 개축에 대해서는, 저도 최근 자녀를 입원시켜봐서 그 필요를 통감합니다만, 충분히 성산이 있는 계획이 수립되어 있지 않아서 제안에 올리지 못한 것을 유감으로 생각합니다. 가능한 가까운 기회에 이 문제를 해결하려고 합니다. 대체적으로 제5소학교 토지와 건물을 이용하여 개축 계획을 수립해보면 어떨까, 이는 물론 결정한 것은 아니므로 여러분의 의견도 들어보고 싶습니다.

부사 편찬에 대해서는 말씀하신 것처럼 범위와 분량이 극히 막연한 상태인데, 1926년에 완성할 계획이 사실상 불가능하게 된 것은 뭐라 말씀드릴 것이 없습니다. 불가능하다면 정치편만 자르고, 귀중한 자료가 모여 있으니 그대로 보관하여 후일 완성을 기하는 것도 좋지 않을까 생각합니다.

도수장 이전 문제는 여러 상황과 장래 추세를 고려하여 신중한 조사를 마치고 결정하려고 합니다. 단 지금으로서는 이곳이 적당하다고 하는 선까지 조사가 진행되어 있습니다.

화장장 매수에 대해서는 곡정(谷町) 쪽은 필요론이고, 부산진 목도(牧島)는 통일론입니다. 부에서는 장차 통일해나가는 편이 적당하다고 생각하고 있습니다.

25번(이와하시 이치로(岩橋一郎)) : 목도(牧島)의 준설은 다년간 현안이고 목도의 현재 상태를 보면 준설이 급합니다. 그런데 매축 이야기가 나오고 있는데 매축권은 오이케(大池) 씨가 허가를 얻고 있습니다. 그 후 사카타(坂田) 씨 등이 매축권을 출원한 것입니다. 이것은 총독부에서도 여러 조사를 해서 고려하고 있는 것 같습니다. 부는 과연 어떤 약속이 있는 것입니까? 혹은 두 사람의 양해를 얻은 것입니까? 만약 상당한 보상을 지불하는 것이라면 생각해봐야 합니다. 부산부의 토목 사업은 한두 명의 지주를 위해 도로가 변경되는 것 같은데 지주의 요청에 의한 것이라면 흘려들어야 합니다. 목도의 매축권은 두 사람이 양도한 것입니까? 적당한 보상을 지불한 것입니까?

부윤 : 부의 토목 사업에 개인 사이의 양해가 있었다는 전제를 두고

질문하신 것을 유감으로 생각합니다. 그런 것은 절대로 없습니다. 매축지는 오이케(大池), 사카타(坂田) 두 사람이 출원한 토지인 것도 이미 들었습니다만, 허가가 되었다고는 듣지 못했습니다. 부와 경원(競願) 관계인 겁니다. 제가 어느 쪽에 허가할지는 언명할 수 없지만, 두 사람도 부의 공익에 대해 이의는 없을 것이라 확신합니다. 그 토지의 매매 예약을 한다든가 하는 조건 등도 받지 못했습니다. 이상을 언명해둡니다.

25번(이와하시 이치로(岩橋一郎)) : 부윤의 설명은 이해가 되지만, 이런 수면의 지선권(地先權)이라는 것은 총독부에서도 상당히 고려하고 있다고 생각합니다. 오이케(大池) 씨 같은 사람은 이사청 시대에 하고 있었습니다. 그런 권리에 속하는 것을 부가 힘에 의해 누른다면 생각해보지 않으면 안됩니다. 무리가 있는 안건을 내걸 때는 고려해봐야 한다고 생각합니다.

15번(오하라(小原爲)) : 제1호 자문안의 제1독회를 이걸로 그치고 산회하고 싶습니다.

4번(오이케 추스케(大池忠助)) : 지금 목도(牧島) 문제로 저와 관련한 것이 나와서 한말씀 드립니다. 25번 의원이 말한 것처럼 이사청 시대부터 인가를 받은 장소인데, 저도 본부에 가서 신바(榛葉) 씨와도 상담하고 또 요새 목도로부터도 준설 매축에 대해 상담이 있고, 부(府)에서도 상담이 있었습니다. 부가 출원자를 제쳐놓고 제멋대로 안을 성립한 것은 아닙니다. 저도 이에 대해 다소의 조건을 부 쪽에 내고 있습니다. 그 점에 대해 양해해주시길 바랍니다. 저는 도쿄 쪽에 여행하므로 내일부터 결석입니다만 잘 부탁드립니다.

의장(부윤) : 오늘은 이걸로 산회하고 내일 오후 1시부터 계속하여 회의를 열겠습니다.

6) 부산부협의회 회의록(제2차)(1929년 3월 19일)

항 목	내 용
문 서 제 목	釜山府協議會會議錄(第二次)
회 의 일	19290319
의 장	桑原一郎(부산부윤)
출 석 의 원	芥川完一郎(1), 上杉吉太郎(2), 松岡甚太(5), 山本榮吉(6), 吉岡重實(7), 山川定(9), 矢頭伊吉(10), 淸水忠次郎(13), 小原爲(15), 竹下隆平(16), 坂田文吉(17), 中島鶴太郎(18), 이경우(李卿雨)(20), 어대성(魚大成)(21), 川島喜彙(23), 岩橋一郎(25), 小坂唯太郎(26), 西村浩次郎(27), 石原源三郎(29), 田端正平(30)
결 석 의 원	
참 여 직 원	齋藤直人(부이사관), 村上恥己(부이사관), 小林博(부속), 加藤章(부속), 大野幹平(부속), 高橋淸次(부속), 貝塚正(부기사), 速水隆三(부기사), 田中佐次郎(부주사), 佐治爲敬(부서기), 長直人(부서기), 楠本才平(부서기), 村田市次郎(부서기), 小澤宮太(부기수)
회 의 서 기	松尾孝平(부서기)
회 의 서 명 자 (검 수 자)	桑原一郎(부산부윤), 淸水忠次郎(협의회원), 小原爲(협의회원)
의 안	자문사항 제1호 1929년도 부산부 세입출 예산 2호 부세 부가세 조례 중 개정 건 3호 부세 부가세의 과율 결정의 건 4호 부세 특별소득세 조례 폐지 건 5호 특별세 토지평수할의 부과액 결정 건 6호 도장 및 우피 건조장 사용료 결정 건 7호 부 이원 봉급 조례 중 개정 건 8호 시장 관리 및 사용조례 중 개정 건 9호 하수 개수 공사를 위한 계속비 설정의 건 10호 牧島洲岬地先浚渫 및 매축공사를 위한 계속비 설정의 건 11호 부산부 공익질옥 조례 설정 건 12호 기본재산 축적 정지의 건 13호 청사 건축비에 충당하기 위한 기채 건 14호 시장 설비비를 위한 기채 건 15호 도장 이전 신축비를 위한 기채 건 16호 공익질옥 유통자금을 위한 기채 건

	17호 하수개수공사비를 위한 기채 건 18호 牧島洲岬地先浚渫 및 매축공사비를 위한 기채 건
문서번호(ID)	CJA0002736
철 명	부산부관계서류
건 명	부산부시장관리및사용조례중개정의건(회의록첨부)
면 수	13
회의록시작페이지	87
회의록끝페이지	99
설 명 문	국가기록원 소장 '부산부관계서류'철의 '부산부시장관리및사용조례중개정의건'에 포함된 1929년 3월 19일 부산부협의회 회의록

해 제

본 회의록(13면)은 국가기록원 소장 '부산부관계서류'철의 '부산부시장관리및사용조례중개정의건'에 포함된 1929년 3월 19일 부산부협의회 회의록(제2차)이며 1929년 부산 세입출예산 제2독회의 내용이다.

이 회의는 오후 2시 개회되어, 제1독회에 이어 야마카와(山川定) 의원이 부 청사 부지 문제, 공설질옥 문제, 목도매립공사 문제 등에 대한 질문을 하고 의장과 참여원의 답변이 있은 후 제1독회를 마치고 제2독회에 들어가 제2호안 이하를 상정하고 위원 부탁을 하기로 했다. 다음날부터 위원회에서 제2독회를 계속하기로 하고 오후 4시에 폐회했다. 의원 일동은 폐회 후 즉시 목도 매축공사 및 곡정 화장장의 현황을 시찰했다.[27]

---

27) 「釜山府議 二讀會開始」, 『매일신보』 1929.3.22, 3면.

내 용

의장(부윤) : 어제에 이어 자문 제1호 1929년도 부산부 세출예산 제1독 회를 열겠습니다.

9번(야마카와(山川定)) : 어제 모두들 여러 가지 질문을 하셨는데 제가 말한 것도 대체로 해소되었지만, 좀 묻고 싶은 것이 있습니다. 청사 신축 부지 선정의 이유에 대해 이사관이 설명하길, 현재 유치원 부 지가 좋다고 하셨는데, 그 이상 좋은 장소가 있으면 변경할 여지가 있을 것입니다. 저번 부협의회 간담회에서 신청사의 도로는 현재 신탁회사가 있는 곳부터 비복옥(備福屋) 자리를 매수해서 만드는 것을 조건으로 한다는 것이 있었는데 과연 그렇게 하는지 묻고 싶 습니다.

다음으로 개량 소주택 지구 설정 건은 중대한 안건입니다. 물론 부 지 선정에 대해서는 협의회에 자문하여 최선의 방법을 다하리라 믿 지만, 세간의 평에 의하면 이미 결정되어 부외(府外) 지역으로 한다 는데 과연 그런 겁니까.

다음으로 화장장 매수에 대해서입니다. 곡정(谷町)에 있는 본원사 (本願寺)가 경영하는 곳을 매수하는 것은 상당한 이유가 있고 당연 하다고 생각하는데, 다른 2개소를 매수하려는 것은 경영자의 소원 을 들어준 것입니까? 또 매수 후에 설비 경영 방법은 어떻게 하는 것인지, 상세히 듣고 싶습니다.

다음으로 공익질옥 설치 장소입니다. 이것은 목적 관철에 중대한 관계를 가진 것은 물론이므로 당국도 이미 고려했다고 생각합니다. 단순히 조선인이 많고 빈한한 일본인이 많은 곳이 반드시 적당한 것은 아닙니다. 질옥을 설치하면 그 부근 사람보다 오히려 다른 곳의 사람이 더 많이 옵니다. 질옥 소재지 사람은 오히려 그 질옥을 이용하지 않고 다른 곳의 사람이 이용하는 것은 아시리라 생각합니다. 어떤 정(町)이라도 기부가 좋은 장소를 선정할 각오가 있는지 없는지, 또 오사카·고베·도쿄 등 대도시의 공익질옥이 성공했다고 해서 반드시 부산도 성공한다는 보장은 없습니다. 공익질옥의 주사(主事)가 될 부 이원은 상당히 주의해주길 바랍니다. 물질적인 손실을 감수하는 사회적 시설이고 다수 빈민을 구제한다는 방침에 매진할 용기가 있습니까. 손해가 있어도 이 사업을 어디까지나 사회 시설로서 할 생각인지 어떤지 그것을 듣고 싶습니다.

다음으로 병원비입니다. 작년 예산 심의에서 고원에게 조제를 시키는 것은 위험하고 약제사를 두고 책임 있게 시키자는 것은 중요한 논의였습니다. 그런데 이 점에 대해 별로 고려한 흔적이 없는데 어떻게 된 겁니까.

마지막으로 묻고 싶은 것은, 어제 이와하시(岩橋) 의원이 목도 매축에 대해 질문했을 때 오이케(大池) 씨가 이 매립에 대해 당국의 답이 없고 앞서 당국과 양해가 있었다고 말했습니다. 원래 우리가 오이케(大池)의 목도 매축 출원에 대해 생각이 미치자 사카타(阪田) 씨와 오이케(大池) 씨가 출원을 했습니다. 그런데 일본의 오사와(大澤)라는 사람이 출원을 했습니다. 오사와(大澤) 씨는 부산의 대단한 은인입니다. 총독부도 그런 상황이 있어서 이것을 허가하지 않은 것입니다. 이번 예산을 낸 것에 대해 당국과 오이케(大池) 씨 사이에 양해가 있다는 것인데 어느 정도입니까. 다시 듣지 않으면 안됩니다. 중대한 문제입니다.

부윤 : 마지막 질문에 대해 답하겠습니다. 목도 준설 및 매축에 대해서는 어제 대체적으로 말씀하신대로 부(府)는 목도의 화물선 하역

의 편익을 도모하기 위해 바다를 5척 정도 굴착하여 그 흙과, 부족한 것은 산의 흙으로써 주갑(洲岬)의 연안을 매축한다는 계획을 수립했습니다. 목도의 화물선의 편리와 함께, 부는 장래 계획 즉 북쪽 연안의 매립을 해서 도로의 확장을 하려는 복안을 갖고 있으므로, 그 전제로서 준설을 하는 겁니다. 그 지역에 선류(船溜)를 시설하면 방파제도 필요하지만 그것은 제2기 계획이라서 예산에도 계상하지 않았는데, 연안 정리에 대해 사카타(阪田) 씨와 오이케(大池) 씨 두 사람의 출원이 있습니다. 어제 오이케(大池) 씨가 지선(地先) 매축에 대해 영사관 시대 때 허가가 있었다고 말했지만, 현재 법률상 유효하다고 총독부가 인정하는 것은 아닙니다. 그러나 연고가 있는 지역이므로, 부에서는 이같은 연고가 있는 곳보다는 북측을 매축하는 계획을 수립해본 것입니다. 그런데 총독부는 장래 도진교(渡津橋) 관계도 있고 그 경비의 재원에 충당해야 한다는 복안이 있습니다. 장래 도진교 관계가 결정되지 않으면 그다지 좋지 않으므로 주갑 쪽 매축을 희망하고 있는 것입니다. 먼저 출원을 하는 경우 어떻게 할지의 문제는, 총독부의 이러한 방침이 있으니 허가 여부를 우리가 예단하는 것은 불가능합니다. 총독부는 지선권(地先權)을 인정하고 있지 않으므로 반드시 먼저 출원하는 사람에게 허가하는 것은 아닙니다. 허가는 일단 총독부의 방침에 따르는 것이라고 생각합니다. 오이케(大池) 씨와 어떤 교섭이 있는가 하는 문제는, 오이케(大池) 씨는 자신의 조건을 제출했는데, 그것은 자신의 지선(地先)을 상당한 가격으로 팔고 싶다는 것입니다. 그러나 그러한 조건으로 매립하는 것은 부로서는 곤란하다고 총독부에 말했습니다. 부에서는 매립에 대해서는 무조건 허가해야 한다는 생각입니다.

참여원(무라카미(村上恥己) 부 이사관) : 청사 위치가 현재 결정한 곳보다 좋은 곳이 있으면 거기로 변경할 것인가에 대해 말씀하셨는데, 이것은 보는 사람에 따라 다른 것으로 현재 국면을 생각하고 또 재정상의 점에서 보아 지금의 이 아래 토지가 적당하다고 생각한 것입니다. 도로 신설은, 지금의 소방본부 앞을 큰길로 하고 변천정(辨天町)에 통하는 도로는 이면 도로로서 적당히 통용 도로를 만들려는 예정으로 설계했습니다. 개량 소주택 지구 설치는, 아직 예정지를 확정하지 않아서 현재 조사 중입니다. 부외에 설치한다는 풍설이 있다고 말씀하셨는데 그것은 아마 한두 개 장소를 본 적이 있어서 그런 얘기가 나온 것이라 생각합니다. 한 곳만이 아니라 두 곳 혹은 몇 곳에 설치해야 하는 점이 있어서 실제 사정에 따라 조치하려고 합니다.

화장장 매수에 대해서는, 곡정(谷町)에 부영의 훌륭한 것이 생겼고 사실 부에서 이를 통일하는 것도 생각 못할 것은 아닙니다. 이 방침으로 진행하는 것이 적당하다고 생각합니다. 어제도 말씀드린 것처럼 부산진은 시기가 되었으니 통일해서 시행할 생각을 하고 있는데 경영 방법은 현상 유지 방침입니다. 그러나 장래에는 상당한 경비로써 개선을 도모해야 한다고 생각합니다.

공익질옥 장소는 말씀하신 것처럼 사업에 큰 영향을 주니 적당한 위치를 지금 조사 중입니다. 아직 확정하지 않았습니다. 공익질옥의 목적은 말할 것도 없이 사회적 사업으로서 이를 설치하는 것이고 그 성적은 우선 그 일을 담당하는 사람과 큰 관련이 있으므로 그런 사람을 얻기 위해 고심하고 있습니다.

병원의 약제사 건은, 지금 조제하는 사람이 5명 있는데 2명은 면허를 갖고 있고 다른 3명은 보조자입니다. 사무를 하는 데 별로 지장은 없다고 생각합니다.

부윤 : 제가 보충하겠습니다. 부 청사 부지는 전임자 때부터 이미 유
　　치원이 있는 곳을 후보지로 총독부에 교섭했습니다. 제가 뒤를 인
　　계해서 교섭도 했습니다. 그러나 또 다른 적당한 토지가 있는지에
　　대해서도 상당히 조사했습니다. 그것은 첫째로 현재 제7소학교 부
　　지, 둘째로 토목출장소가 있는 곳, 셋째로 대청정(大廳町)의 땅은
　　대부분 오이케(大池) 씨의 토지입니다. 이 세 곳을 총독부 사람도
　　와서 조사했는데 각각 일장일단이 있습니다. 가장 곤란한 점은 재
　　정입니다. 열람하신 것처럼 지금 청사는 세 개로 나뉘어 있어 이런
　　곳에서는 능률적으로 사무를 할 수가 없습니다. 작년 정무총감이
　　왔을 때도 그 필요를 느꼈습니다. 총감은 사무에 편리한 방법을 취
　　하는 것이 좋겠다고 하여 30만 원으로 하게 되었습니다. 30만 원을
　　건축비에 충당하면 상당한 것이 만들어지는데, 부지도 이것으로 매
　　수하면 생각한 만큼은 불가능합니다. 그래서 여러 고려를 한 후 이
　　번 후보지가 가장 좋은 것으로 된 것입니다. 원래 부지 선정은 총독
　　부가 하고 우리는 이것저것 요망할 뿐입니다. 이러한 경과 끝에 이
　　장소로 결정되었습니다.
9번(야마카와(山川定)) : 이 아래에 하시는 것이라면 곧장 꿰뚫는 10간
　　도로를 조건으로서 승인한 것이라 생각하는데 그대로 하는 것입니
　　까. 다음으로 공익질옥 문젠데 손해가 있어도 한다는 결심인지 어
　　떤지를 듣고 싶습니다.
부윤 : 10간이라는 것은 청사 앞면이 7간이고 3간을 취하므로 도로는
　　7간이 됩니다.
9번(야마카와(山川定)) : 앞서 설명하신 것도 그대로입니까, 변경해서
　　말씀하시는 것입니까.
부윤 : 전부를 하려면 돈이 들어 불가능합니다.

9번(야마카와(山川定)) : 이 앞을 10간으로 하려면 신탁회사와 기타 부지도 매수하지 않으면 안됩니다. 또 자동차가 통하는 데 위험하지 않도록 해야 합니다. 금액도 말씀하신 것 같은데 어느 정도입니까?

부윤 : 곧장 뚫리는 것으로 하려면 6,7만 원이 필요하니 총독부와도 상담하고, 이면 도로로서 5칸 도로를 만드는 데 이걸로 충분할 것입니다.

9번(야마카와(山川定)) : 전에 말씀하신 것에서 변경된 것입니까?

부윤 : 그렇습니다.

참여원(무라카미(村上恥己) 부 이사관) : 공익질옥은 사회 시설로서 손해가 있어도 경영하려고 합니다.

이경우(李卿雨, 20번) : 저는 행정조사비에 대해 질문하겠습니다. 어제 1번 의원의 질문에 대해 이사관은 도수장 이전 문제를 결정했다고 말씀하셨는데 어느 정도 경비가 사용되는지는 답변하지 않으셨습니다. 이 조사비는 원래 7,000원이라는 원안을 정밀히 연구할 필요가 있고 원안에서 3,000원 증가하여 1만 원으로 수정한 것입니다. 그런데 당국은 교통, 위생, 시구 확장에 대한 세 위원회를 두었는데, 교통위원회는 겨우 한번 열렸을 뿐이고 행정구역확장위원회는 한 번도 열리지 않았습니다. 우리가 증액까지 해서 요망한 것을 실시하지 않은 것은 무슨 까닭입니까?

부윤 : 어제의 설명은 행정조사회의 조사에 의해 도장 이전이 제안된 것이며 기타 교통, 위생 등에 대해서도 상당히 하고 있습니다. 의원을 중심으로 한 조사회이므로 그런 금액은 넣지 않은 겁니다. 먼 곳에서 오는 사람이라도 촉탁으로 할 때는 돈이 들겠지만 그러한 이유로 금액은 써넣지 않았습니다. 행정구획위원회도 대체적인 자료가 있습니다. 올해는 촉탁, 서기, 고원이 주로 자료 정리를 하고 순

차적으로 시행하려고 합니다. 행정 구획 문제도 지세, 인구, 재원 등을 조사하는 것은 쉽지 않습니다. 작년에 얼마나 돈을 사용했는지는 위원회에서 답하겠습니다.

25번(이와하시 이치로(岩橋一郎)) : 세입 경상부 제1관에 대해 묻겠습니다. 소득세 부가세가 종래 14전이던 것을 7전으로 내렸고 영업세 부가세는 70전이 80전으로 올랐습니다. 영업세는 일본의 세제 체계에서 말하면 이익세입니다. 그런데 조선은 수입세가 되어 있습니다. 영업세 부가세를 10전 올리는 것은 세금 부담력을 볼 때 균형을 잃었다고 생각합니다. 또 소득세 부가세는 7전으로 내려 영업세에서 담세력(擔稅力)이 있는 것처럼 된 것은 무슨 의미입니까? 세출경상부 제7관에서 수도 기술원 급료를 신설했는데 종래 수도에는 상당한 기술원이 있었습니다만 신설했기 때문에 특별히 예산이 증가한 것은 사람을 바꾸는 방법을 쓴 것 아닙니까?

다음으로 제14관에서 남쪽 해안 시장 문제인데 조례 개정을 바라지만, 차가료를 부담하고 있어서 곤란하다고 하는데, 수입은 감소하고 있는데 균형을 취하고 있습니까?

다음으로 세출임시부 제2관의 토목비입니다. 작년에도, 재작년에도 보수천(寶水川) 개수를 해서 연안에는 다수의 가옥이 생겼습니다. 그런데 부민교(富民橋) 아래에는 다리가 여러 개 있는데 위쪽에는 보수교까지 한 개도 없습니다. 이사자가 이걸 보고 있다고 생각하는데 필요가 없어서 하지 않는 것입니까?

마찬가지로 제4관의 대신정(大新町) 시구개정비입니다. 원래 2개년으로 해야 하는 것을 3개년으로 한 것인데 또 4년으로 한 것은 경비 사정 때문입니까? 어떤 사정에 의한 것입니까. 또 보수천의 양측 도로는 6간 도로인 듯한데 장래 나카지마(中島) 씨 집 아래로 통하는

10간 도로에 직각으로 될 것이므로, 운동장을 돌아서 전차선을 붙일 생각입니까?

다음으로 제5관의 시구개정에 의한 도로 폭은 몇 간입니까? 제15관 경비비의 펌프자동차 구입비는 현재 부족한 것입니까? 제22관 보조비에서 도로 살수비 보조는 증액했는데 이것은 정내(町內)에서 상당히 돈을 모으고 있습니다만 이것들을 조사한 것이 있으면 보여주시기 바랍니다.

23번(가와지마(川島喜彙)) : 제1독회의 질문은 어제부터 각각 질문과 답변이 있었고 대략 이해했습니다. 25번 의원의 질문 내용은 위원회에 넘기길 원합니다. 25번 의원의 동의를 얻으면 제2독회로 넘어가고 싶습니다. 의사 진행에 대해, 어제 간담회에서 제1독회의 질문은 대체적인 질문으로 그치고 상세한 사항은 위원회에서 다루기로 얘기가 되었습니다. 상세한 질문은 25번만이 아니라 모두가 갖고 있으니 아무쪼록 위원회에 넘기기를 바랍니다.

("찬성" "찬성")

의장(부윤) : 25번 의원, 어떻습니까?

25번(이와하시 이치로(岩橋一郎)) : 그러면 제1독회의 정신을 몰각하는 것입니다. 제1독회에서 위원회를 열고 싶습니다.

23번(가와지마(川島喜彙)) : 제 동의(動議)는 찬성자가 있으니 채결을 원합니다.

25번(이와하시 이치로(岩橋一郎)) : 저는 제 권한으로 질문하는 겁니다. 답하신 후 23번의 동의를 채결하고 싶습니다. 질문을 대하는 것은 신중하게 해주셨으면 생각합니다.

23번(가와지마(川島喜彙)) : 우선 희망을 말씀드렸고 동의(同意)를 원한 것입니다. 그러나 제2독회로 넘길지 아닐지에 대해 동의(動議)가

나왔고 규정된 찬성이 있었으므로 채결을 원합니다.

25번(이와하시 이치로(岩橋一郎)) : 저는 의장의 허가를 얻어 질문하고 있는 것이고 제 권한입니다.

의장(부윤) : 질문에 대한 답변을 먼저 하겠습니다.

참여원(사이토 나오토(齋藤直人) 이사관) : 세입에 대해 간단히 말씀드리겠습니다. 이미 총독부는 지방제도 세제 체계를 세우려고 계획 중이었고 본년도부터 실행하기로 되었습니다. 따라서 종래 지방세로서 소득세 부가세 특별소득세는 부과하고 있지 않았지만 올해부터 부과하기로 되었기 때문에, 각각 지방세는 지방세, 부세는 부세로서 부과율의 제한을 둔 것입니다. 이에 의해 종래 부과율은 14전이었던 것이 7전으로 개정되었습니다. 영업세는 영업 수익세를 시행하고 있지 않은 관계상 직접 수익을 노리고 있다고는 생각하지 않지만 대체적으로 수익을 노린 것입니다. 1원까지는 취해도 좋다는 제한인데 시행 후 80전 정도로 그치고 있습니다.

참여원(무라카미(村上恥己) 부 이사관) : 수도 기술원 설치 문제는, 다른 부 상황을 보면 기술원이 있지만 우리는 기술원이 없으므로 여하튼 필요하다고 생각합니다. 시장 사용료 개정은, 현재 사용료를 기초로 해서 그 운용을 원활하게 하는 것입니다. 보수천의 다리는 필요 없다는 것이 아니고 당국도 크게 필요를 느끼고 있습니다. 재정상 시설이 불가능해서입니다. 대신정은 총독부에서 도로 폭을 넓혀 만들라는 명령이 있어서, 이 공사를 완성하려면 예정보다 약 4만 원 정도 더 부(府)에서 지출하지 않으면 완성할 수 없습니다. 재정상 어쩔 수 없이 연기했습니다. 대신정의 하천 개수에 의한 도로의 전차운전 경로 문제는 상당히 앞으로 고려하려고 합니다. 영선정(瀛仙町)으로 통하는 도로는 6간입니다. 경비비의 자동차 문제는,

현재 자동차는 1922년에 산 것이라서 고장이 많습니다. 소방 기관 충실이라는 의미에서 1대를 구입할 필요가 있습니다. 살수 보조의 증가는 살수 구역을 확장하기 위한 증가이고 이미 정한 것에 대한 증가는 아닙니다.

의장(부윤) : 23번 의원이 제2독회로 넘어가자는 동의를 냈는데 이의 없습니까?

("이의 없음")

그럼 본안을 제2독회로 넘기겠습니다.

23번(가와지마(川島喜彙)) : 제2독회를 연 후는 전례에 의해 이를 전원위원회에 부탁하길 희망합니다. 동시에 제2호 이하 예산 관련 의안도 위원 부탁으로 하고 싶습니다.

의장(부윤) : 자문 제1호 1929년 부산부 세입출예산을 전원으로 구성된 위원회에 부탁하는 것에 이의 없습니까?

("이의 없음")

그럼 그렇게 하겠습니다. 다음으로 자문 제2호 이하 제18호 까지를 제1독회에 붙입니다. 23번 의원이 자문 제2호 이하를 전부 제2독회로 넘기고 전원위원에게 부탁한다는 동의를 냈는데 이의 없습니까?

("이의 없음")

이의 없으니 그렇게 하겠습니다. 위원회는 위원장을 선출하고 보고하시기 바랍니다. 오늘은 이것으로 폐회하겠습니다.

7) 부산부협의회 회의록(제3차)(1929년 3월 30일)

항 목	내 용
문 서 제 목	釜山府協議會會議錄(第三次)
회 의 일	19290330
의 장	桑原一郎(부산부윤)
출 석 의 원	上杉吉太郎(2), 松岡甚太(5), 山本榮吉(6), 吉岡重實(7), 山川定(9), 平野宗三郎(14), 小原爲(15), 竹下隆平(16), 坂田文吉(17), 中島鶴太郎(18), 山田惣七郎(19), 이경우(李卿雨)(20), 어대성(魚大成)(21), 川島喜彙(23), 小坂唯太郎(26), 西村浩次郎(27), 石原源三郎(29), 田端正平(30)
결 석 의 원	
참 여 직 원	齋藤直人(부이사관), 村上恥己(부이사관), 小林博(부속), 加藤章(부속), 大野幹平(부속), 高橋淸次(부속), 貝塚正(부기사), 速水隆三(부기사), 田中佐次郎(부주사), 佐治爲敬(부서기), 長直人(부서기), 楠本才平(부서기), 村田市次郎(부서기), 小澤宮太(부기수)
회 의 서 기	松尾孝平(부서기)
회 의 서 명 자 (검 수 자)	桑原一郎(부산부윤), 平野宗三郎(협의회원), 竹下隆平(협의회원)
의 안	1호 1929년도 부산부 세입출 예산 2호 부세 부가세 조례 중 개정 건 3호 부세 부가세의 과율 결정의 건 4호 부세 특별소득세 조례 폐지 건 5호 특별세 토지평수할의 부과액 결정 건 6호 도장 및 우피 건조장 사용료 결정 건 7호 부 이원 봉급 조례 중 개정 건 8호 시장 관리 및 사용조례 중 개정 건 9호 하수 개수 공사를 위한 계속비 설정의 건 10호 牧島洲岬地先浚渫 및 매축공사를 위한 계속비 설정의 건 11호 부산부 공익질옥 조례 설정 건 12호 기본재산 축적 정지의 건 13호 청사 건축비에 충당하기 위한 기채 건 14호 시장 설비비를 위한 기채 건 15호 도장 이전 신축비를 위한 기채 건 16호 공익질옥 유통자금을 위한 기채 건

	17호 하수개수공사비를 위한 기채 건 18호 牧島洲岬地先浚渫 및 매축공사비를 위한 기채 건
문서번호(ID)	CJA0002736
철 명	부산부관계서류
건 명	부산부시장관리및사용조례중개정의건(회의록첨부)
면 수	14
회의록시작페이지	100
회의록끝페이지	113
설 명 문	국가기록원 소장 '부산부관계서류'철의 '부산부시장관리및사용조 례중개정의건'에 포함된 1929년 3월 30일 부산부협의회 회의록

해 제

본 회의록(14면)은 국가기록원 소장 '부산부관계서류'철의 '부산부시
장관리및사용조례중개정의건'에 포함된 1929년 3월 30일 부산부협의
회 회의록(제3차)이다. 회의에서는 1929년 부산부 세입출 예산 등 12개
의 의안을 결정했다. 이전 3월 19일에 동 협의회는 여러 의안의 논의
를 전원위원회에 부탁하기로 했고 위원들이 심의한 결과를 30일 회의
에서 위원장이 보고하고 있다.

부산부 예산협의회 전원위원회는 1929년 3월 20일 오후 2시부터 개
회하여 위원 16명이 출석하고 사카타 분키치(坂田文吉) 의원이 위원
장이 되어 논의했다. 세입 경상부와 임시부는 뒤로 미루고 세출 경상
부 사무비부터 순차 심의했는데 먼저 토목비에 들어가 다케시타 류헤
이(竹下隆平, 16번), 이경우(李卿雨, 20번), 오하라(小原爲, 15번) 등 여
러 위원이 노면정리 및 취체에 대해 질문하자 구와바라 이치로(桑原
一郎) 부윤은 "노면 정리는 부 당국에서 극력 유의하는 터이나 부산의

현상으로는 교통정리를 완전히 하기는 심히 곤란하며 또 취체는 경찰이 할 일이므로 경찰에 의뢰는 할지라도 직접 행할 의무는 없다"고 답변했다. 오하라(小原爲) 의원이 다시 "부로서도 그 책임이 전연 없다고는 할 수 없으니 이 문제는 위원회에서 결의하는 것이 어떠냐"고 위원회의 찬성을 구하였으나, 논전한 결과 결국 부에 일임하기로 하고 그 외 질문과 희망을 말한 후 오후 5시 폐회했다.[28]

내 용

의장(부윤) : 자문사항 제1호 이하 18호까지 의안은 제2독회에서 전원위원회에 부탁한 것입니다. 위원회 종료 후 보고가 있어서 이 회의를 열었습니다. 지금 위원장이 보고해주시기 바랍니다.

17번(위원장 사카타 분키치(坂田文吉)) : 저는 전원위원회를 대신하여 위원회 경과를 보고 드리겠습니다. 지난 18일 부협의회에서 부윤이 제출한 자문안은 1929년도 세입출예산과 이와 관련한 17건이었습니다. 18일과 19일에 걸쳐 질문을 계속하여 제2독회에 들어가 전원위원에게 부탁하는 것으로 되었습니다. 위원회를 20일부터 개회해서 어제까지 일요일을 제외하고 8일간 줄곧 회의를 열어 신중히 심의를 마치고 충분히 논쟁하여 최선이라 믿는 결정을 하고, 어제 종료하여 오늘 보고를 드립니다.

이같이 위원회가 시간을 들여 논의한 것은 1929년도 예산이 기존 예산에 비해 대단히 적극적인 사업이 많고 더구나 신규 사업이 매우 많았기 때문입니다. 신규 사업은 거의 전부가 부의 기채에 재원

---

28) 「釜山府議二讀會開始」, 『매일신보』 1929.3.22, 3면.

을 두고 있는 것이기 때문에 예산은 자연히 팽창했습니다. 부윤이 부산부 장래의 발전을 위해 적극적으로 집행 방침을 취하는 데에 모든 위원은 기쁘게 생각하고 또 부윤의 수완을 크게 신뢰하고 있습니다. 이와 동시에 부윤이 제출한 사업이 효과를 거둘 수 있을지에 대한 우려와, 또 유감없이 부윤이 수완을 발휘할 수 있도록 위원들이 이렇게 신중하게 심의를 한 것입니다.

의안을 보면 신규 사업이 7건입니다. 조례 개정에 관련한 것이 3건 (부세 과율 및 부과액과 사용료에 관한 것 3건), 조례에 정해진 것을 일시 중지하는 것이 2건, 신조례에 관한 것이 1건, 계속비 설정의 건이 있습니다. 신규 사업을 상세히 보면 거의 부채에 의한 것인데 두세 개의 신규 사업은 매우 급하지만 그 성격이 생산적이지 않아 이후 얻을 수 있는 수입이 없습니다. 그래서 일반 재정에서 처음에 들어가는 금액이 상당히 큼에도 불구하고 이후 매년 기채 상환으로 일반 재정에서 지출하기로 되어 있기 때문에 예산 전체에 걸쳐 긴장미를 가지고 있습니다. 금액은 거의 수정의 여지가 없는 상태이므로 예산 심의에서 중대한 성격이 있는 것은 물론입니다.

위원회는 7개 사업에 대해 심의를 거듭했습니다. 그것은 부 청사 개축 30만 원, 하수개수공사는 3개년 계속사업으로 26만 원, 목도 준설 및 매축공사는 2개년 계속사업으로 13만 6,000원, 시장 설비 4만 원, 도장 이전 3만 원, 공익질옥 2만 원, 개량소주택지구 설치 1만 5,000원, 합계 80만 1,000원입니다. 이는 보조 24만 원, 기부 1만 5,000원 기채 54만 6,000원이라는 내용으로 되어 있습니다.

따라서 신규 사업에 대해 전 위원은 가장 신중하게 논의를 했는데 그 경과와 결과를 말씀드리겠습니다. 부청사에 대해서 당국이 제출한 의안은 현재 유치원과 수도공장을 철거하고 부윤 관사 아래를 깎아 남북으로 길게 동쪽을 면하고 건축하는 안입니다. 이 안은 원래 영구적 시설로서 제안된 것은 아니라는 설명인데, 현 청사가 사무 수행상 지장이 있어서 우선 이를 충당하는 개축입니다. 위치에 대해서 많이 의견이 나왔습니다. 제7소학교 자리로 이전하면 어떻겠냐는 의견도 꽤 유력했지만, 연구 결과 학교조합 관계가 있었습니다. 학교조합에 있어서 유일한 재원입니다. 또 제1소학교와의 합병도 아직 분위기가 무르익지 않았기 때문에 아직 상당한 기간이 필요하다는 점에서 전원이 생각한 바는 아니었습니다. 또 하나는 위치를 변경하여 현재의 청사와 부윤 관사의 위치를 잘라내어 남향으로 도로에 길게 건축하면 편리하지 않나 하는 의견이 다수 있었습니다. 그런데 30만 원이 정해져 있으므로 이렇게 하려면 상당한 연구가 필요하고, 여기에 필요한 비용은 상당한 견적이 필요합니다. 여하튼 청사 개축을 원안의 위치로 하는 게 좋을지, 수정하여 남쪽으로 면한 위치에 하되 경비의 많은 증가 없이 또 부산부 재정에 영향이 없는 정도로 할지, 이런 의견이 다수였습니다. 따라서 이 위치를 조건으로 해서 양식을 변경하기로 하고 상당한 연구 후 다시 자문하기로 결의했습니다.

하수 개수 공사는 후일 도로 개수에 관계있는 것이라 원안대로 가결했습니다.

다음으로 목도 준설 공사는 현재 동부와 남부의 전면에 해당하는 바다의 일부에 극히 얕은 곳이 있어 근처의 배가 정박할 수가 없기 때문에 목도에서 다년간 희망했던 것입니다. 그런데 경비는 부가 전부 부담해야 하는 관계상, 선류(船溜)를 시설하려면 계선장(繫船場)[29]이 필요하므로 부윤은 그곳의 매립을 계획한 것입니다. 언젠가는 단평선(團平船)[30]의 정리를 하려는 의도도 있으니 준설 및 매립은 장려할 만하고 필요하다고 생각합니다. 투입할 돈은 다소 있지만 제안대로 승인했습니다.

다음으로 공설시장 설치는 부산진과 중도정(中島町)인데, 부산진 시장은 도로 확장 시구 개정상 지금 위치를 허가하지 않으므로 이를 한 곳에 모이게 하면 수지를 맞출 수 있을 것 같아 승인했습니다. 중도정의 것은 도로 정리 때문에 하는 것이라서 대신정 쪽 시장과는 별도입니다. 이것은 시장의 미관을 위해서고 일시적인 것이므로 원안대로 승인하고 후일 대신정에 공설시장이 필요하므로 부는 차제에 조사를 진행하여 가장 적당한 위치를 결정하여 후일 공설시장을 설치할 때에 순응한다는 조건을 붙였습니다.

다음으로 도수장 이전 신축은 다년간 문제인데, 현 위치가 부적합한 것은 조사회에서도 조사되어 있습니다. 전부터 희망이 있었으므로 지금 당국이 위치를 예정하여 제안했지만 이것은 신중히 심의가 필요하므로, 앞서 말씀드린 공설시장과 마찬가지로 소위원회를 열어 다시 실지 조사를 하고 부가 예정한 위치가 적당하다고 인정했습니다. 그러나 이전·신축하기 위해서는 상당한 경비가 필요합니다. 물이 충분한 것이 확실하고 도장의 위치로서 좋다는 확신이 있다면, 이전한 새 위치가 다소 부산에서 멀고 건축은 견고함이 필요하지 외관을 장식할 필요는 없기 때문에, 전체 경비에서 5,000원을 삭제하고 위치를 충분히 조사한다는 조건을 붙였습니다.

다음으로 공익질옥입니다. 이것은 사회사업으로서 총독부에서 지명한 관계도 있고 또 하층계급 구제를 위한다는 전원의 희망도 있는

데 위치는 고려가 필요합니다. 또 하급 계층을 구제하려면 특별한 기능이 있는 사람이 필요하므로, 위치와 인선, 방법은 상당한 고려가 필요하다고 논의했습니다. 그러나 이는 9월부터의 예정이고 8월까지 준비 시기이므로, 위치와 인선은 부협의회에 자문할 시기도 있으니, 부 당국이 연구한 후 우리와 상담한다는 조건을 붙여 결의했습니다.

개량 소주택지구 설치는 1만 5,000원을 독지가의 기부에 의해 한다는 게 원안입니다. 필요는 인정하지만 위치와 방법은 고려가 필요하고 더구나 기부로써 하는 것이므로 기부 수입을 기다려서 하는 게 안전합니다. 역시 연구를 진행하고 기회가 무르익었을 때 제안한다는 의미로 삭제했습니다.

이와 같이 새로운 사업을 결정하고, 다음으로 1929년도 세입출예산 사정을 했습니다. 그 결과는 우선 세출에서 경상부 제9관의 묘지 화장장 재장비(齋場費)라는 과목 중 화장장 매수비는 곡정, 목도, 부산진의 화장장을 매수한다는 예정으로 계상한 것입니다. 위원회에서는 목도 및 부산진 매수는 필요를 인정하지 않고, 2개소의 매수비 2,618원을 삭감하고 5,500원으로 고쳤습니다. 이것이 세출에서 첫 번째 수정입니다.

다음으로 임시부의 도수장 신축비에서 앞서 말씀드린 조건으로 결의를 했기 때문에 5,000원을 감하여 2만 5,000원으로 수정했습니다. 지금 말씀드린 묘지 화장장 재장비는 경상부에는 없습니다. 임시부 제10관입니다.

다음으로 개량 소주택지구 설정비인 1만 5,000원은 새로운 사업을 인정하지 않았기 때문에 삭제했습니다. 화장장 매수를 그만두었기 때문에 경상부 쪽은 1,150원 감소를 가져왔고 새롭게 신설 화장장

도로의 평지를 늘리기로 했기 때문에 결국 760원이 감소했습니다. 이것이 세출에서 주요한 수정입니다.

다음으로 세입 쪽에서는, 부세에 대해 상당한 고려와 연구가 거듭되었습니다. 부세 중 종래 예산에서 변경이 생긴 것은 영업세 부가세와 지방세 가옥세 부가세 등 2건입니다. 영업세 부가세는 본세 1원에 대해서 70전이었지만 올해는 80전이라는 예산이 나왔습니다. 10전을 올린 것인데 약 1만 4,000원의 증가가 될 것입니다. 그런데 일반 상업이 부진하기 때문에 영업세 증액은 업자들에게 상당한 고통이 될 것이라서, 위원회는 작년대로 1원에 대해 70전으로 수정했습니다. 이로 인한 예산 감소는 1만 5,000원인데, 작년보다 3,220원 증수입니다.

다음으로 가옥세 부가세입니다. 부과율은 1원에 대해서 1원입니다만, 본세가 약 1할 1푼 증액하고 있으므로 1원을 부과해도 자연히 7,000원 증수가 됩니다. 이는 본세 증액의 결과이지만, 가옥 소유자로서는 본세와 부가세가 늘어나면 곤란하므로, 올해는 본세 1원에 대해서 90전으로 해서 2,330원을 감소시켰습니다. 그러나 이것은 내년도 예산이 급박한 경우는 증액해도 지장없다고 생각하고 있습니다.

다음으로 제7관 수입증지 수입에서 화장장의 2개소 매수를 보류했으므로 화장장 사용료를 1,112원 감소했습니다.

다음으로 임시부의 기부금 항목에서 개량 소주택지구를 위해 1만 5,000원 계상하고 있는데 이 사업을 보류했으므로 이를 감소하여 기부금은 1,300원으로 수정했습니다. 또 100만 3,000원의 부채(府債)를 일으키기로 되었는데 아까 말씀드린 도장의 이전 신축에 충당하는 부채를 5,000원 감소하여 99만 8,000원이 되었습니다.

이상과 같이 수정하면 세입 부족 1만 2,942원이 생깁니다. 이 재원을 어떻게 구할 것인가에 대해 상당한 고려를 했습니다만, 부세에서는 전혀 늘어날 여지가 보이지 않고, 기타 수입에서도 재원은 없습니다. 따라서 재산 매각대를 증가하기로 한 것입니다. 그 이유는 폐도(廢道)의 정리를 해야 하는 게 상당히 있고 이는 가능한 빨리 정리하는 것이 좋으므로, 이를 시급히 정리해서 본년의 부족액을 보충하는 것으로 했지만 여기에는 따로 조사가 필요하므로 사람을 두지 않으면 안됩니다. 그 급료가 650원입니다. 따라서 1만 3,592원을 재산 매각대에 더하여 4만 8,192원으로 수정했습니다.

그래서 세출의 사무비에서 고원 급여를 증액하여 1만 4,856원, 위로금을 증액하여 5,537원으로 수정을 가했습니다.

이에 의해 세입 세출의 밸런스가 맞춰져 각각 합계가 245만 756원이 되었습니다. 이것이 예산에서 수정의 결과입니다. 이 수정과 신규사업 관계에서, 자문 제3호 중 본년도 부가세 과율을 영업세 1원에 대해서 80전을 70전으로 하고, 가옥세 1원에 대해서 1원을 90전으로 한 것입니다. 또 새로 설치한 공익질옥의 조례에서 1세대 30원이던 것을 50원으로 수정했습니다.

또 휴일 및 영업시간을 정하는 조례는 부윤이 제24조에 의해 자유롭게 정하는 것이 적당하다고 인정했는데 이를 삭제하고 제24조를 제23조로 끌어올렸습니다. 또 기채의 안(案)에서는 도장 이전 개축을 위한 기채를 5,000원 감액하여 2만 5,000원으로 했습니다. 기타 안건은 전부 원안대로 위원회에서 결정했습니다.

이 보고와 함께 당국에 희망하는 것은 13~14건입니다. 우선 토지평수할은 종래의 조례에 의하면 지가의 고하를 불문하고 신설 도로의 폭과 관계없이 동률인 것은 불합리하므로 부 당국도 연구 중이라고 들었습니다만, 각지의 상황을 참작하여 가능한 공평하게 이상에 가까운 개정을 하기 바란다는 것입니다. 또 잡종세 중 흥업세는 다른 지방보다 높아서 올해는 2할로 감했는데 그래도 높으므로 상당히 연구를 원합니다. 다음으로 수도 급수전 신설은 급수 부족을 대비해 어느 정도 제한한다고 하는데, 부민 전체가 곤란을 나누자는 취지에서 특별한 제한을 하지 않고 급수전의 신설을 해달라는 겁니다. 남쪽 해안 시장 사용료가 비싸니 상당한 연구를 해달라는 것, 중도정 시장은 부가 예정하고 있는 것이 과연 적당한지에 대해 논의가 있으니 실제적으로 위치 연구를 원한다는 점, 재산에서 생기는 수입에서 대지료 대가료는 옛 계약율에 의하고 있으므로 위원을 두어 개정 방침을 세워달라는 점, 다음으로 목도에 공설시장을 빨리 설치해달라는 점, 도로와 나무에 대해서 연구를 충분히 하고 도로 정리는 경찰에 속하는데 요즘 불철저하므로 경찰과도 교섭한 후 정리해달라는 것입니다. 목도 간선도로 완성은 섬 주민의 요망이므로 실행 연구를 원합니다.

병원은 이미 개선이 필요성이 대두하여 신축 논의도 일어나고 있으니 부윤이 고려하고 연구하여 성안을 얻으면 추가예산이라도 좋으니 제출해달라는 점, 오물 소제에서 그 취급 시간이 조만간 마련될 테지만 시가의 체재(體裁)에서도 이것은 고려를 요하고 일반적인 것도 곤란하므로 방법을 뭔가 연구하고, 여름에 오물 제거에 열흘이나 걸리면 곤란하고 비위생적이니 가능한 곧장 제거해주고 예산을 수정하자는 것, 다음으로 교량 문제인데 부민교와 보수교 사이에 다리가 하나도 없어서 불편하다는 점은 다년간 들어왔는데, 부에서는 본년 부곡교를 만들어 사람 통행만은 지장 없도록 하겠다고 하지만 차도 통행할 수 있도록 빨리 다리를 만들어달라는 점, 대신정 시구개정은 금후 1개년으로 가능하도록 연구해달라는 점, 이는 상당히 일반회계의 돈이 필요하므로 가급적 속히 원합니다. 부사 편찬은 꽤 긴 시간이 걸리는데 이미 자료도 많이 모았으니 가급적 빨리 해달라는 점, 그리고 목도에서는 호안(護岸) 정리를 해달라는 요망 등입니다.

이상이 앞으로의 희망 조건입니다. 이상과 같이 위원회는 상당히 고려와 숙의를 거듭했습니다. 모두 위원회의 보고에 찬성해주시길 바랍니다. 또 부가해서 말씀드리면, 도 청사 신축이 예정되어 부는 부지를 매수하고 있습니다. 그런데 부지 매수 후 수년간 어떻게 결정되어가고 있는지, 부윤은 본부에게 도청 신축을 요망하고 또 영정(榮町) 하수는 고저가 있어서 비위생적이니 정리를 바라며, 제2기 공사이지만 가능하면 경상비에서 고려해달라는 점입니다. 만장일치로 여러분의 찬성을 원합니다.

의장(부윤) : 지금 위원장 보고는 의안 전부에 걸쳐있는데 전원위원회이므로 대체적으로 그 경과 등에 대해서 양해하셨으리라 믿습니다. 자문 제1호부터 순차적으로 제2독회 제3독회로 진행하려고 합니다.

23번(가와지마(川島喜彙)) : 지금 위원장이 위원회 경과를 상세히 보고하셨는데 저는 그 위원회의 수정안에 완전히 찬성을 표합니다. 위원장이 말한 대로 본년도 예산은 부윤의 영단으로써 다년간 숙제가 되어 있습니다. 다양하게 새로운 사업을 제안하고 이를 우리 의원이 심의한 결과 대부분 승인했습니다만, 각 사업을 실행하기 위해서는 많은 노력이 필요하니 최선의 주의를 해주시길 희망합니다. 또 희망조건으로 제출한 안건도 십 몇건에 달하는데 장래 적당한 시기에 선처해주길 원합니다. 이들 사업을 적극적으로 경영할 때 부산부의 재정도 늘고, 이것들은 시급히 필요한 것이므로 가급적 속히 조사해주시길 희망합니다. 의사진행에 대해 말씀드리면 이미 전원위원회에서 신중히 심의를 거듭했으니 본 회의는 위원장이 보고한 예산안 기타 의안을 일괄해서 독회를 생략하고 수정안을 그대로 가결하고 싶습니다.

18번(나가시마 쓰루타로(中島鶴太郞)) : 지금 위원장이 보고한 수정안에 찬성합니다. 제 희망을 말씀드리면, 우리 부산은 조선 제일의 항구이고 동양 제일의 항구이지만 사용 면적은 겨우 남쪽과 북쪽 해안의 일부입니다. 남쪽 항구 수축이 계획되고 있지만, 이것은 개인의 것이고 토취장(土取場)에 대한 분쟁도 일어나고 있습니다. 이 대사업은 부산부를 위한 백년계획입니다. 부에서도 보고만 있어서는 안된다고 생각합니다. 부가 예정한 계획에도 또 총독부의 계획에도, 북부 부산과 서부 부산을 연결할 수 있도록 되어 있습니다. 이 도로를 만들면서 나오는 흙을 남쪽 매축에 이용하면 일거양득입니다. 이에 대해 당국에서 조사를 해주길 바라고, 회사와 부 사이에 뭔가 원조 방법은 없을지 생각해봅니다. 이것이 실행된다면 토지 개량세를 받아도 좋다고 생각합니다. 다행히 행정조사비도 8,000원 계상되어 있습니다. 이것을 조사해주길 희망합니다.

7번(요시오카 시게자네(吉岡重實)) : 23번의 동의(動議)에 찬성합니다.

("찬성" "찬성")

의장(부윤) : 자문안 제1호부터 18호까지 의안 전부를 일괄해서 독회를 생략하고 위원장 보고대로 결정하는 데 이의 없습니까?

("이의 없음")

그럼 자문안 전부를 위원장 보고대로 결정하겠습니다.

19번(야마다 소시치로(山田惣七郞)) : 예산안을 지금 결정했지만 저는 이 기회에 희망을 말씀드리고 싶습니다. 본년도부터 하수 개수를 시행하게 되어 다행이지만, 여기에 수반하여 급히 해야 하는 것은 측구(側溝)[31]의 개수라고 생각합니다. 하수가 훌륭히 되어도 측구가 개수되지 않으면 아무 효과가 없습니다. 이 경비 가운데 반액은 지주에게 부담시켜도 좋다고 생각합니다. 시급히 시설되길 희망합니다.

부윤 : 회의는 이걸로 폐회합니다.

본 회의는 부정(府政)에 상당히 중대한 안건을 많이 제출했는데 십여 일에 걸쳐 신중히 심의해주셔서 부정의 진전에 적지 않은 도움이 되어 감사드립니다. 희망하신 것도 많지만 당국은 가능한 노력해서 기대에 부응하고자 합니다. 본년은 40여만 원의 예산이 증액되었는데 신중하게 수행할 예정입니다. 여러분도 직접 간접으로 원조해주셔서 부정의 진전을 기할 수 있길 바랍니다. 십여 일의 노력에 대해 크게 감사의 뜻을 표합니다.

---

[31] 도로 양쪽 또는 한쪽 도로에 평행하게 만든 배수구.

8) 부산부협의회 회의록(1929년 4월 25일)

항 목	내 용
문 서 제 목	釜山府協議會會議錄
회 의 일	19290425
의 장	桑原一郎(부산부윤)
출 석 의 원	芥川完一郎(1), 松岡甚太(5), 山本榮吉(6), 吉岡重實(7), 山川定(9), 矢頭伊吉(10), 淸水忠次郎(13), 平野宗三郎(14), 小原爲(15), 坂田文吉(17), 中島鶴太郎(18), 山田惣七郎(19), 川島喜彙(23), 小坂唯太郎(26), 西村浩次郎(27), 田端正平(30)
결 석 의 원	
참 여 직 원	村上恥己(부 이사관)
회 의 서 기	松尾孝平(부 서기)
회 의 서 명 자 (검 수 자)	桑原一郎(부산부윤), 坂田文吉(협의회원), 中島鶴太郎(협의회원)
의 안	자문사항 제19호 공채발행의 건, 20호 부산부정리공채 조례 설정의 건, 21호 1929년도 부산부 세입출 추가경정예산
문서번호(ID)	CJA0002736
철 명	부산부관계서류
건 명	부산부기채의건(회의록첨부)
면 수	4
회의록시작페이지	35
회의록끝페이지	38
설 명 문	국가기록원 소장 '부산부관계서류'철의 '부산부기채의건'에 포함된 1929년 4월 25일 부산부협의회 회의록

해 제

본 회의록(4면)은 국가기록원 소장 '부산부관계서류'철의 '부산부기채의건'에 포함된 1929년 4월 25일 부산부협의회 회의록이다. 부산부부채를 상환하기 위한 28만 9,000원의 공채 발행을 논의하고 있다.

내 용

자문사항 제19호 공채발행의 건

20호 부산부정리공채 조례 설정의 건

21호 1929년도 부산부 세입출 추가경정예산

의장(부윤) : 자문안은 제19호 제20호 제21호의 3개 안건이지만 모두 관련이 있으니 일괄해서 심의하겠습니다.

참여원(무라카미(村上恥己) 부 이사관) : 현재 부채는 원금 미상환액이 195만 9,615원 67전입니다.(중략-편자) 이번에 28만 9,000원의 공채를 발행하여 저리(低利)의 것으로 하자는 것이 제안의 골자입니다. 발행 방법은 채권 종류는 5,000원, 1,000원의 두 종류로 하고 5월 1일 발행 예정입니다. 이율은 연 6푼, 인수 수수료는 발행액의 100분의 2, 상환 취급 수수료는 원금에 대해서는 1,000분의 1, 이자에 대해서는 8,000분의 2입니다. 종래 계획에 의하면 1941년도에 상환 완료하는 것인데, 재원에 잉여가 생긴 결과 1년 조상하여 1940년도에 완료합니다. 그리고 기정 재원에서 공채 상환 비용을 차인하면 5만여 원의 이익이 생깁니다.

자문 제20호는 부산부 정리공채 조례인데, 이것은 자문 19호의 각 요항에 기반한 세부적인 취급 수속을 규정한 것입니다. 자문 제21호는 공채 발행에 기반하여 세입에 28만 9,000원을 넣고 세출 쪽도 부채비에 옛 부채의 일시 상환 및 조상 상환 수수료 공채의 원금 이자 상환, 기타 발행에 필요한 경비를 넣은 것입니다. 올해는 발행 비용을 조상하여 상환 수수료 등으로 상당한 돈이 나갈 수밖에 없으므로 기정 재원에 대해 858원 부족합니다. 이것은 조월금으로써 보충할 계획으로서 1929년도의 추가경정예산을 제안한 것입니다. 종전의 상환 방법은 균등 상환이지만 이후는 불균등 상환으로 되므로 연도에 따라 과부족이 생깁니다. 1934년도까지는 좀 부족하지만 이 정도 금액은 일반 재원에서 융통이 되므로, 1935년도 이후는 상당한 금액이 남아 결국 5만여 원의 이익이 생긴다는 계산입니다.

1번(아쿠타가와 간이치로(芥川完一郎)) : 매년 수수료도 지불해야 하는데 이자는 결국 얼마가 됩니까?

참여원(무라카미(村上恥己) 부 이사관) : 이율은 6푼이지만 수수료 등을 지불하기 위해 6푼 2리로 보고 있습니다.

2번(우에스기 기치타로(上杉吉太郎)) : 질문 없습니다.

15번(오하라(小原爲)) : 질문 없습니다.

의장(부윤) : 3안도 독회를 생략하고 원안대로 결정하겠습니다. 이의 없습니까?

("이의 없음")

그러면 원안대로 결정하겠습니다.

9) 부산부협의회 회의록(제1차, 1929년 7월 20일)

항 목	내 용
문 서 제 목	釜山府協議會會議錄(第一次)
회 의 일	19290720
의 장	桑原一郎(부윤)
출 석 의 원	芥川完一郎(1), 松岡甚太(5), 山本榮吉(6), 山川定(9), 矢頭伊吉(10), 西條利八(11), 武久捨吉(12), 淸水忠次郎(13), 小原焉(15), 竹下隆平(16), 坂田文吉(17), 中島鶴太郎(18), 山田惣七郎(19), 이경우(李卿雨)(20), 어대성(魚大成)(21), 川島喜彙(23), 岩橋一郎(25), 小坂唯太郎(26), 西村浩次郎(27), 石原源三郎(29)
결 석 의 원	
참 여 직 원	村上恥己(부이사관), 尾原推之助, 渡邊忠次郎, 長直人
회 의 서 기	松尾孝平
회 의 서 명 자 (검 수 자)	桑原一郎(부윤), 西條利八(11), 武久捨吉(12)
의 안	자문안 제31호 조선와사전기주식회사의 사업 및 재산 讓受의건 제32호 전기와사 및 전기궤도사업비 충당을 위한 기채의 건 제33호 부산부 전기와사 및 전기궤도사업 공채조례 설정의 건 제34호 전기와사 및 전기궤도사업 특별회계 설정의 건 제35호 1929년도 부산부 특별회계 전기와사 및 전기궤도사업비 세입출예산 제36호 1929년도 부산부 세입출 추가예산
문 서 번 호 (I D)	CJA0002700
철 명	부산부예산서류
건 명	소화4년도부산부세입세출추가예산의건(제7회)-회의록첨부
면 수	28
회의록시작페이지	704
회의록끝페이지	731
설 명 문	국가기록원 소장 '부산부 예산서류'에 포함된 1929년 7월 20일 부산부협의회 회의록

해 제

본 회의록(총 28면)은 국가기록원 소장 '부산부 예산서류'의 '부산부 소화4년도 세입세출 경정 예산의 건(제7회)- 회의록 첨부' 건에 포함된 1929년 7월 20일 부산부협의회 회의록이다. 회의는 크게 두 가지 내용인데, 첫째는 당시 부산에 만연하던 장티푸스 때문에 순치병원(順治病院)이 포화 상태가 되자 60명을 수용할 가건물을 세우는 공사비 5,000원을 추가예산으로 상정하여 이를 가결했다. 둘째는 와전(조선와사전기주식회사)을 부산부에서 매수하는 문제인데, 입추의 여지가 없이 방청객이 몰린 이유는 이 안건 때문이다. 이날 회의는 도쿄에서 열리는 와전회사의 주주총회와 같은 날 같은 시간인 오후 2시부터 열렸다. 방청객이 쇄도하여 신문기자는 각 신문사에서 1명씩, 일반인은 36명으로 제한하여 특별 방청권을 발행했지만, 방청권을 구하지 못한 사람들도 몰려들었다. 이들은 "왜 부산부 중대 문제를 심의할 부협의회를 방청 못하게 하느냐, 회의를 넓은 공회당으로 옮겨 공개하라, 부윤은 왜 30만 원의 누금(涙金)을 지출하는가" 등을 외치며 회의장에 150명 이상이 밀어닥쳤고 경찰서에서도 5명의 순사가 파견되어 만일의 사태에 대비했다.[32]

다년간 논쟁거리였던 이 와전 매수 문제는, 이 회의가 열리기 약 1달 전 1929년 6월 19일 경남도지사와 부산부윤, 조선와사전기주식회사 사장이 회합하여, 도지사가 조정안을 내서 매수가격 642만 원에 더해 30만 원을 증액하여 부산부가 와전을 매수하는 것으로 타협을 했다.[33] 이후 이 조정안을 수용하는 부협의회원과, 수용하지 않는 이른

---

32) 「山雨至らんとして風樓に滿つ, 開會前より早くも空氣險惡, 制私服の警官で固められた廿日の釜山府協議會」, 『釜山日報』 1929.7.21.

바 '반(反)기성회파' 부협의회원 사이의 갈등이 회의록에 고스란히 드러나고 있다. 부윤이 와전 매수 문제에 대해 경과 보고를 하고 이후 갑론을박이 진행되다가, 부윤이 "지금 와전 총회가 오후 4시에 원안대로 승인 가결했다"는 전보를 전하면서 다음날 아침 9시부터 다시 회의를 열기로 하고 5시 25분에 급히 폐회하고 있다. 와전회사가 부산부에 매수되려면 일본에 절대다수가 있는 와전의 주주들의 동의가 필요했고 주주들은 계속 부산부에 양도하는 것을 반대해왔는데, 이를 주주 총회에서 찬성 결정한 것이 전해진 것이다. 물론 이후 9월에 총독이 전기 부영화를 불허하면서 전기부영운동은 실현되지 못한다. 부산 전기부영운동의 정점이었던 1929년 상황을 잘 보여주는 회의록이라고 할 수 있다.

내 용

(오후 3시 10분 개회)

부윤 : 방청석 분들께 주의 드리겠습니다. 오늘은 회의장 상황 때문에 방청권이 있는 사람에게만 입장을 허용했는데 방청권이 없는 분도 무단으로 들어와서 퇴장을 명했지만, 방청권을 입장 때 제출해서 지금 구별과 판명이 되지 않으니 어쩔 수 없이 이대로 묵인하겠습니다. 그러니까 회의 중에는 정숙하시기 바랍니다. 지금부터 개회하겠습니다.

의안은 제31호부터 36호까지인데, 의사 일정상 36호 의안이 급한 것이니 36호 의안부터 부의하겠습니다.

---

33) 「流石の難問題瓦電買收解決す, 前後八年間を費し府尹を代ふる四代」, 『京城日報』 1929.6.20.

참여원(조 나오토(長直人) 서기) : 아시는 것처럼 장티푸스 환자가 하루 평균 20명 발생해서 현재 어제 환자가 장티푸스 216명, 성홍열이 13명, 이질 28명, 파라티푸스 8명, 합계 265명입니다. 그 중 순치병원(順治病院)에 수용된 사람이 159명, 오늘 7,8명 더 있으니 결국 165명입니다. 자택 치료하는 자가 어제 현재 30명입니다. 따라서 순치병원에 수용한다면 약 200명의 사람을 들인다는 것입니다. 그리고 앞서 2회에 걸쳐 추가예산을 계상한 결과 현재 증축 공사를 급히 하고 있지만 수용력이 약 140명밖에 안됩니다. 오늘 현황을 말씀드리면 평균 20명으로 겨우 1주일간의 수용력밖에 안됩니다. 그저께 총독부에서 위생과 주임기사가 와서 여러 조사를 한 결과, 아직 상당히 또 나오리라 예상되어 주의할 필요가 있어서, 60명을 더 수용할 수 있는 가건물을 건축하기로 하여 본안을 제출했습니다. 즉 제36호안에는 60명을 수용할 수 있는 건물 증축비 5,200원을 임시비로 계상했습니다.

19번(야마다 소시치로(山田惣七郞)) : 가건물을 이번에 다시 증축하는 것인데 그 장소는 종전대로입니까?

참여원(조 나오토(長直人) 서기) : 전찻길 가까운 쪽에 증축합니다.

19번(야마다 소시치로(山田惣七郞)) : 그럴만한 여유가 있습니까?

참여원(조 나오토(長直人) 서기) : 있습니다.

9번(야마카와(山川定)) : 이번에 증축이 되면 당분간 걱정이 없으리라 예상하고 있습니까?

참여원(조 나오토(長直人) 서기) : 제가 전문가가 아니라서 짐작을 잘 못하겠지만, 총독부 위생과 주임기사와 위생과장 의견에 의하면 이번 설비로 우선 충분하다는 예상입니다.

10번(야토(矢頭伊吉)) : 어제 결정한 건축 중 병사(病舍)는 현재 어느 정도로 진행되고 언제쯤 완성될 예정입니까?

참여원(조 나오토(長直人) 서기) : 제1회로 제안한 두 건물 중 하나는 오늘 완성하고 하나는 22일에 완성할 것입니다. 제2회의 100명을 수용할 가건물은 50명을 수용하는 것이 24일, 그 다음이 27일 완성될 것입니다.

25번(이와하시 이치로(岩橋一郎)) : 순치병원을 충실히 하기 위해 다시 추가예산을 내는 것이지만, 방역을 제대로 하려면 그 원인을 탐구하고 또 방역법에 대해서도 상당히 고려할 필요가 있다고 생각하는데 어떻습니까?

참여원(조 나오토(長直人) 서기) : 방역 사무는 주로 경찰관이 처리하지만 부에서도 경찰 및 도(道)와 협력해서 가능한 만큼의 일을 현재하고 있습니다. 예방에 대해서는 주로 하수(下水) 청소라든가 예방주사 등의 사업을 하고 있습니다. 도나 경찰 쪽에서도 세균 검사나 호구 조사 등을 열심히 하고 있습니다.

25번(이와하시 이치로(岩橋一郎)) : 지금 부 전체에 장티푸스가 만연하고 있는데 그 원인이 무엇인지 속히 탐구해서 방역을 해주길 바랍니다. 들은 바에 의하면 우물에 염소(鹽素)를 넣었다고 하는데 뭔가 다른 원인을 찾고 수단을 강구하고 있지는 않습니까?

참여원(조 나오토(長直人) 서기) : 원인을 찾는 것은 전문적 문제이고 부에는 유감스럽게도 이 방면 기술자가 없습니다. 도 위생과장이나 경찰의(警察醫), 또 그저께 총독부 니시카메(西龜)기사 등도 조사했지만 아직 정확하게 어느 쪽에서 왔는지 판정 내리진 않았습니다. 전염의 계통과 원인을 찾는 것은 예방을 위해 가장 필요한 것이지만, 지금 말씀드린 것처럼 전문적인 일에 속하고 현재로는 불명확합니다.

19번(야마다 소시치로(山田惣七郎)) : 장티푸스 환자가 속출하고 그 수용력이 없기 때문에 3회에 걸쳐 병사를 증축하지 않을 수 없는 상태이고 어쩔 수 없다고 생각합니다. 아까 제2소학교 사용을 제의하신 것 같은데 사용이 가능하다면 다행이고 또 사용하지 않고 해결되면 역시 다행이지만 이번에 이를 사용하는 게 어떨지, 당국에서는 이에 대해 고려한 것이 있습니까?

부윤 : 실은 그것에 대해 상의를 해보고 싶습니다. 이것은 이것대로 건축하고 이후 늘어나면 두 번째로 사용하는 것도 고려하고자 합니다.

6번(야마모토 에키치(山本榮吉)) : 매일 다수의 장티푸스 환자가 속출하고 있어 매우 탄식을 금할 수 없습니다. 총독부의 보조는 어느 정도 비율입니까?

참여원(조 나오토(長直人) 서기) : 총독부 보조는 총액의 8할을 예상하고 있습니다.

의장(부윤) : 본안에 대해 질문 없으면 제2독회로 넘어가고자 하는데 이의 없습니까?

("이의 없음")

그러면 제2독회로 넘어가겠습니다.

18번(나가시마 쓰루타로(中島鶴太郎)) : 입원 환자 경비는 수년전까지는 1,000원 이하 소득인 자에게는 면제했는데, 작년 이후 600원으로 내렸습니다. 부민의 입장에서 보면 1년 500원, 600원 혹은 700원 소득의 사람이 불행히도 나병에 걸리면 거의 파산 상태가 된다고 들었습니다. 이제 부에서 1,000원까지 인상할 의지는 없습니까? 500원 600원 정도 수입인 사람으로부터 입원료를 받으면 대단히 힘들 것이라 생각합니다.

부윤 : 희망 사항으로서 듣겠습니다.

6번(야마모토 에키치(山本榮吉)) : 저번 회의에 자동차 이야기가 있었
  는데 그 후 연구하셨습니까?

부윤 : 총독부의 니시키(西龜) 기사도 오고 위생과장도 와서 의견을
  들었는데 우선 환자를 이동시키려면 침대차를 설비하는 편이 좋을
  것이라고 했습니다.

25번(이와하시 이치로(岩橋一郎)) : 희망 사항을 말하겠습니다. 장티푸
  스 환자가 크게 발생해서 우리 부산의 경제계에 위협을 주고 있는
  상황입니다. 즉 장티푸스 발생 때문에 여러 물품 구입도 대구나 경
  성 또는 다른 곳에서 받고 있고 민심이 흉흉해져 하루라도 소홀히
  할 수 없는 상태입니다. 부 당국자는 하루빨리 그 근절을 위해 최선
  의 노력을 해주길 바랍니다.

의장(부윤) : 본안은 독회 생략하고 가결하는 데 이의 없습니까?

("이의 없음")

  본안은 별로 이의 없다고 생각되니 원안대로 가결하겠습니다. 잠시
  휴식하겠습니다.

(오후 3시 30분 휴식)

(오후 3시 45분 재개)

의장(부윤) : 다시 열겠습니다. 제31호, 32호, 33호, 34호, 35호 의안 전
  부를 일괄해서 부의하겠습니다.

9번(야마카와(山川定)) : 저는 이 설명을 듣기 전에 의사 진행상 긴급
  질문이 있습니다.

의장(부윤) : 의사 진행에 대한 것입니까?

9번(야마카와(山川定)) : 그렇습니다. 지금 부산의 현안인 와사 부영 문제가 최후의 해결을 보려고 하고 있는데 저는 가격 산정에 대해 약간 의외의 느낌이 있습니다. 우리가 신뢰하는 부윤이 매수할 때 30만 원을 낸 것은, 부민이 감당할 수 없는 부담스런 계약은 불가능하다고 생각하는데, 충분히 자신이 있어서 내기로 한 것이라 생각합니다. 부윤이 독단적으로 결정한 협정안을 부민이 과연 절대로 신임할지 아닐지, 또 앞길이 과연 위태할지 아닐지는, 오늘 회의에서 그 설명을 듣고 의문나는 점을 질문하여 비로소 우리의 거취와 찬성 여부를 결정하는 것이라 믿었습니다. 부윤도 충분히 자신이 있어서 막대한 금액을 낸 이상, 하루라도 빨리 부민에게 안심을 주도록 그 소신을 당당하게 공표하고 대외적으로 발표하고, 우리 협의회원도 역시 이에 원조를 해야 한다고 믿습니다. 그런데 이와하시 이치로(岩橋一郎) 의원은 이 설명을 듣지 않고 그 의문을 질의하지 않고 단순히 부윤의 심중을 미루어 헤아려 다수의 시민을 오해시키고, 혹은 우리 동료를 배신하고, 당국자를 매도하고, 부의 공공적인 안녕을 저해하고, 이름 없는 신문에 스스로 자료를 제공해서 또 부민을 미혹시키고, 부정(府政)에 뭔가 혼탁한 것이 있는 것처럼 말하면서 자기가 부정에 참여해서 정화를 시킨다는 불온한 말을 열거한 선전 포스터를 주머니에 넣고 다니며 태연자약하고, 특히 자기 소신에 맞지 않는 협정이 되면 그 협정 성립을 저지하기 위해 중앙정부 총리대신, 척무 등 각 대신에게 간청하고 정당원에게도 그 뜻을 의뢰하는 것 등은, 과연 부협의원으로서의 자격이 있는 것인지 의심할 수밖에 없습니다.

의장(부윤) : 의사 진행에 관한 것입니까?

9번(야마카와(山川定)) : 그렇습니다. 부협의원 자리에 앉아서 자기의 상상만으로 부 시정을 공격하고 시정 진행을 저지하려고 시도하는 것은 단연코 불허해야 하며 부정 수행의 반역자라고 믿습니다. 이 반역자를 과연 부 시정에 참여시켜 자문에 응답케 할 필요가 있습니까. 반역자라면 부제(府制) 제14조 즉 소위 체면을 심하게 손상시키는 행위라고 저는 생각합니다. 부윤이 제14조를 적용할 수단을 취하지 않은 것은, 위 조항에 저촉되지 않는다고 생각한 것입니까? 또 부제시행규칙 제2조 25항 끝부분에는 퇴거를 명한다는 조항이 있습니다. 이런 반역자와 자리를 나란히 하면서 자문에 답하는 것은 매우 유감입니다. 의사 진행상 중대하다고 생각하는데 미리 부윤의 의향을 묻고 싶습니다.

부윤 : 부제 제14조에 해당하는지 아닌지 부윤으로서는 아직 알지 못하므로 그런 생각을 갖고 있지 않습니다. 그러나 이에 해당하는 것이라면 부윤은 그에 응당하는 조치를 집행하고자 합니다. 시행규칙 제2조 25의 마지막 항목도, 회의장 내 정리가 필요한 경우는 의장 권한으로서 실행하겠지만, 지금은 그럴 필요를 느끼지 않으니까 답변하지 않겠습니다.

25번(이와하시 이치로(岩橋一郞)) : 답변해주시면 좋겠습니다.

의장(부윤) : 필요 없습니다.

부윤 : 그러면 제31호 의안부터 35호 의안까지 제안한 이유에 대해 대체적인 설명을 드리겠습니다. 와사 매수에 관한 교섭 경과에 대해서는 수시로 보고를 해서 그 요점은 이미 여러분이 잘 아시리라 믿습니다. 그러나 항간에 종종 풍설을 말하는 자가 있어서, 오늘 매수에 관한 여러 안건을 부의하여 부당국의 방침과 조치에 대해 중복되더라도 상세히 설명해서 여러분의 이해를 구하고자 합니다. 조선 와전회사의 사업 매수에 대해 아셔야 하는 것은 첫째, 본 회사는 공

공단체의 매수에 관해 하등의 조건이 붙지 않는다는 점입니다. 즉 매수는 전부 당사자의 자유 매매에 방임되어 있습니다. 따라서 당사자 간에 가격에 대해 의사 합치를 보면 어떻게 할 수가 없는 상태에 있다는 점입니다. 둘째, 이 같은 사업의 매수에 대해서는 일정한 방식이 없다는 점입니다. 종래 다수의 선례는, 매수 가격 산정의 기초는 매수 계약 성립 후에 적당한 안을 만들었습니다. 셋째는 본 회사처럼 사업 성적이 매년 증진해가는 회사는, 시간이 경과하면서 그 매수 가격이 증가하는 것이 보통이라는 점입니다. 우선 이 세 가지 점을 고려해서 냉정하게 연구하는 것이 필요합니다.

부에서 매수 가격을 산정할 때, 회사의 현황에 따라 주주, 중역 및 종업원이 현재 향유하고 있는 이익을 훼손하지 않는 정도에서 이에 상응하는 대가를 제공하고 회사의 의혹을 불러일으키지 않는다는 취지에 입각해서, 회사의 사업 성적을 참작하고 대체적으로 평양의 매수 실례를 모방해서 산정했습니다. (하략-편자)

Ⅲ
면협의회 회의록

1. 강릉면협의회 회의록

1) 강릉면 면협의회 회의록(1929년 3월 25일)

항 목	내 용
문 서 제 목	江陵面面協議會會議錄
회 의 일	19290325
의 장	최돈흥(崔燉興)(면장)
출 석 의 원	최돈갑(崔燉甲)(1), 井出龜(2), 이근주(李根周)(4), 정호태(鄭鎬泰)(6), 泰永富太郎(7), 塚原作四郎(8), 角田五三郎(9), 中原喜助(10), 최성규(崔成圭)(11), 최윤관(崔允觀)(12)
결 석 의 원	최돈기(崔燉起)(5)
참 여 직 원	김주혁(金周赫)(감독관·군속), 조기환(曹琦煥), 차인철(車仁轍)(이상 참여원·면서기)
회 의 서 기	최유집(崔有集)(서기·면서기)
회 의 서 명 자 (검 수 자)	최돈흥(崔燉興)(면장), 이근주(李根周)(4), 泰永富太郎(7)
의 안	1929년도 면세입세출예산
문 서 번 호 (I D)	CJA0002719
철 명	지정면예산서
건 명	강릉군강릉면소화4년도세입세출예산에관한건-회의록첨부
면 수	9
회의록시작페이지	148
회의록끝페이지	156
설 명 문	국가기록원 소장 '지정면예산서'에 포함된 1929년 3월 25일 강릉면협의회 회의록

해 제

본 회의록(총 9면)은 국가기록원 소장 '지정면예산서'의 '강릉군 강릉면 소화4년도 세입세출 예산에 관한 건- 회의록 첨부'에 포함된 1929년 3월 25일 강릉면협의회 회의록이다.

1929년 세입세출 예산에 관한 회의로서, 『매일신보』 1929년 4월 4일 자 기사 「강릉면협의회, 예산 3만여원」을 보면 이날의 회의 경과를 확인할 수 있다. "강릉군 강릉면 사무소에서는 지난 25일 동 면소에서 면협의원회를 개최하고 금년도 예산안 및 신규 사업 등을 자문하여 만장일치로 원안 가결하고 폐회하였는데 예산은 다음과 같다. 세입경상부 2만 1,818원, 동 임시부 1만 1,033원, 세출경상부 2만 1,095원, 동 임시부 1만 1,826원이다. 그리고 신규 사업으로는 대강릉 건설에 필요불가결이라고 회의마다 현안이 되어 오던 화장장 개축비 1,200원과 강릉면 어채시장 상설 점포 건설비 600원의 계상이 이번에는 가결 확정되었다."

내 용

1929년 3월 25일 오전 11시 강릉면사무소에서 개회
(중략-편자)

면장의 인사

의사에 앞서 일단 인사드립니다. 1929년도의 면세입세출예산에 대해 심의하시기 위해 와주셨습니다. 바쁘신데도 불구하고 참석해주셔서 감사드립니다.

본년도 예산의 대요를 말씀드리면, 세입경상부에서 3,081원 증가한 것은, 주로 호수의 증가와 호별할이 전년도에 1호당 3원 50전이었다가 본년도에는 4원이므로 1,544원 증가하여 재산수입이 683원 증가하고

부역 대납금 300원과 기타 자연증가입니다.

세입임시부에서 1만, 195원 증가는, 면사무소 건축비 적립금 조입(繰入) 1만 원과 화장장 개축비 지정 기부금이 600원 증가하고 기타는 모두 자연 감소했습니다.

세출경상부에서 2,000원 증가는, 신규 사업으로서 어채시장 상설 점포 건축비 600원과 소방조 가솔린 대금 500원과 부역대납금 300원을 신규 계상한 것이고 기타는 전년도 실적 및 장래를 생각하여 증감한 것입니다.

세출임시부에서 1만 1,276원 증가는, 면사무소 건축비 1만 323원과 화장장 개축비 1,200원과 묵호축항비 189원을 신규 계상하고 기타는 전년도 실적 및 장래를 생각하여 증감한 것입니다. 예산의 대요는 이 정도이므로 심의를 부탁드립니다.

의안
제1호안 1929년도 강릉면 세입세출예산 건
제2호안 1929년도 강릉면 호별할 부과 등급 심사 건

의사(議事)
의장 : 지금부터 개회하겠습니다. 오늘 자문사항은 두 건입니다. 먼저 제1호안에 대해 의견을 부탁드립니다.
(번외 면서기 조기환(曺琦煥)이 의안 제1호안 낭독)
의장 : 지금 낭독한 바와 같고 예에 의해 세출에 대해 먼저 심의하겠습니다. 의사는 총괄해서 심의할까요, 아니면 1관(款)마다 심의할까요.
7번(야스나가 도미타로(泰永富太郎)) : 1관마다 심의하는 게 어떻습니까.

(전원 동의)

의장 : 그러면 1관마다 심의하는 것으로 하겠습니다.

의장 : 세출경상부 제1관에 대해 의견 없으십니까.

7번(야스나가 도미타로(泰永富太郞)) : 원안대로 이의 없습니다.

의장 : 다른 분은 이의 없으십니까.

4번(이근주(李根周)) : 별로 이의 없습니다.

2번(이데 가메(井出龜)) : 제3항 잡급에서 임시 고원비 200원인데 사무 처리에 충분하겠습니까?

의장 : 충분하다고는 말할 수 없지만 가능한 그 범위 내에서 정리할 예정입니다.

의장 : 달리 이의 없습니까.

의장 : 이의 없으시면 본안은 원안에 찬성하는 것으로 결정하겠습니다. 다음은 제2관으로 넘어가겠습니다.

의장 : 별지 설명서와 같습니다. 의견 없으십니까?

6번(정호태(鄭鎬泰)) : 제1항 수용비(需用費)에서 피복비는 전년에 없었던 것을 올해 처음으로 계상했는데 급사(給仕) 소사(小使)의 대우를 개선한 것입니까?

의장 : 별로 개선은 아니지만 각 관공서는 모두 피복료를 지급하나 면에서만 없는 것 같아 계상했습니다.

의장 : 달리 이의 없습니까?

10번(나카하라 기스케(中原喜助)) : 이의 없습니다.

의장 : 이의 없으시면 본안은 원안에 찬성하는 것으로 결정하겠습니다. 다음은 제3관으로 넘어가겠습니다.

의장 : 이것은 모두 아시는 대로 본년 5월 본 면협의회원의 개선(改選)에 필요한 비용을 계상한 것입니다.

9번(쓰노다 고사부로(角田五三郎)) : 원안에 찬성합니다.

의장 : 별로 이의 없으신 듯하니 본안은 원안에 찬성하는 것으로 결정하겠습니다. 다음은 제4관으로 넘어가겠습니다.

의장 : 의견 없으십니까?

10번(나카하라 기스케(中原喜助)) : 제1항에서 2,3등 도로와 교량의 파손에 대한 수리비를 계상했는데 현재 수리할 곳이 있습니까?

의장 : 현재는 없지만 매년 항상 하던 예에 의해 작은 파손이 있는 부분을 수리할 예정으로 계상했습니다.

4번(이근주(李根周)) : 제1항에서 시가지 및 도로 교량 수리비를 계상했는데 어느 곳입니까?

의장 : 별지 설계서와 같으니 참조해주십시오.

11번(최성규(崔成圭)) : 교량의 재료는 목재보다 할석(割石)이나 콘크리트 쪽이 내구성이 있어서 경제적이라 생각합니다.

2번(이데 가메(井出龜)) : 제2항에서 시내 통과 수로 수축은 자갈로 축조하기 때문에 매년 개축하지 않으면 안됩니다. 할석이나 콘크리트로 만드는 것이 좋다고 생각합니다.

의장 : 주신 의견은 잘 알겠습니다만 이러한 구조물에는 다액의 경비가 들어가서 지금으로는 그 정도 예산이 허락하지 않으므로 작은 파손의 수리에 필요한 비용만 계상했습니다.

의장 : 달리 이의 없습니까?

의장 : 이의 없으신 듯하니 본안은 원안대로 찬성하는 것으로 결정하겠습니다. 다음은 제5관으로 넘어가겠습니다.

7번(야스나가 도미타로(泰永富太郎)) : 제1항 시장비에서 어채시장 상설 점포 설계서는 없습니까?

의장 : 그것은 지금 제작 중입니다.

의장 : 달리 이의 없습니까?

2번(이데 가메(井出龜)) : 제2항 모범림의 인부 임금 14원은 소나무 묘목 수에 비해 다액 아닙니까?

의장 : 모범림은 민둥산이기 때문에 잔디를 깔고 나무를 심지 않으면 생육이 어려울 것이라 생각해서 인부 임금을 계상했습니다.

의장 : 달리 이의 없습니까?

의장 : 이의 없으시면 본안은 원안에 찬성하는 것으로 결정하겠습니다. 다음은 제6관으로 넘어가겠습니다.

의장 : 위생비는 전년도와 동일합니다.

7번(야스나가 도미타로(泰永富太郎)) : 종두 접종 때 주사기 소독이 제대로 되지 않고 있으니 앞으로 주의시키길 바랍니다.

10번(나카하라 기스케(中原喜助)) : 경찰서에서 전염병 예방주사 등을 순사에게 시키는 것과 마찬가지로, 종두도 기술이나 경험이 적은 의생 등에게 의뢰하는 것은 좋지 않다고 생각합니다.

의장 : 작년부터 읍내 및 가까운 리(里)에서는 도립의원에서 시행하지만 먼 곳의 리에는 시행하기 어려워 종두위원에게 의뢰했습니다. 그리고 앞으로 주사기 소독에 주의시키겠습니다.

의장 : 다른 이의 없습니까?

4번 이근주(李根周), 7번 야스나가 도미타로(泰永富太郎) : 원안에 찬성합니다.

의장 : 별로 이의 없으시니 본안은 원안에 찬성하는 것으로 결정합니다. 다음은 제7관입니다.

10번 나카하라 기스케(中原喜助), 4번 이근주(李根周) : 이의 없습니다.

의장 : 이의 없으시면 본안은 원안대로 찬성하는 것으로 결정합니다. 다음은 제8관입니다. 이것은 대체로 작년도와 동일합니다.

2번 이데 가메(井出龜), 7번 야스나가 도미타로(泰永富太郎) : 이의 없습니다.

의장 : 이의 없으시니 본안은 원안에 찬성하는 것으로 결정합니다. 다음은 9관입니다.

의장 : 의견 없으십니까?

의장 : 별로 이의 없으시니 본안은 원안에 찬성하는 것으로 결정합니다. 다음은 제10관입니다.

7번 야스나가 도미타로(泰永富太郎), 11번 최성규(崔成圭) : 이의 없습니다.

의장 : 별로 이의 없으시니 본안은 원안에 찬성하는 것으로 결정하고 다음은 제11관입니다.

의장 : 의견 없습니까?

의장 : 이의 없으시니 본안도 원안에 찬성하는 것으로 결정합니다. 다음은 세출임시부로 넘어가서 의견을 듣겠습니다.

의장 : 제1관은 사무소 건축비만이고 보험금 만 원과 그 이자 323원을 계상한 것입니다. 그리고 설계서가 만들어지면 여러분께 보여드리면 좋겠는데 아직 완성되지 않았습니다. 평면도는 있으니 여러분께 공람하겠습니다.

의장 : 이의 없습니까?

의장 : 이의 없으시니 본안은 원안에 찬성하는 것으로 결정하고 다음은 제2관입니다.

의장 : 이것은 매년 문제가 되어 있습니다만 예산 관계상 지금까지 지연되었는데 금년에는 꼭 실시해야 한다고 생각하여 계상했습니다. 이 설계는 아직 완성되지 않았는데 연기가 나오지 않도록 축조할 계획입니다.

10번(나카하라 기스케(中原喜助)) : 1,200원으로는 경비가 적다고 생각하는데 좀더 증가할 수는 없습니까?

의장 : 그래야 마땅하지만 예산이 허락하지 않고 또 이것으로도 가능하다고 합니다.

의장 : 달리 이의 없습니까?

4번(이근주(李根周)) : 이의 없습니다.

의장 : 이의 없으시면 본안은 원안에 찬성하는 것으로 결정하겠습니다. 다음은 제3관입니다.

9번(쓰노다 고사부로(角田五三郎)) : 국유 임야 불하는 어느 곳입니까?

의장 : 욱정(旭町) 남대천변(南大川邊)에 있는 임야입니다.

의장 : 별로 이의 없으시면 본안도 원안에 찬성하는 것으로 결정합니다. 다음은 제4관입니다.

(전원 이의 없다고 말함)

의장 : 이의 없으시니 본안도 원안에 찬성하는 것으로 결정합니다.

의장 : 그러면 세출은 만장일치로 원안에 찬성하는 것으로 결정했습니다.

의장 : 지금부터 30분 휴식하겠습니다.

(오후 2시)

의장 : 지금부터 세입에 대해 심의하겠습니다. 본안에 대해서는 경상과 임시로 나누어 각 관을 일괄해서 심의하는 게 어떻겠습니까.

(전원 찬성)

의장 : 그러면 우선 경상부 각 관을 일괄해서 의견을 듣겠습니다. 설명은 별지 설명서와 같으니 따로 하지 않겠습니다.

2번(이데 가메(井出龜)) : 제2관 제2항 시장 사용료에서 어채시장 상설
　점과 노점이 모두 1평당 3전입니까?

의장 : 그렇습니다. 노점은 그날만 징수하고 상설점포는 매일 징수하
　는 것으로 되었습니다.

11번(최성규(崔成圭)) : 제2관 제3항 욕장(浴場) 사용료는 증가하는 것
　이 어떻습니까?

의장 : 욕장의 건물 및 부지는 위탁 경영자의 소유이고 면의 소유는
　가마솥과 비품뿐이므로 증가하는 것은 불가능합니다.

의장 : 달리 이의 없습니까?

8번(쓰카하라(塚原作四郞)) : 이의 없습니다.

의장 : 별로 이의 없으시면 본안은 원안에 찬성하는 것으로 결정합니
　다. 다음은 임시부로 넘어가겠습니다.

2번 이데 가메(井出龜), 10번 나카하라 기스케(中原喜助)) : 이의 없습
　니다.

의장 : 이의 없으시니 본안은 원안에 찬성하는 것으로 결정하겠습니
　다.

의장 : 그러면 만장일치로 의안 제1호안은 원안대로 가결되었습니다.
　다음은 제2호안에 대해 의견을 말씀해주십시오.

의장 : 호별할 등급에 대해서는 종래에도 공평을 도모해왔습니다만
　불공평한 점도 없지 않았습니다. 그러나 많은 사람을 다루는 일이
　라 완전히 불평이 없기는 사실 어려운 것 같습니다. 올해는 각 방면
　에 걸쳐 신중하고 세밀하게 조사를 다하여 부과 대장을 작성했으니
　여러분은 아무쪼록 공평한 눈으로 신중히 심의해주시길 바랍니다.
　그리고 본안은 숫자가 많으니 낭독은 생략하겠습니다.

10번(나카하라 기스케(中原喜助)) : 원안에 찬성합니다.

2번(이데 가메(井出龜)) : 도매업의 소득율이 높다고 생각합니다.

의장 : 그것은 각 지정면의 소득율을 참작하여 정한 것입니다.

7번(야스나가 도미타로(泰永富太郎)) : 소득조사에 대해 설유(說諭)하지 않으면 유지하기 어렵다고 생각합니다. 세입이 보전되는 한 면장이 바로잡아 공평을 기하기 바라며 원안에 찬성합니다.

의장 : 다른 의견 없습니까?

(전원 이의 없다고 말함)

의장 : 그러면 의안 제2호안도 원안대로 가결했습니다.

의장 : 이번 의사는 이것으로 끝났고 회의록 서명자는 의장이 지명할까요.

(일동 이의 없다고 말함)

의장 : 4번 이근주(李根周) 의원과 7번 야스나가 도미타로(泰永富太郎) 의원에게 원합니다.

(하략-편자)

2. 김천면협의회 회의록

1) 김천면협의회 회의록(1930년 3월 27일)

항 목	내 용
문 서 제 목	金泉面協議會會議錄
회 의 일	19300327
의 장	信田芳(김천면장)
출 석 의 원	高田麻吉(1), 星野光勉(3), 김충렬(金忠烈)(4), 최석태(崔錫台)(5), 福岡直助(6), 山上三樂(7), 高崎平吉(8), 中川太平(9), 조희갑(趙熙甲)(10), 김성문(金聖文)(11), 逵捨藏(12)
결 석 의 원	龜井萬壽夫(2)
참 여 직 원	조수연(趙秀衍)(부장(副長)), 白尾國久(서기), 池田餘時(서기), 이상준(李尙俊)(서기)
회 의 서 기	
회 의 서 명 자 (검 수 자)	
의 안	1. 자문안 제1호 1930년도 김천면 세입세출 예산의 건, 2.자문안 제2호 상공장려비 보조 인가 신청의 건, 3.자문 제3호 기부 인가 신청의 건
문서번호(ID)	CJA0002771
철 명	차입금관계서류
건 명	경북김천군김천면차입금에관한건(회의록첨부)
면 수	3
회의록시작페이지	360
회의록끝페이지	362
설 명 문	국가기록원 소장 '차입금관계서류'철의 '경북김천군김천면차입금에관한건'에 포함된 1930년 3월 27일 김천면협의회 회의록

해 제

본 회의록(3면)은 국가기록원 소장 '차입금관계서류'철의 '경북김천군김천면차입금에관한건'에 포함된 1930년 3월 27일 김천면협의회 회의록(제1일)이다. 자문안은 제1호 1930년도 김천면 세입세출 예산의 건, 제2호 상공장려비 보조 인가 신청의 건, 제3호 기부 인가 신청의 건 등이다. 제2호 자문안 상공장려비 보조 인가 신청 건은 협의원 나카가와(中川太平)가 제안한 것이다.[34] 2호 의안과 3호 의안을 먼저 가결한 후 1호 세입세출 예산 건 논의 중 이날의 회의가 종료되고 다음 날로 이어졌다. 우시장, 수도사용료, 위생비 내의 공동변소 설치장소 증가 등에 대해 논의하고 있다.

내 용

의장 : 오늘 회의를 열겠습니다. 면장이 다음의 자문사항 제출과 함께, 부장(副長) 조수연(趙秀衍), 서기 시라오 구니히사(白尾國久)·이케다(池田餘時), 서기 이상준(李尙俊)을 본 회의 참여원으로 명한 것을 통고합니다.

의장 : 지금부터 자문 제1호 1930년도 김천면 세입세출 예산 건을 부의하겠습니다.

면장 : 예산 편성의 대체적인 내용을 참여원 시라오(白尾) 씨가 설명

---

[34] 「김천면협의회 회의록」 1930.4.4. 나카가와(中川太平)는 일찍이 1903년부터 조선에서 상업과 농업을 하며 나고야(名古屋)에 제미회사(製米會社)를 차려 조선 쌀의 일본 반출에 노력했다. 1918년부터 국유림 5,000여 정보를 임차하여 조림사업에 종사했고 1930년대에는 조선의 산림왕으로 불리며 전국 곳곳에 6,000여 정보 규모의 조림 경영을 했다(『부산일보』 1933.10.8).

드리겠습니다.

시라오 구니히사(白尾國久) 참여원 : 1929년 7월에 1930년도 사업 계획을 수립하여 지방비 보조 신청을 한 많은 건이 있습니다만 아직 아무 통첩도 받지 못했습니다. 면비만으로는 도저히 사업을 실시할 수 없어서, 이들 사업을 비교 대조하고 주요한 방침에 기반하여 예산을 세운 것입니다. 세입에서 827원 감소한 것은 수도 사용료에서 전년도까지는 실제로 거두지 않은 양수기 사용료를 예산에 계상했는데, 실제로 거두지 않은 것은 계상할 필요가 없다고 생각해서 이를 삭제했고, 세출에서도 절약함으로써 이만큼 감소되었습니다.

의장 : 자문 제2호 상공 장려비 보조 인가 신청 건을 지금부터 부의하겠습니다.

(시라오 구니히사(白尾國久) 참여원, 낭독)

면장 : 지금 낭독한 것처럼 종전부터 보조해왔고 1930년도도 필요하다고 생각되므로 보조하고자 합니다.

의장 : 질문 없습니까?

12번(쓰지 스테조(辻捨藏)) : 상공회에 대해서 작년에도 보조하려고 한 것은 뭔가 보조를 인정할 만한 사항을 조사한 것입니까?

시라오 구니히사(白尾國久) 참여원 : 보조 신청도 있었고 면은 그 실적을 알 필요가 있어서 보고를 요구했는데 지금 낭독한 것처럼 서류가 제출되었습니다.(서류 낭독)

12번(쓰지 스테조(辻捨藏)) : 회원이 어느 정도이고 어느 정도 회비가 미납되었는지 조사했습니까?

(시라오 구니히사(白尾國久) 참여원, 결산 보고서 낭독)

의장 : 다른 질문 없습니까? (질문 없음)

의장 : 의견 없습니까?

11번(김성문(金聖文)) : 보조는 보조로서 주고 내용 지도는 면장에게 맡기는 게 어떻겠습니까.

8번(다카사키 헤이키치(高崎平吉)) : 지금 11번 의원 말에 찬성합니다.

9번(나카가와(中川太平)) : 보조하는 것은 찬성합니다.

의장 : 다른 의견 없습니까?

("의견 없음")

(김성문(金聖文) 의원 말에 "찬성"이라고 소리치는 자 다수)

의장 : 11번 의원 말에 찬성하는 분이 다수이므로 본 자문사항은 작년과 같은 조건을 붙여 본안은 원안대로 독회는 생략하고 가결하겠습니다.

(오후 0시 10분 휴식, 오후 1시 55분 재개)

의장 : 자문 제3호 기부 인가 신청 건도 자문 제1호와 관련 있으니 지금부터 부의하겠습니다.

(시라오 구니히사(白尾國久) 서기, 낭독)

의장 : 질문 없습니까?

6번(후쿠오카 나오스케(福岡直助)) : 씨자(氏子)[35]의 기부금만으로는 수지가 맞지 않습니까?

시라오 구니히사(白尾國久) 서기 : (예산 수지 내용을 낭독) 실은 신사에서 600원 기부를 받지 않을까 하는데 여러 관계상 300원 기부를 예상한 것입니다.

의장 : 달리 질문 없습니까? (질문 없음)

---

[35] 같은 씨족신을 모시는 고장에 태어난 사람들.

의장 : 의견 없습니까.

3번(호시노(星野光勉)) : 신사의 기부는 원안대로 찬성합니다. (전원 찬성)

의장 : 전원 찬성이므로 본 자문사항은 원안대로 독회를 생략하고 가결하겠습니다.

의장 : 자문 제1호 1930년도 김천군 김천면 세입세출 예산 건을 지금부터 심의하겠습니다. 심의상 편리를 위해 세출을 일괄해서 질문해 주십시오.

7번(야마가미 산라쿠(山上三樂)) : 부장의 일은 무엇입니까?

면장 : 면장을 보좌해서 부하를 지휘하고 자료 조사 사무를 맡깁니다.

7번(야마가미 산라쿠(山上三樂)) : 세출 급여를 보면 면 서기 인원이 지나치게 많다고 생각됩니다만 좀 부장이 사무를 맡고 면 서기 인원을 줄이는 건 어떻습니까.

시라오 구니히사(白尾國久) 서기 : 서기 10명인데 1년 내내 거의 밤낮으로 일하는 상태입니다. 맡고 있는 임무가 있으니 현 인원을 감소할 여지는 없다고 생각합니다.

면장 : 면 서기 정원은 군에서 정한 것이니 이해 바랍니다.

6번(후쿠오카 나오스케(福岡直助)) : 감원 신청은 가능할 텐데요.

면장 : 감원 신청은 가능하지만 현재 면 사정으로는 증원이 필요하므로 도저히 감원은 불가능합니다.

7번(야마가미 산라쿠(山上三樂)) : 권업비의 시장비에서 현재 우시장 수리비가 들어가 있는데 정말 시장 수리가 필요한 겁니까?

시라오 구니히사(白尾國久) 서기 : 쌀 시장도 상당한 수리가 필요하고 우시장은 시내에서 떨어진 관계상 목책이 없으므로 역시 수리에 들어갑니다.

7번(야마가미 산라쿠(山上三樂)) : 그러면 우시장을 가까운 곳으로 이전할 생각은 없습니까?

면장 : 7번 의원 말씀에 대해서는 연구해보겠습니다.

6번(후쿠오카 나오스케(福岡直助)) : 수도 사용료는 일반 부과금 징수와 함께 재무계에서 징수하는 것입니까?

시라오 구니히사(白尾國久) 서기 : 그렇게 원칙으로 하고 있습니다.

9번(나카가와(中川太平)) : 청계소독비(淸溪消毒費)의 청소 인부 급여를 증액한 것은 어떤 이유입니까?

시라오 구니히사(白尾國久) 서기 : 오랫동안 현재의 급여로 근무했으므로 올해는 증액한 것입니다.

4번 김충렬(金忠烈) : 위생비 내에서 시내에 공동변소 설치가 있는데 올해부터 설치 장소를 조사해서 몇 개소라도 설치할 생각 없습니까?

시라오 구니히사(白尾國久) 서기 : 다른 곳의 예를 본 것도 있지만 위생상 공동변소를 설치하면 오히려 그 부근이 불결해진다는 걱정도 있어서 고려할 바라 생각합니다.

12번(쓰지 스테조(辻捨藏)) : 저는 본 예산을 처음 봐서 아직 질문할 것이 없습니다. 오늘은 이 정도로 하고 내일까지 생각해보겠습니다.

(오후 5시 폐회)

2) 김천면협의회 회의록(1930년 3월 28일)

항　목	내　용
문　서　제　목	金泉面協議會會議錄
회　의　일	19300328
의　장	信田芳(김천면장)
출　석　의　원	高田麻吉(1), 星野光勉(3), 김충렬(金忠烈)(4), 福岡直助(6), 山上三樂(7), 高崎平吉(8), 中川太平(9), 조희갑(趙熙甲)(10), 김성문(金聖文)(11), 逵捨藏(12)
결　석　의　원	龜井萬壽夫(2), 최석태(崔錫台)(5)
참　여　직　원	
회　의　서　기	
회　의　서　명　자 (　검　수　자　)	信田芳(김천면장), 高田麻吉(협의회원), 김성문(金聖文)(협의회원)
의　안	1.자문안 제1호 1930년도 김천면 세입세출 예산의 건, 2.자문안 제2호 상공장려비 보조 인가 신청의 건, 3.자문 제3호 기부 인가 신청의 건
문서번호(ID)	CJA0002771
철　명	차입금관계서류
건　명	경북김천군김천면차입금에관한건(회의록첨부)
면　수	3
회의록시작페이지	362
회의록끝페이지	364
설　명　문	국가기록원 소장 '차입금관계서류'철의 '경북김천군김천면차입금에관한건'에 포함된 1930년 3월 28일 김천면협의회 회의록

해 제

　본 회의록(3면)은 국가기록원 소장 '차입금관계서류'철의 '경북김천군김천면차입금에관한건'에 포함된 1930년 3월 28일 김천면협의회 회의록이다. 전일 3월 27일에 이어 세출경상부 임시부에 대해 심의하고 있다. 도장(屠場) 이전, 홍수 대책을 위한 도로 하수 보완 수리, 묘지 사용료, 상수도 사용료, 가로등 요금 등에 대해 논의하고 있다.

내 용

의장 : 어제에 이어 1930년도 세출경상부 임시부를 일괄해서 질문해주십시오.

9번(나카가와(中川太平)) : 도장(屠場) 이전에 대해 좀 묻고 싶은데 올해 실현 불가능합니까?

시라오 구니히사(白尾國久) 참여원 : 도장을 이전하려고 도(道)에 지방비 보조 신청을 했으나 예정에 없는 것 같습니다. 시기를 보아 이전을 하려고 합니다.

6번(후쿠오카 나오스케(福岡直助)) : 황금정(黃金町) 지례도로(知禮道路)는 지면이 낮아서 큰 비가 내리면 교통상 대단히 불편한데 약간 높이는 방법은 없습니까?

면장 : 지당한 말씀이니 계획하겠습니다.

6번(후쿠오카 나오스케(福岡直助)) : 금정(錦町) 동운루(東雲樓) 표면의 철도 부지에 접해 있는 곳은 폭이 좁아 황금정으로부터 내려오는 물과 성내정(城內町) 쪽에서 흘러오는 물이 집중되어 부근이 범람하여 여름철 홍수 때는 동운루 부근부터 후쿠오카(福岡)상점 앞까지는 도로 하수 등을 보완하는 대수리를 하고 있는데, 철도에 교섭해서 넓히는 방법은 없습니까?

시라오 구니히사(白尾國久) 참여원 : 말씀대로입니다. 고려하겠습니다.

10번(조희갑(趙熙甲)) : 사업 조사비는 더 절약할 여지는 없습니까?

면장 : 이는 충분히 독려해서 기간을 단축시킬 수밖에 없다고 생각합

니다. (오후 0시 10분 휴식, 오후 1시 재개)

면장 : 달리 세출에 대해서 질문 없습니까? (전원이 질문 없다고 함)

의장 : 그럼 세입 경상부와 임시부를 일괄해서 질문해주십시오.

8번(다카사키 헤이키치(高崎平吉)) : 호별할 부과금은 1호당 몇 원입니까?

면장 : 4원입니다.

12번(쓰지 스테조(逵捨藏)) : 묘지 사용료 200원은 실제로 수입이 가능
    합니까?

시라오 구니히사(白尾國久) 참여원 : 그것은 실제로 수입이 있습니다.

1번(다카다 아사기치(高田麻吉)) : 묘지 사용 쪽이 근래 대단히 조악해
    져서 정리가 불가능한 모양인데 뭔가 정리 방법이 없습니까?

시라오 구니히사(白尾國久) 참여원 : 파수꾼을 두어 정리하려고 합니
    다.

10번(조희갑(趙熙甲)) : 묘지 사용료 70원 감소는 무슨 이유입니까?

시라오 구니히사(白尾國久) 참여원 : 그것은 사설 묘지 사용자의 증가
    와 다른 면에 매장하는 등의 관계라고 생각합니다.

9번(나카가와(中川太平)) : 1929년 부과금과 작년 수입은 실제로 어떠
    합니까?

시라오 구니히사(白尾國久) 참여원 : 실제로는 미납금이 5,000원 정도
    인데 연도가 끝날 때까지 수입이 가능할 예정이고 2,700~2,800원 정
    도입니다.

9번(나카가와(中川太平)) : 재산 매각대를 계상했는데 실제로 매각이
    불가능하면 세출에서 경리가 곤란하지 않습니까?

시라오 구니히사(白尾國久) 참여원 : 매각 불가능하다는 걱정은 없습
    니다.

8번(다카사키 헤이키치(高崎平吉)) : 부과금 미납이 몇천 원이나 있는

것은 경리상 곤란만이 아닌데 어떻게 할 생각입니까?

시라오 구니히사(白尾國久) 참여원 : 그것은 결국 방법이 없으니 법에 의해 최후 처분 방법을 강구하는 외에는 없다고 생각합니다.

10번(조희갑(趙熙甲)) : 재산 매각대의 1평 2원 50전 평가는 어떻게 조사한 것입니까?

시라오 구니히사(白尾國久) 참여원 : 이것은 각종 방법에 의해 조사한 것입니다.

12번(쓰지 스테조(辻捨藏)) : 1평 2원 50전은 틀림없는 겁니까.

시라오 구니히사(白尾國久) 참여원 : 틀림없습니다.

10번(조희갑(趙熙甲)) : 상수도 사용료가 감소한 원인을 설명해주십시오.

시라오 구니히사(白尾國久) 참여원 : 처음에 설명드린 대로입니다.

9번(나카가와(中川太平)) : 전주(電柱)에 대한 잡종할(雜種割)은 올해 얼마입니까?

시라오 구니히사(白尾國久) 참여원 : 2원입니다.

1번(다카다 아사기치(高田麻吉)) : 전기회사는 일반 공중을 위해 설치한 가로등료를 할인하거나 또는 기부하지도 하지 않습니다. 전주세 연액 2원은 다른 곳과 비교해서 싸다고 생각하니 증액 부과하는 인가 신청 수속을 고려하시지 않겠습니까?

면장 : 각 지역에 조회하고 충분히 연구해서 선처하겠습니다.

1번(다카다 아사기치(高田麻吉)) : 금고세의 등급 3호 이상 5원, 4호 이하 2원인데 다시 등급을 설정할 필요는 없습니까?

면장 : 그것은 전주세 건도 있으므로 그때 함께 선처하고자 합니다.

의장 : 세입에 대해 다른 질문 없습니까.(질문 없음)

의장 : 그럼 질문을 종결하는 데 이의 없습니까. (전원 이의 없음)

의장 : 그럼 다음으로 세출경상부 제1관부터 의견을 개진해주시되 세
　　출 전부를 일괄해서 심의해주시기 않겠습니까.(전원 찬성) (중략-
　　편자)

의장 : 전원 이의 없으므로 본 예산안은 독회를 생략하고 원안대로 가
　　결하겠습니다.

3) 김천면협의회 회의록(1930년 4월 14일)

항 목	내 용
문 서 제 목	金泉面協議會會議錄
회 의 일	19300414
의 장	信田芳(김천면장)
출 석 의 원	高田麻吉(1), 星野光勉(3), 최석태(崔錫台)(5), 山上三樂(7), 高崎平吉(8), 中川太平(9), 조희갑(趙熙甲)(10), 김성문(金聖文)(11)
결 석 의 원	龜井萬壽夫(2), 김충렬(金忠烈)(4), 福岡直助(6), 達捨藏(12)
참 여 직 원	池田餘時(서기), 이상준(李尙俊)(서기)
회 의 서 기	
회 의 서 명 자 (검 수 자)	信田芳(김천면장), 최석태(崔錫台)(협의회원), 中川太平(협의회원)
의 안	1. 자문안 제4호 면 차입금 인가 신청 건, 2. 자문 제5호 공업장려비 보조 인가 신청 건, 3. 자문 제6호 군인분회비 보조 인가 신청 건, 4. 자문 제7호 1930년도 김천면 세출 추가경정 예산 건
문서번호(ID)	CJA0002771
철 명	차입금관계서류
건 명	경북김천군김천면차입금에관한건(회의록첨부)
면 수	3
회의록시작페이지	372
회의록끝페이지	374
설 명 문	국가기록원 소장 '차입금관계서류'철의 '경북김천군김천면차입금에관한건'에 포함된 1930년 4월 14일 김천면협의회 회의록

해 제

본 회의록(3면)은 국가기록원 소장 '차입금관계서류'철의 '경북김천군김천면차입금에관한건'에 포함된 1930년 4월 14일 김천면협의회 회의록이다. 자문안 제4호 면 차입금 인가 신청 건에 대해 주로 논의하고 있다. 김천면은 상수도 공사비로 국고와 지방비와 면비(차입금)를 지원받았는데 잔액이 발생하여 이를 국고와 지방비에 반납하되 차입금으로써 반납하는 건에 대한 논의이다. 면에서는 잔액으로 금릉면(金陵面) 원동(院洞) 등지에 보조 수원지를 축조하고자 했으나 잔금을 처분하는 공사는 불가능하다는 총독부의 답신을 받은 상황임을 알 수 있다.

내 용

의장 : 오늘 회의를 열겠습니다. 면장이 다음의 자문사항을 제출했고 서기 이케다(池田餘時), 서기 이상준(李尙俊), 수도 촉탁을 본 회의 참여원으로 명합니다.

    1. 자문안 제4호 면 차입금 인가 신청 건

    2. 자문 제5호 공업장려비 보조 인가 신청 건

    3. 자문 제6호 군인분회비 보조 인가 신청 건

    4. 자문 제7호 1930년도 김천면 세출 추가경정 예산 건

의장 : 자문안 제5호는 전의 예산회의 때 나카가와(中川太平) 의원으로부터, 자문 제6호안은 야마가미 산라쿠(山上三樂) 의원으로부터 제의가 있었으므로 모두 이미 아시리라 생각합니다. 자문 제7호안은 자문 제5호 및 6호안이 끝난 후 부의를 원하시면 하겠습니다.

의장 : 자문 제5호안부터 7호까지 일괄해서 질문해주십시오.

의장 : 질문 없습니까.

의장 : 의견 없습니까.

7번(야마가미 산라쿠(山上三樂)) : 원안에 찬성합니다.

의장 : 전원 찬성이므로 독회를 생략하고 원안대로 가결하겠습니다.

의장 : 그러면 자문 제4호안으로 넘어가겠습니다.

이상준(李尚俊) 서기 : 낭독

면장 : 본 면 상수도는 총 공비 예산 26만 5,000원 설계로 해서 국고로
부터 8만 8,000원, 지방비에서 8만 8,300원의 보조와 면비(차입금)
8만 8,700원으로써 시행하고, 준공 결산액 24만 2,180원 41전으로 되
었습니다. 그 결과 2만 2,812원 59전의 예산 잔액이 발생하여, 이에
대해 보조의 안분(按分)으로 국고 7,575원 83전, 지방비 7,601원 66전
의 반납을 명령 받았는데, 당시 군수가 반납하지 않고 그대로 당분
간 보류해서 추가 공사로 이를 보충하는 방법을 강구하는 게 좋지
않을까 하는 이야기가 있었습니다. 또 현 군수도 일시에 이를 반납
하지 않고 국고 및 지방비 모두 연부상환하는 방법에 의한 차입금
으로서 점차 상환한다는 의견이 있었으나, 그 근거 법인 1911년 법
률 제58호는 개인에게 적용하는 것이지 공공단체 등에는 적용되지
않습니다. 반납할 것은 빨리 반납하고 앞으로 면 운영의 각종 사업
이라도 있을 때 다시 보조를 바라는 것이 타당하다고 생각하며, 현
재 면비로 반납할 자금력이 없다면 차입금으로 반납하는 방법이 좋
을 것이라는 이야기가, 어제 도(道) 지방과장이 김천에 와서 군수가
여러 가지를 상의할 때 나왔습니다. 결국 이대로 처치하고 반납 방
법을 강구할 수밖에 없다고 생각합니다.

의장 : 질문 없습니까?

9번(나카가와(中川太平)) : 현재 수도 급수 능력은 어느 정도입니까?

수도 촉탁 : 당초 설계는 1만 5,000명분의 급수량이었는데 현재 상태
로는 약 8,000명 정도입니다.

9번(나카가와(中川太平)) : 작년 여름 수원지가 거의 고갈되어 김천으
로부터 펌프를 운반해 취수지 하부에 우물을 굴착하여 물을 급수하

기도 했습니다만 이런 상태를 놔둘 수는 없다고 생각합니다. 이에 대해 뭔가 고려하시는 건 없습니까?

면장 : 그것은 보조 공사를 해야 한다고 생각합니다.

1번(다카다 아사기치(高田麻吉)) : 직지사 상부 저수지에 대해 설계가 되어 있지 않습니까?

면장 : 수원지로서 적합한지를 조사하는 정도이고 아직 설계는 안했습니다.

9번(나카가와(中川太平)) : 직지사 상부 계곡에 저수지를 신설하는 계획을 세워볼 생각은 없습니까?

면장 : 그것은 아직 해보지 않았지만 금릉면(金陵面) 원동(院洞)의 계곡에 보조 수원을 축조할 추가 공사를 신청한 적은 있습니다. 그러나 잔금 처분 공사는 논의하기 어렵다는 총독의 지령이 있어서 여의치 않다고 생각합니다.

9번(나카가와(中川太平)) : 송수관이 부설된 옛 도로는 근래 인접한 농민이 노폭(路幅)을 침범하여 심하게는 송수철관에 접근하고 있다는 이야기가 있습니다. 이렇게 수기(水氣)로 인한 철도 부식은 혹시 고려하고 있습니까?

수도 촉탁 : 매달 한번씩 송수철로를 순시하고 있지만 길을 침해하는 것을 듣지 못했는데, 더 순시에 주의를 기울이고 만약 이런 일이 있으면 곧장 관할 면에 교섭하여 복구시키는 것으로 하겠습니다. 또 수기(水氣)가 있는 지역의 철관 부설은 매설 중인 것은 하등 지장이 없습니다. (중략-편자)

9번(나카가와(中川太平)) : 반납할 건 반납해야 하지만 반납과 동시에 장래 보조 공사의 실현을 예약하고 양해를 구할 필요가 있다고 생각합니다.

의장 : 달리 의견 없습니까. (전원 이의 없음)

의장 : 본안은 독회를 생략하고 원안대로 가결하겠습니다.

3. 동래면협의회 회의록

1) 동래군 동래면 제32회 협의회 회의록(1930년 3월 6일)

항 목	내 용
문 서 제 목	東萊郡東萊面第三十二回協議會會議錄
회 의 일	19300306
의 장	추봉찬(秋鳳璨, 동래면장)
출 석 의 원	박주묵(朴周黙)(1), 靑山文三(3), 한성홍(韓星洪)(4), 문복환(文復煥)(5), 和野內新莊(8), 이석모(李錫模)(10), 임병홍(林炳弘)(11), 이종운(李鍾云)(12)
결 석 의 원	박민희(朴民燨)(2), 柿部實之(6), 이치상(李致相)(9)
참 여 직 원	金丸盛吉(부장(副長)), 立花薰(서기), 이진(李珍)(회계), 김명복(金命福)(서기), 윤병인(尹炳仁)(서기), 원태윤(元泰允)(기수), 田中秀雄(군속, 감독관청 임석자), 문정창(文定昌)(군속, 감독관청 임석자)
회 의 서 기	
회 의 서 명 자 (검 수 자)	추봉찬(秋鳳璨, 동래면장), 문복환(文復煥)(협의회원), 和野內新莊(협의회원)
의 안	제1호안 1930년도 동래군 동래면 세입세출 예산, 제2호안 특별부과금 부과규정 중 납기 변경의 건, 제3호안 운봉산(雲峰山) 국유임야 대부에 관한 건, 제4호안 면내 기성도로 수선 부역 부과에 관한 건, 제5호안 1930년도 동래군 동래면 소액생산자금 세입 세출 예산
문서번호(ID)	CJA0002768
철 명	지정면예산서
건 명	지정면예산보고(동래군동래면)(회의록첨부)
면 수	12
회의록시작페이지	1217
회의록끝페이지	1228
설 명 문	국가기록원 소장 '지정면예산서'철의 '지정면예산보고(동래군동래면)'건에 포함된 1930년 3월 6일 동래면협의회 회의록

해 제

본 회의록(12면)은 국가기록원 소장 '지정면예산서'철의 '지정면예산
보고(동래군동래면)'건에 포함된 1930년 3월 6일 동래면협의회 회의록
(제1일)이다. 1930년도 세입세출예산을 심의하고 있다. 세출 제1관에
서 긴축재정임에도 불구하고 면장 및 서기의 연공(年功) 가봉이 증가한
것에 대해 의원들이 문제제기하고 있다. 토목비를 심의하면서, 온천장의
하수구 축조와 도로 개수 문제, 면 공중욕장에 대해 면 직영에서 위임
경영으로 돌리자는 것 등을 주장하고 있다. 특히 하수구 축조와 도로
개수 등 시구개정에 대해 강한 목소리를 내고 있는데 이 회의 사흘 후
에 면민대회가 예정된 상태였다. 동래면민들은 시구개정 예정선 변경
문제에 대해 "면장이 민의를 무시하고 면의 경제상 막대한 손실을 일
으키게" 하므로 1928년 12월 면민대회를 개최하고 실행위원을 선거하
여 그 활동 경과를 보고하는 대회를 1929년 3월 9일 개최하고자 준비
하고 있었다.[36] 이러한 동래의 분위기가 면협의회 석상에도 반영되었
다고 볼 수 있다.

내 용

의장(추봉찬(秋鳳璨), 동래면장) : 개회하겠습니다. 이번 협의회 자문
사항은 1930년도 세입세출예산 외 4건입니다. 우선 1호안부터 심의
하도록 하겠습니다. 1930년도 예산은 여러 경비를 절약하고 또 가
뭄으로 극도로 피폐한 면민이 가능한 부담액이 적도록 편성했습니

---

36) 『동아일보』 1930.3.7.

다. 그 결과 세출에서 약 1만 6,000원 감소하였고 상세한 것은 각 관에서 설명하겠습니다.

(참여원 이진(李珍)이 예산안을 낭독함)

의장(추봉찬(秋鳳璨), 동래면장) : 우선 세출 제1관을 심의하겠습니다.

4번(한성홍(韓星洪)) : 금년은 일본과 조선이 일반적으로 긴축 방침이고 우리 면은 가뭄 피해가 심대하여 면 예산도 긴축 방침에 의해 편성하였다고 면장이 말씀하셨지만, 잡급에서 면장 및 서기의 연공(年功) 가봉의 증가는 왜 그렇게 하신 겁니까.

의장(추봉찬(秋鳳璨), 동래면장) : 1929년도까지는 면장의 연공(年功) 수당이 없었고 서기도 가봉 급여자가 적었으나, 내년도 안에는 증가할 예정이므로 따라서 증액한 것입니다. 연공(年功) 가봉은 면 직원 중 5년 동안 근무하고 성적이 우수한 자에게 지급하는 규정이므로 증액은 어쩔 수 없습니다.

10번(이석모(李錫模)) : 3항 잡급은 대체로 전년도와 같습니다. 면장과 서기의 연공가봉 증가는 일반 긴축 방침에 위배된다는 4번 의원 말씀은 일단 알겠지만, 한편으로 생각해보면 면장과 서기의 급료는 사실 많지 않은데도 사무는 매년 번잡해지고 있습니다. 그러므로 봉급을 증가해야 한다고 생각합니다. 근속 연수가 길면 사무에도 숙달하고 능률도 역시 향상하니, 신중히 고려해서 좀더 유리하게 지급하기를 바랍니다.

의장(추봉찬(秋鳳璨), 동래면장) : 1929년도는 긴축과 가뭄으로 인해 거의 승급한 자가 없습니다. 1930년도에는 성적이 양호한 자에 대해서는 적당히 승급할 필요가 있습니다.

11번(임병홍(林炳弘)) : 저는 10번 말씀에는 찬성하지 않습니다. 시골 면장은 월 30원 정도이고 서기 등의 급료는 쭉 소액입니다. 게다가 본 면의 서기의 평균 급료는 37원 95전까지 올라 있습니다. 따라서 증급 혹은 가봉 지급은 찬성하지 않습니다.

의장(추봉찬(秋鳳璨), 동래면장) : 승급 혹은 가봉 지급은 면장이 마음 대로 할 수 있는 것이 아니고, 군수가 지급하는 것입니다. 또 시골 면장 및 서기 급료를 말씀하셨지만 시골 직원과 본 면의 직원을 동 일하게 논할 수 없는 것은 명확한 사실입니다.

11번(임병홍(林炳弘)) : 긴축 방침인데 가혹하지 않습니까.

의장(추봉찬(秋鳳璨), 동래면장) : 긴축 방침이어도 지급할 건 지급해야 합니다. 아시는 것처럼 정부도 일시 감봉하자는 이야기가 있었으나 그것도 중지하고 성적에 따라서 매년 증급하고 있는 상태입니다.

12번(이종운(李鍾云)) : 저는 10번 의원의 말씀에 찬성합니다. 다년간 충실히 근속한 자에게는 증급도 가봉 지급도 당연하다고 믿습니다.

3번(아오야마(靑山文三))·8번(와노우치(和野內新莊)) : 원안에 찬성합 니다.

의장(추봉찬(秋鳳璨), 동래면장) : 제1관에 대해서는 원안 찬성자가 많 습니다. 질문도 없는 것 같으니 제2관을 심의하겠습니다.

3번(아오야마(靑山文三)) : 사무소비 중 잡비 450원은 좀 많은 것 같은 데 긴축 방침이니 삭제하는 건 어떻습니까.

의장(추봉찬(秋鳳璨), 동래면장) : 의견은 잘 알겠으나 돈의 용도에 대 해서는 충분히 주의를 하고 있으니 원안에 찬성해주시기 바랍니다.

5번(문복환(文復煥)) : 작년 지출 내역을 듣고 싶습니다.

의장(추봉찬(秋鳳璨), 동래면장) : 장부는 이미 협의회에 제시했습니다.

3번 아오야마(靑山文三)) : 면장의 말씀도 있으니 원안에 이의 없습니다.

의장(추봉찬(秋鳳璨), 동래면장) : 제2관에 대해서 질문 없으니 제3관 토목비 심의에 들어가겠습니다.

5번(문복환(文復煥)) : 도로 교량비 중 등외도로 유지 수리비가 작년에 비해 200원 증가한 이유는 무엇입니까?

의장(추봉찬(秋鳳璨), 동래면장) : 면 내의 등외도로는 매년 연장할 뿐 아니라 시구 개정선 같은 것은 개수 당시 모래를 깔았을 뿐이므로 1930년도에는 유지 수리 방법을 강구해야 합니다. 요구한 금액에는 물론 부족하지만 긴축 상황이니 200원을 증가했습니다.

10번(이석모(李錫模)) : 종래 본 면 호별할의 평균액이 1원 80전이었는데 현재는 4원으로 올랐습니다. 이것은 완전히 토목비 때문이므로 이전 협의회원 때에 민력 휴양의 의미로 토목사업을 중지하기로 결의했습니다. 1930년도에 할 기장(機張)도로 개수비가 금년도에 올라온 것은 무슨 이유이지 상세한 설명을 듣고 싶습니다.

의장(추봉찬(秋鳳璨), 동래면장) : 본 면은 보통면일 때에는 호별할이 평균 1원 80전이었지만 지정면이 되고나서 경비비, 위생비 예산을 계상해야 하게 되었으므로 호별할도 역시 팽창했는데 시구 개정에 의한 증가는 1원 정도입니다. 또 감독비는 기장선(機張線)에 대한 감독비만이 아니라 아시는 것처럼 작년 가뭄으로 면의 세입에 큰 결손이 생겼으므로 예정한 시구개정 공사도 착수 불가능했는데, 드디어 이번 달부터 H.F선 공사를 하기로 되었습니다. 따라서 시구개정도 1930년도 예산부터 지출하지 않으면 안됩니다. 공원 도로에도 감독이 필요하고, 또 농촌 도로에도 감독자를 붙여야 하므로, 결코 과대한 것은 아닙니다. 기장 도로는 아시는 것처럼 동래와 기장 간의 교통을 위해 가장 필요한 선일뿐 아니라 본년도 개수 계획선이 완성되면 반송(盤松), 석대(石坮), 반여(盤如), 회동(回東), 금사(錦絲) 등 농촌이 받는 이익은 실로 막대한 것입니다. 농촌진흥책으로서도 역시 유익하다고 믿습니다.

또 기장 도로에 대해 1929년도에 2,500원을 계상한 것은, 토공의 대부분을 부역 부과에 의해 개수하는데, 1930년도에는 곤궁한 농민 구제의 의미로 전부 면비에서 지출하기로 했기 때문에 증가한 것입니다.

10번(이석모(李錫模)) : 면장의 설명을 들으니 기장 도로 개수에는 이의 없습니다만, 1929년도에는 현재까지 시구개정에 착수하지 않았는데 9개월간 감독원은 어떤 일을 했습니까? 또 남은 감독비는 어떻게 됩니까?

의장(추봉찬(秋鳳璨), 동래면장) : 남은 감독비는 1930년도에 조월금으로서 세입에 편입합니다. 감독원은 시구개정만 감독하는 것이 아닙니다. 1929년 4월부터 11월까지 농촌 도로 등의 수선 측량 설계와 감독을 했습니다.

8번(와노우치(和野内新莊)) : 면장은 한해민(旱害民) 구제를 위해 기장 도로를 개수한다고 하는데, 면민으로부터 세금을 거두어 그 돈으로 구제하는 것은 별로 의미가 없다고 생각합니다. 구제라는 것은 외부의 돈으로써 해야 진짜 구제입니다. 예를 들면 동해안선 같은 것은 구제입니다. 그러니 기장 도로 개수비는 삭제하길 바랍니다.

의장(추봉찬(秋鳳璨), 동래면장) : 기장 도로 개수는 한해민 구제만이 아닙니다. 앞서 말한 것처럼 교통 및 농촌진흥 등을 위해 계상한 것입니다.

12번(이종운(李鍾云)) : 본 면이 지정면이 되고 나서 시구개정, 온천 설비, 기장 도로 개수는 이미 예정되었던 것임에도 지금까지 지체되고 진척되지 않은 것은 실로 유감입니다. 저는 원안에 찬성합니다.

10번(이석모(李錫模)) : 긴축 시대에 8번의 말과 같이 신규 사업은 중지하는 것이 당연하지만 이 선로는 1929년도 예산에도 계상되어 있

고 가뭄 때문에 시설되지 않은 것이니까 1930년도에는 시행되어야

한다고 생각하므로 원안에 찬성합니다.

1번(박주묵(朴周黙)) : 저도 원안에 찬성합니다.

의장(추봉찬(秋鳳璨), 동래면장) : 점심식사를 위해 30분 휴식하겠습니

다. (오후 1시 10분)

의장(추봉찬(秋鳳璨), 동래면장) : 지금부터 개의하겠습니다. (오후 2시)

이어서 심의하고자 하니 의견과 질문을 내주십시오.

3번(아오야마(靑山文三)) : 토목비에서 실로 유감인 것은, 동래의 생명

이라 할 온천장을 면 당국이 전혀 안중에도 두지 않는 것처럼 생각

되는 것입니다. 예를 들면 온천장을 보면 하수구 설비가 없어서 본

통(本通) 거리가 개천으로 변합니다. 또 대관(大官) 귀족 신사들이

숙박하기 전에 온천장을 시찰하면, 도로 개수가 완전히 되지 않아

동래관에서 되돌아갑니다. 동래관부터 주재소 앞까지 도로를 급히

개수하여 자동차 통행에 지장 없는 정도로 해주십시오. 그리고 본

통(本通)의 하수구도 본년도에 축조해주시기 바랍니다.

의장(추봉찬(秋鳳璨), 동래면장) : 하수구 축조와 염불암(念佛庵) 앞

도로 개수가 매우 필요하다는 점은 저도 충분히 압니다. 군(郡), 도

(道)와도 논의하여 이미 온천장 시구개정 계획 도면도 나와있습니

다. 하지만 경비 문제로 1930년도에 계상할 수가 없어서 면장으로

서 매우 유감입니다. 가까운 장래에 근본적인 시구개정을 해야 한

다고 믿습니다. 응급 처치로 하는 설비는 시구개정에서 불필요하다

고 생각하실 것이므로 지금은 유예를 원하는 것입니다.

3번(아오야마(靑山文三)) : 지금 면장의 설명만으로는 만족할 수 없습

니다. 지금 응급 설비는 근본적 시구개정 때에는 무용하다고 하셨

지만 하수구 및 염불암 앞 도로를 개수해도 적은 금액밖에 들지 않습니다. 아전인수 아닙니까. 동래 전체를 생각해보면 첫째로 온천장 시설을 하는 것, 둘째로 농촌 도로를 개수하여 농촌의 확장을 꾀하는 것, 셋째로 시구개정을 하는 것이 순서입니다. 이것은 이미 과거의 일이니 할 일이 아니라는 겁니까. 지금 좀 온천 문제를 성실하게 고민하길 희망합니다.

의장(추봉찬(秋鳳璨), 동래면장) : 온천 문제에 관해서는 면에서 말씀드릴 것이 없습니다. 군, 도당국 및 철도국의 각 방면에 걸쳐 신중히 고려하고 있는 점은 3번 의원도 아시는대로입니다. 아직 실시하지 못하여 실로 유감입니다. 면에서도 1930년도부터 개정에 착수하려고 신청했지만, 유감스럽게도 허가되지 않았던 것입니다. 적당한 방법을 강구하여 가까운 시일 내에 실시되도록 노력 중입니다.

3번(아오야마(靑山文三)) : 온천장 개수 후 제방에 나무를 심을 계획이라고 들었는데 예산에 계상되어 있습니까?

의장(추봉찬(秋鳳璨), 동래면장) : 제방 식수는 면 묘포(苗圃)에 벚꽃이 있으니 그것을 식재할 생각입니다.

10번(이석모(李錫模)) : 3번 의원의 말처럼 온천의 여러 설비가 늦어지는 것은 유감입니다. 면장 말씀으로는 가까운 장래에 반드시 근본적 시구개정을 한다고 하니 그때는 일치 협력하여 수행하기로 하고 현재는 긴축재정이니 유예하길 바랍니다.

4번(한성홍(韓星洪)) : 토목비 8,200여 원은 좀 많은 것 같지만 대(大)동래의 발전을 위해 원안에 찬성합니다.

1번(박주묵(朴周黙)), 12번(이종운(李鍾云)) : 원안에 찬성합니다.

의장(추봉찬(秋鳳璨), 동래면장) : 질문은 끝난 것 같으니 제4관을 심의하겠습니다.

10번(이석모(李錫模)) : 이것은 동래면에서 가장 중요성을 두어야 하는 것이라 생각합니다. 1930년도 예산은 1929년도에 비해 130원 감소했지만 내용은 전년도보다 증가하고 있으므로 원안에 찬성합니다.

3번(아오야마(靑山文三)), 12번(이종운(李鍾云)) : 원안에 이의 없습니다.

의장(추봉찬(秋鳳璨), 동래면장) : 제5관 심의로 넘어가겠습니다.

3번(아오야마(靑山文三)) : 위생비 중 청결 소독에서, 상용 인부가 4명인데 예산 내 범위에서 온천장에 1인 증원을 요구합니다.

의장(추봉찬(秋鳳璨), 동래면장) : 청결 인부는 온천장에서도 읍내에서도 부족한 것은 저도 알지만, 여하튼 현재 재정은 증원이 불가능합니다. 인부 문제는 충분히 독려해서 능률적으로 하도록 하겠습니다.(중략-편자)

의장(추봉찬(秋鳳璨), 동래면장) : 다음은 6관 심의를 하겠습니다.

11번(임병홍(林炳弘)) : 면 공중욕장은 면 직영을 그만두고 위임 경영으로 하고 싶습니다.

8번(와노우치(和野內新莊)) : 11번 의원에 찬성합니다.

의장(추봉찬(秋鳳璨), 동래면장) : 면 공중욕장은 사회사업입니다. 종래부터 욕장 경영 방법에 관해 구구히 이야기가 있었지만 위임받은 사람은 오로지 영리만 생각하므로 욕객은 큰 불편과 불이익을 받을 것이라 생각합니다. 이전 협의회에도 이 문제가 나와서 갑론을박했지만 실지 연구한 결과 면 직영으로 하기로 되었습니다. 위임 경영을 한 진해(鎭海)도 현재는 직영으로 변경한 것을 보아도 위임 경영은 불가피함을 알 수 있습니다.

11번(임병홍(林炳弘)) : 면 직영의 결과로 인건비 등에서 큰 손실을 내고 있는 것을 면장은 모릅니까? 위임 경영으로 해도 욕객에게 불편이나 불이익을 주는 일은 결코 없습니다. 영리적으로 경영하면 욕객에게 만족을 주고 편리를 줌으로써 손님을 흡수하는 데 열중하는 것입니다. 만약 욕객에게 불편 불만을 준다면 자기의 손실이기 때문입니다. 그러나 술집에서 입욕권을 발매하면 안되는 것은 당연합니다.

의장(추봉찬(秋鳳瓚), 동래면장) : 도 당국에서는 이 사회사업으로 다대한 이익을 탐내면 좋지 않다고 말합니다. 1930년도 예산에서 800원의 특별수리비가 계상되어 있는 것과 관계없이 아직 이익은 많습니다.

10번(이석모(李錫模)) : 입욕권 발매소가 부적당한 건 11번 의원의 말대로입니다. 현재 면 재정상 발매소를 건축하는 것도 불가능하니 적당한 고려가 있길 희망합니다.

11번(임병홍(林炳弘)) : 저는 제6관을 근본적으로 개정하길 바랍니다.

의장(추봉찬(秋鳳瓚), 동래면장) : 발매소, 변소 건설 등도 복안은 있습니다만 탕원 수선비를 다대하게 계상했으므로 익년도로 넘겼습니다.

4번(한성홍(韓星洪)) : 면장은 1,000여 원의 수익이 있는 것처럼 말씀하시지만 건축비 기타를 결산하면 오히려 손실입니다. 저는 위임 경영에 찬성합니다.

10번(이석모(李錫模)) : 제6관을 보면 수용비 증가는 불가능합니다. 또 입욕권 발매소 문제는 매년 논의했는데도 불구하고 현재까지 방임된 것은 면 당국이 무성의한 겁니다. 지금부터 단연코 개선하길 희망합니다. 수리비 800원에 대해서 상세한 설명 바랍니다. 그리고 정원 수리비는 매년 계상하는데 수리한 흔적이 없는 것은 어떻게 된 것입니까?

의장(추봉찬(秋鳳瓚), 동래면장) : 입욕권 발매소에 관해서는 항상 고려하고 있으므로 반드시 가까운 시일 내에 정리하는 것으로 하겠습

니다. 정원비는 매년 식목을 보살피는 데 사용하고 있습니다. 수리
비 중 탕원 수리비 800원은 온천 탕원의 철관 매설 등에 필요한 비
용 700원과, 원래 면의 탕원 청결비 100원을 합산하여 계상한 것입
니다.

3번(아오야마(靑山文三)) : 면 욕장에 관해 좋지 못한 소문이 누누이
들리는데, 비난이 없애려면 협의회원도 책임이 있다고 생각합니다.
소문이 나는 이유는 면이 이를 직영으로 한 결과이므로 위임 경영
이 적당하다고 생각하는데 신중히 조사할 필요가 있으니 위원을 선
정하여 근본적으로 조사하는 게 어떻겠습니까? 또 면장 말에 의하
면 도 당국이 사회사업이므로 위임 경영은 선호하지 않는다고 했는
데 그러한 취지하에 경영하면 도(道)에서도 이의가 없을 것은 명확
합니다. 이익이 있으면 그 이익을 유리하게 사회적 사업에 투여하
는 것도 사회사업이라 믿습니다.

의장(추봉찬(秋鳳璨), 동래면장) : 도(道)에서 하는 말도, 있는 이익을
없게 하라는 의미는 아닙니다.

5번(문복환(文復煥)) : 위임과 직영 문제를 연구하기 전에 800원을 탕
원 수리에 쓰는 것을 강구하고 싶습니다.

의장(추봉찬(秋鳳璨), 동래면장) : 1929년 10월 10일 하자마 후사타로
(迫間房太郎) 씨가 온천 관리 사용 출원을 해서 이 출원을 채납하고
동년 11월 5일 인수했습니다.

오늘 장시간 열심히 심의해주셔서 감사드립니다. 오늘은 이것으로
폐회합니다.

2) 동래군 동래면 제32회 협의회 회의록(1930년 3월 7일)

항 목	내 용
문 서 제 목	東萊郡東萊面第三十二回協議會會議錄
회 의 일	19300307
의 장	추봉찬(秋鳳璨, 동래면장)
출 석 의 원	박주묵(朴周黙)(1), 靑山文三(3), 한성홍(韓星洪)(4), 문복환(文復煥)(5), 和野内新莊(8), 이석모(李錫模)(10), 임병홍(林炳弘)(11), 이종운(李鍾云)(12)
결 석 의 원	박민희(朴民熹)(2), 柿部實之(6), 이치상(李致相)(9)
참 여 직 원	金丸盛吉(부장(副長)), 立花薰(서기), 이진(李珍)(회계), 김명복(金命福)(서기), 윤병인(尹炳仁)(서기), 원태윤(元泰允)(기수)
회 의 서 기	
회 의 서 명 자 (검 수 자)	추봉찬(秋鳳璨, 동래면장), 문복환(文復煥)(협의회원), 和野内新莊(협의회원)
의 안	공중욕장에 관한 건, 제3호안 운봉산(雲峰山) 국유임야 대부에 관한 건
문 서 번 호 (ID)	CJA0002768
철 명	지정면예산서
건 명	지정면예산보고(동래군동래면)(회의록첨부)
면 수	7
회의록시작페이지	1228
회의록끝페이지	1234
설 명 문	국가기록원 소장 '지정면예산서'철의 '지정면예산보고(동래군동래면)'건에 포함된 1930년 3월 7일 동래면협의회 회의록

해 제

본 회의록(7면)은 국가기록원 소장 '지정면예산서'철의 '지정면예산보고(동래군동래면)'건에 포함된 1930년 3월 7일 동래면협의회 회의록(제2일)이다. 공중욕장을 면 직영에서 위임 경영으로 바꾸는 것에 대해 위원을 선임하여 조사하기로 결정하고 있다.

내 용

의장(추봉찬(秋鳳璨), 동래면장) : 어제에 이어 개회하겠습니다. 공중
　욕장에 관해 근본적 조사를 할 3명의 위원을 선임하는 게 어떻겠습
　니까. 또 공중욕장은 3항의 수리비 800원을 100원으로 해서 심의에
　부칩니다.

5번(문복환(文復煥)) : 저는 공중욕장을 위원이 조사하는 것은 지극히
　찬성하지만, 온천 탕원도 동 위원에게 부탁 조사시키면 어떻겠습니
　까.

4번(한성홍(韓星洪)) : 5번에 찬성합니다.

8번(와노우치(和野內新莊)) : 5번에 찬성합니다.

3번(아오야마(靑山文三)) : 위원 3명을 5명으로 하고 위원은 의장이 지
　명하는 게 어떻습니까.

10번(이석모(李錫模)) : 3번 의원 말에 찬성합니다.

의장(추봉찬(秋鳳璨), 동래면장) : 위원 5명설이 다수라 생각되므로 5명
　을 의장이 다음과 같이 지명합니다.

　이석모(李錫模), 임병홍(林炳弘), 와노우치(和野內新莊), 아오야마(靑
　山文三), 한성홍(韓星洪).

의장(추봉찬(秋鳳璨), 동래면장) : 제6관에 대해 질문 없으니 제7관으
　로 넘어가겠습니다.

10번(이석모(李錫模)) : 경비에 대해서는 이의 없습니다. 원안 찬성합
　니다.

(전원 찬성한다고 함)

의장(추봉찬(秋鳳璨), 동래면장) :제8관을 심의하겠습니다.

(전원 원안에 이의 없다고 함)

의장(추봉찬(秋鳳璨), 동래면장) : 제9관을 심의에 부칩니다. (중략-편자) 제3호안 운봉산 국유임야대부에 관한 건을 심의에 부칩니다.

(면장, 안건 낭독)

(전원 "이의 없음" "원안 가결") (하략-편자)

4. 밀양면협의회 회의록

1) 밀양면 제20회 협의회 회의록(1928년 3월 17일)

항 목	내 용
문 서 제 목	第二十回密陽面協議會會議錄
회 의 일	19280317
의 장	森藤幸松(면장)
출 석 의 원	戶田德次郎, 島津澤右衛門, 國本岩吉, 한춘옥(韓春玉), 박경호(朴景澔), 勝部米次郎, 中野次郎, 本間保治, 손진희(孫振熙), 박경희(朴敬熙)
결 석 의 원	山本飛虎一, 박장덕(朴章德)
참 여 직 원	이성희(李誠熙)
회 의 서 기	羽田才吉, 古賀喜太郎, 최근조(崔根租)
회 의 서 명 자 (검 수 자)	森藤幸松, 勝部米次郎, 박경호(朴景澔)
의 안	세입세출 예산에 관한 건
문 서 번 호 (I D)	CJA0002657
철 명	지정면예산서(경북경남황해평남평북)
건 명	지정면예산의건(밀양면)(회의록첨부)
면 수	6
회의록시작페이지	357
회의록끝페이지	362
설 명 문	국가기록원 소장 '지정면예산서(경북경남황해평남평북)'철의 '지정면예산의건(밀양면)(회의록첨부)'건에 포함된 1928년 3월 17일 밀양면협의회 회의록

해 제

본 회의록(총 6면)은 국가기록원 소장 '지정면 예산서(경북경남황해

평남평북)'의 '지정면 예산의 건(밀양면)(회의록첨부)'에 포함된 1928년
3월 17일 밀양면협의회 회의록이다. 자문안 제1호안 세입예산, 제2호
안 특별부과금 규정 개정, 제3호안 밀양면내 각 등급 도로의 수선 부
역 부과, 제4호안 밀양면 외 3면 등의 도로조합 설립 및 수로공부역
설치의 건에 대해 심의, 의결하였다. 자문안 제1호안 세입 예산 외에
는 의장 설명 후 다른 의견 없이 의결되었다. 밀양면협의회 회의록의
특징은 의안에 대한 설명 내용을 기재하지 않고 의장의 '상세 설명'으
로 처리하고 있다. 의안과 관련하여, 면사업의 전체적인 규모나 내용
의 확인이 불가하며, 다만 논의된 내용으로 진행 사업을 추정하는 것
이 가능한데 1928년 당시 밀양면의 사업과 관련하여서는 삼문리 축제
공사(築堤工事)가 주목된다. 회의에서는 축제공사 결과 발생한 퇴거
자들에 대한 방안이 논의되었다.

삼문리의 축제(築堤) 문제는 1925년부터 제기된 것이었다. 1925년
5월 면협의회에서 밀양 축제(築堤) 가교(架橋) 기성회를 조직하였고,[37]
남천강 가교와 축제문제, 도로, 수도 건설 문제 등의 해결을 위해 군
민대회까지 개최되었으며,[38] 기성회 위원회에서 이 문제를 총독부에
진정한 사실도 확인된다.[39] 삼문리는 학교 등 공공건물이 밀집해 있
는 곳이었는데 남천강 지류의 중간에 위치하면서 거의 섬과 같은 형
태였고, 매년 남천강 범람으로 홍수 피해가 심각하였다. 유카와(湯川)
대의사 개인이 남천강 축제공사에 착수하였으나, 자금 문제로 중단하
여[40] 삼문리 안전 확보를 위해 축제 공사를 다시 일으킬 필요가 있었

---

37) 「밀양면의회 축제와 가교 문제」, 『부산일보』 1925.5.30.
38) 「긴급 지방 문제로 밀양 유지 진정 ; 도로, 가교, 축제, 수도, 부산부도 경남도도
    양해를 얻었다」, 『부산일보』 1925.7.6.
39) 「架橋와 築堤 문제 ; 총독부에 진정하기로 결정(밀양)」, 『부산일보』 1925.6.9.
40) 「긴급 지방 문제로 밀양 유지 진정 ; 도로, 가교, 축제, 수도, 부산부도 경남도도

는데, 실제 축제기공식 시행은 1927년 12월이었다.[41] 밀양면은 1927년 경부터 대(大)밀양 건설을 위한 시구개정 논의에 들어갔고, 번영회를 조직하여 이를 추진하였는데,[42] 삼문리 축제는 대밀양 건설을 위한 시구개정 논의와 함께 그래도 빨리 추진될 수 있었던 것으로 보여진다. 이후 축제 공사 시작 후에도 어려움을 거듭하였는데, 먼저 문제가 된 것은 퇴거자의 이주비 문제였다. 가옥 이전료를 지급하는데 일본인과 조선인의 차별 지급 정도가 심각해서 퇴거 삼문리 주민들은 동민대회를 열어 지가에 대한 제대로 된 감정을 요구하고, 현 시가를 제대로 반영해주지 않으면 퇴거하지 않겠다는 저항이 있었다.[43]

회의에서는 시구 개정과 관련된 다른 어떤 사업보다 앞서 퇴거자에 대한 조치를 먼저 해야 한다는 논의가 있는데, 이것이 형평에 따른 조치는 아니었던 것이다. 호별할 등급과 관련해서도 결정 표준이 일본인과 조선인 간에 불공평함이 있다고 인정하면서도 넘어가는 분위기다. 당시 밀양면의 조선인에 대한 처우를 확인할 수 있는 부분이다.

내 용

의장 : 자문안 제1호 세입예산에 대해 심의를 바랍니다.

양해를 얻었다」, 『부산일보』 1925.7.6.

[41] 밀양강 개수공사의 일부로서 1단계는 밀양역 앞 축제 공사를 부산부 직영으로 하기로 결정되었고, 삼문리의 경우 1927년 6월까지 공사 시행이 되지 않고 연기될 수 있다는 소문이 돌면서 다시 도 당국에 진정운동을 하기도 했다. 「三門里築堤起工祝賀會盛況(密陽)」, 『동아일보』 1927.12.13; 「밀양역앞 築堤工事」, 『부산일보』 1926.11.17; 「陳情顚末報告 三門里堤防問題(密陽)」, 『동아일보』 1927.6.2.

[42] 「大密陽建設計劃 公設市場及市區改正等 繁榮會組織準備中」, 『동아일보』 1927.7.1.

[43] 「日人과의 差別이 甚하야 家屋 移轉料를 返還, 그리고 最後까지 抗爭을 決議 密陽江築堤改修三門里民大會(密陽)」, 『동아일보』 1928.5.7.

혼마(本間保治) : 도장(屠場) 사용료 중 소 1마리에 대해 1원 50전인데, 다른 지정면(指定面)과 비교하면 요금을 올려도 된다고 생각하니 1원 80전으로 정정을 바랍니다.

(찬성자 다수)

의장 : 찬성자 다수라 인정합니다.

나카노 지로(中野次郎) : 제3관 이월금이 많은 것은 면 당국의 시설이 부족했던 것을 증명합니다. 앞으로 이월금이 가능한 한 적도록 노력해주시기 바랍니다.

의장 : 어쩔 수 없는 경우 외에는 반드시 실시하겠습니다.

도다 도쿠지로(戶田德次郎) : 재계 변동에 따라 파산 은행이 속출하고 있는 현재, 면 경비의 예금은 금융조합이나 충분히 신용이 있는 은행에 맡기길 바랍니다.

의장 : 충분히 고려해보겠습니다.

나카노 지로(中野次郎) : 본년도 예산에 소송비 변상금의 계상이 없는 이유는 무엇입니까? 작년 면서기의 공금횡령 사건은 그 후 어떻게 되었습니까? 또 당시의 책임자는 어떻게 되었습니까?

의장 : 면비에서 결손 처분된 것은 825원 83전이고 당시 보증인의 재산 차압을 하였으나 배당 요구가 많아서 전부 변상을 할 수 없음은 유감입니다. 그래서 당시의 면장은 책임을 지고 사직했습니다. 앞으로 충분히 유의하여 다시는 이러한 결과를 낳지 않도록 힘쓰겠으니 양해 바랍니다.

나카노 지로(中野次郎) : 호별할(戶別割) 등급의 결정 표준은 무엇입니까?

의장 : 재산 및 수입에 의합니다. 단 일본인은 학교조합의 등급을 참고하여 결정하고, 조선인에 대해서는 면장이 결정합니다. 일부분에

서 공평하지 않을 우려도 있으나 대체적으로 적당하다고 믿습니다.

혼마(本間保治) : 부과금은 세입의 대부분을 차지하니 특히 호별할의 큰 등급에 대해서는 면협의회에서 심의한 후 결정 바랍니다.

("찬성"이라고 말하는 사람 많음)

의장 : 찬성자 다수입니다.

도다 도쿠지로(戶田德次郎) : 영업할은 또 부과할 여력이 있습니까?

의장 : 국세와 같은 액수까지는 부과할 수 있으나, 현재는 5할 5푼을 부과합니다.

가쓰베 요네지로(勝部米次郎) : 종래 면협의회에서 의견이 일치한 사항을 감독 관청에서 마음대로 취사 선택한 혐의가 있습니다. 이는 면협의회의 의견을 신뢰하지 않는 것이라 생각되니 적어도 지정면에서는 충분히 협의회원의 의견을 존중하여 조처하기를 바랍니다.

(전원 "찬성")

의장 : 말씀하신 의견은 충분히 군(郡) 당국에도 전하겠습니다.

(오후 12시 20분 의장이 휴식을 선포함)

(오후 1시 의장이 재회를 선포함)

가쓰베 요네지로(勝部米次郎) : 세출 제1관에 기수(技手) 설치라는 새 항목이 있습니다. 기수는 지금까지 없어도 충분했으니 특별히 필요한 상황이 있으면 군(郡)의 기수를 부르고, 오히려 면 서기의 처우를 계획하는 것으로 하고 본건은 삭제를 바랍니다.

(나가노(中野) 의원 "찬성"이라고 말하고 그 외에 "찬성"이라 말하는 사람 많음)

의장 : 찬성자 다수입니다.

손진희(孫振熙) : 본 면(面)에 면주인(面主人)을 둘 필요는 없으니 이
　건도 삭제를 바랍니다.

박경희(朴敬熙) : 면주인은 구한국시대에도 두지 않았던 역사가 있으
　니 삭제에 찬성합니다.

("찬성"이라 말하는 사람 많음)

의장 : 찬성자 다수입니다.

가쓰베 요네지로(勝部米次郎) : 삼문리(三門里)에서는 하천 정리의 결
　과 70여 호의 퇴거자가 생겼습니다. 이들의 정착지를 안정시킨 뒤
　에 삼문리의 도로 신설이 매우 급하다고 생각되니 예산에 계상을
　바랍니다.

의장 : 시구개정비로 7,000원 계상했으니 그 일부로써 축조하려고 합
　니다. 그리고 그 금액은 공사 착수 전 다시 협의회를 개최하여 결정
　하겠습니다.

("찬성"이라고 말하는 사람 많음)

나카노 지로(中野次郎) : 밀양면의 시구개정계획은 종래의 설계에 미
　비한 점이 많으니 전부 개정하여 다시 신설 계획을 수립하면 어떻
　겠습니까?

의장 : 저도 동감합니다. 축제(築堤)공사와 선교(船橋) 등을 고려하지
　않았으니 설계를 바꾸는 게 맞다고 봅니다.

("찬성"이라고 말하는 사람 많음)

의장 : 찬성자 다수입니다.

(의장, 제2호안 특별 부과금 규정 개정의 건에 대해 상세 설명 후 심
의를 구함)

("이의 없음"이라고 말하는 사람 다수)

의장 : 이의 없다고 인정합니다.

(의장, 제3호안 밀양면 내 1등 도로, 3등 도로, 각 등외 도로 수리 부역 부과의 건을 설명한 후 심의를 구함)

("이의 없음"이라고 말하는 사람 다수)

의장 : 이의 없다고 인정합니다.

(의장, 제4호안 밀양면 외 3면의 등외도로조합 설립 및 수로공부(修路工夫) 설치의 건을 설명하고 심의를 구함)

("이의 없음"이라고 말하는 사람 다수)

의장 : 이의 없다고 인정합니다.

(오후 3시 45분 폐회)

2) 밀양면 제23회 협의회 회의록(1928년 9월 6일)

항 목	내 용
문 서 제 목	第二十三回面協議會會議錄
회 의 일	19280906
의 장	川村直衛(면장)
출 석 의 원	國本岩吉(1), 中野次郎(2), 本間保治(3), 한춘옥(韓春玉)(4), 戸田德次郎(6), 손진희(孫振熙)(9), 박경호(朴景滈)(10), 島津澤右衛門(12)
결 석 의 원	
참 여 직 원	
회 의 서 기	羽田才吉, 古賀喜太郎
회 의 서 명 자 (검 수 자)	川村直衛(면장), 島津澤右衛門(12), 박경호(朴景滈)(10)
의 안	자문안 제1호 의안 1928년도 밀양면 세입세출 추가 예산 자문안 제2호 의안 화장장 위치선정의 건
문 서 번 호 (I D)	CJA0002657
철 명	지정면예산서(경북경남황해평남평북)
건 명	지정면예산의건(밀양면)(회의록첨부)
면 수	4
회의록시작페이지	371
회의록끝페이지	374
설 명 문	국가기록원 소장 '지정면예산서(경북경남황해평남평북)'철의 '지정면예산의건(밀양면)(회의록첨부)'건에 포함된 1928년 9월 6일 밀양면협의회 회의록

해 제

본 회의록(총 4면)은 국가기록원 소장 '지정면 예산서(경북경남황해평남평북)'의 '지정면 예산의 건(밀양면)(회의록 첨부)'에 포함된 1928년 9월 6일 밀양면협의회 회의록이다. 제1호 의안 192년도 밀양면 세입세출 추가 예산과 제2호 의안 화장장 위치선정의 건을 심의 의결하였다.

밀양면의 천황 즉위식 관련 기념사업으로 식림사업을 기획하는 것을 볼 수 있다. 기념 식수 정도로 사업을 추진하자는 의견도 있었으나 원안대로 집행되었다.

화장장 위치 선정과 그 수에 대해 논쟁하고 있는데, 화장장 개수를 1개로 할 것인지 2개로 할 것인지, 위치를 작년에 결정한 삼문리로 할 것인지 아니면 다른 곳으로 할 것인지에 대한 논의다. 회의에서는 본안에 대한 결정을 하지 못했는데, 화장장은 주민이 그 설치를 기피하는 시설이었기 때문에 결정에 어려움을 겪은 것으로 보인다. 회의 당시는 면장 교체를 앞두고 있는 시기이기도 해서, 위치 선정은 면장에게 일임하자는 의견도 있었는데 결국 신임 면장 가와무라(川村直衛)는 9월 면협의회에서 삼문리로 위치를 정하였고, 삼문리 주민들은 피병사(避病舍), 도수장(屠獸場)도 속히 이전해야 하고 화장장은 절대 신설될 수 없다고 강력히 반발했다.[44]

내 용

자문사항

一. 제1호 의안 1928년도 밀양면 세입세출 추가 예산

一. 제2호 의안 화장장 위치선정의 건

(의장, 제1호안 세입세출 추가예산의 건을 부의함. 상세 설명함)

3번(혼마(本間保治)) : 원안에 찬성합니다.

("찬성"이라고 말하는 사람 많음)

---

44) 「火葬場 問題로 三門里民 奮起, 絕對反對를 決議(密陽)」, 『동아일보』 1928.9.14.

2번(나카노 지로(中野次郎)) : 대전(大典) 기념사업으로서 식림사업은 찬성하나, 실례(實例)에 비추어보면 식림 후의 보호가 불충분하여 효과를 거두지 못하고 있습니다. 오히려 이번에 축조되는 제방에 앵두나무를 식재하는 것도 하나의 방법이라 생각합니다.

의장 : 보호가 제대로 안될 것이라는 우려에 대해서는 동감합니다. 앵두나무 식재도 하나의 방법으로 고려했으나, 위에서 내려오는 방침도 있고 관리에 충분히 주의하기로 해서, 앞서 비공식적으로 여러분의 찬동을 구하여 본 사업으로 결정된 것입니다. 가능한 관리에 최선을 기하도록 방법을 연구 중이니 여러분도 그 방법을 충분히 연구해주시길 바랍니다.

2번(나카노 지로(中野次郎)) : 앵두나무 식재가 좋다고 생각합니다.

6번(도다 도쿠지로(戶田德次郎)) : 비공식이지만 이미 결정된 사항이니 원안대로 집행하는 것이 맞습니다. 앵두나무 식재는 나중에 적당한 시기와 방법이 있을 것입니다.

("찬성"이라고 말하는 사람 많음)

의장 : 이의 없으시니 원안대로 결정합니다.

의장 : 제2호안 화장장 위치 선정 건을 부의합니다.

(상세히 설명함)

2번(나카노 지로(中野次郎)) : 화장장은 작년에도 이미 삼문리(三門里) 1개소를 결정했습니다. 2개소 안은 오히려 의외입니다. 이전의 결정대로 1개소로 해야 합니다.

4번(한춘옥(韓春玉)) : 나카노(中野) 의원 말에 찬성합니다.

6번(도다 도쿠지로(戶田德次郎)) : 작년 삼문리로 결정했고 2개소는 필요 없습니다. 전에 결정한대로 1개소로 해야 합니다.

의장 : 2개소 제안은 본년도 세입세출예산에 내일동(內一洞), 가곡동

(駕谷洞) 각 1개소라고 명기하였습니다.

9번(손진희(孫振熙)) : 원안대로 2개소로 해야 합니다.

1번(구니모토(國本岩吉)) : 전에 결의한 삼문리를 부적당하다고 한 이유를 손진희 의원에게 질문합니다.

9번(손진희(孫振熙)) : 답변한 바입니다.

2번(나카노 지로(中野次郎)) : 작년 결정한 대로 삼문리가 적당하다고 생각하나 그 위치와 설치 지점은 후일 다시 협의하여 결정하기로 하고 1개소로 변경하는 것을 채결하길 바랍니다.

("찬성"이라고 말하는 사람 많음)

의장 : 채결할 위치와 장소는 후일 다시 협의, 결정하는 것으로 하고 1개소로 하는 것으로 하여 찬성자 기립을 명합니다.

(기립자 : 구니모토(國本岩吉), 나카노 지로(中野次郎), 한춘옥(韓春玉), 도다 도쿠지로(戶田德次郎), 박경호(朴景滈), 혼마(本間保治))

의장 : 다수가 1개소로 변경하고자 합니다. 장소와 위치는 후일 당시 심의할 것입니다.

2번(나카노 지로(中野次郎)) : 위치 선정은 면장에게 일임하면 어떻습니까? 면의 복안은 없습니까?

의장 : 임기가 남았지만 여러분과 협력하여 선정하는 것이 좋다고 생각합니다.

6번(도다 도쿠지로(戶田德次郎)) : 면장 한 사람에게 일임하기에는 곤란한 사정이 있습니다.

의장 : 여러 가지로 연구하여 복안을 만들어 다시 협의를 마치고자 합니다.

(오후 0시 30분 폐회)

5. 상주면협의회 회의록

1) 상주면협의회 회의록(1928년 4월 16일)

항 목	내 용
문 서 제 목	尙州面協議會會議錄謄本
회 의 일	19280416
의 장	박정한(朴挺漢, 면장)
출 석 의 원	庄田健志, 박창환(朴昌煥), 川崎八郎, 박중하(朴重夏), 袋常三郎, 寺戶唯治, 강신중(姜信中), 심윤덕(沈潤悳), 박인규(朴寅奎)
결 석 의 원	권태성(權泰星), 岡邊守太郎, 오의근(吳義根), 高瀨吉雄
참 여 직 원	
회 의 서 기	
회 의 서 명 자 (검 수 자)	박정한(朴挺漢, 면장), 寺戶雄治, 심윤덕(沈潤悳)
의 안	세입출 예산 추가 경정의 건
문서번호(ID)	CJA0002657
철 명	지정면예산서(경북경남황해평남평북)
건 명	소화3년도지정면예산의건(상주면)(회의록첨부)
면 수	5
회의록시작페이지	96
회의록끝페이지	100
설 명 문	국가기록원 소장 '지정면 예산서(경북경남황해평남평북)'에 포함된 1928년 4월 16일 상주면협의회 회의록

해 제

본 회의록(총 5면)은 국가기록원 소장 '지정면 예산서(경북경남황해평남평북)'의 '소화3년도 지정면 예산의 건(상주면)(회의록 첨부)'에 포함된 1928년 4월 16일 상주면협의회 회의록이다. 세입출 추가경정 예산에 대하여 심의 의결하였다. 상주면 추가 경정 예산과 관련하여, 주로 세출에서 면장 수당 및 부면장의 급여, 퇴직급여금 등이 논의되었다.

당시 상주면은 회의에서도 이야기하고 있는 것처럼 일본인 면장 배척운동이 전개되고 있었다. 상주면 33동 44구 구장(區長)들은 면민 2천여 명으로부터 일본인 면장 배척의 연서를 받아 4월 12일 군·도 당국에 제출하였다. 당시 면장이 박정한(朴挺漢)이고, 5월 부임한 신 면장이 전 영일군수 미하라(御原正平)인 것으로 볼 때,[45] 신임 면장에 대한 배척운동이었던 것으로 판단된다.

회의에서 면 당국은 면장 수당을 추가 증액하는 것에 대하여 다른 지정면의 선례에 따른다고 밝히고 있다. 호별할 등 다른 세금 등도 전체적으로 면의 격에 맞춰 조정하고 있는 것으로 보인다. 협의원들은 각 면이 각각 그 사정에 따라 예산을 결정해야 한다고 하면서 면 당국이 제시하는 면장 수당 증액에 반대 의사를 표명했지만 원안대로 의결되었다.

면장 수당과 관련하여 공공연하게 일본인과 조선인의 차등이 논의되고 있으며, 일본인 신임 면장은 협의원들이 지나치게 고액이라고 주장했던 월 수당 120원보다 높은 수당으로 부임하였다.

---

45) 면장 박정한(朴挺漢)이 4월 중순 사임하고, 5월 9일 전 영일군수 미하라(御原正平)(월수당 150원)가 면장, 전 상주군 서기 박정열(朴正烈)(수당 65원)이 부면장에 부임하였다(「상주면장, 부면장 결정」, 『부산일보』 1928.5.13.

내 용

의장 : 개회를 선언합니다. 급하게 세입출예산 경정이 필요해서 면예
산 세입세출 추가 경정안을 부의하고자 합니다.(중략-편자)

7번(가와사키 하치로(川崎八郎)) : 세출 부분에서 급여 항목에 있는 면장
수당 및 부장 급료, 그리고 퇴직 급여금 산출의 근거를 알고 싶습니다.

면장 : 면장·부장 교체의 내명(內命)으로 인해서 새로 부임할 면장·부장의
급여는 다른 지정면의 예를 모방하여 계상한 것입니다. 또 퇴직 급여금
은 현 면장·부장의 재직 연수에 따라 규정에 의해서 계상한 것입니다.

9번(후쿠로 쓰네사부로(袋常三郎)) : 이번 면장과 부장 교체의 경위에
대해서 상세하게 설명하여 주십시오.

면장 : 상세한 것은 모릅니다. 또 예산 경정을 의논하는 자리이니 그
것까지는 필요없다고 생각합니다.

9번(후쿠로 쓰네사부로(袋常三郎)) : 교체 내용이 바로 경정이 필요한
사유라면 그것을 모르고서는 의견 진술이 불가능하지 않습니까? 지
금 좀 상세한 설명이 있기를 바랍니다.

(이때 임석한 군수가 대신 개요를 설명하고 또 군(郡) 서무주임이 급
여 내역에 대해 설명을 함)

9번(후쿠로 쓰네사부로(袋常三郎)) : 안(案)의 내용을 설명할 수 없는
현 면장이 이러한 의안을 부의할 필요가 어디에 있습니까? 또 급여
액은 다른 지정면의 예를 따른다 해도, 상주는 상주의 실정에 따라
서 정하는 것이 옳지 않습니까? 이렇게 내용도 불분명한 암중모색
적인 자문은 필경 민의를 무시하는 것이라 해도 좋을 것입니다. 최
근 면민대회라든가 진정서 제출 같은 소란도 생기고 있습니다. 다
행히 당국이 달래서 별탈없이 끝났지만, 내용이 불분명한 결과로

또 이런 사태가 생기면 결국 그 책임은 당국에게 돌아가지 않겠습니까? 따라서 이런 사건에 대해서는 지금 좀 민의를 존중하는 태도를 보여주시길 바랍니다.

7번(가와사키 하치로(川崎八郞)) : 9번의 의견에 동감하고 간절히 고려해주시기를 바랍니다.

12번(심윤덕(沈潤悳)) : 아까 설명하신 부장 급여액으로 적당한 인물을 채용할 수 있는 희망이 있습니까?

(군수, 답변함)

7번(가와사키 하치로(川崎八郞)) : 면장 수당액은 일본인이라면 적당하다고 생각하는데, 부장 급여는 현 면장 수당과 비교해도 오히려 고액인 듯하니 좀 내리는 것이 좋겠습니다.

(군수, 답변함)

9번(후쿠로 쓰네사부로(袋常三郞)) : 면장 수당은 부근의 김천면(金川面) 같은 곳도 수도부설 이전에는 처음부터 120원으로 하여 상당의 인물을 구하고 있다고 하는데, 본 면의 정도는 김천면과는 비교가 안됩니다. 그런데 처음부터 이같이 고액을 지급하고 재직 연수가 늘어남에 따라 계속 증급한다면, 나중에는 결국 어떻게 할 것입니까? 또 부장 급여도 마찬가지니 이러한 점은 본 면의 현황에 비추어서 충분한 고려가 필요하다고 생각합니다.

의장 : 따로 의견 없다면 채결하겠습니다.

("고려를 바란다" "별로 의견 없음"이라 소리치는 자 많음)

의장 : 이의 없으니 면 세입출추가경정예산은 원안대로 결정합니다.

　(중략·편자)

(오후 1시 40분 폐회)

2) 상주면협의회 회의록(1928년 6월 15일)

항 목	내 용
문 서 제 목	尙州面協議會會議錄謄本
회 의 일	19280615
의 장	御原正本(면장)
출 석 의 원	권태성(權泰星), 오의근(吳義根), 庄田健志, 박창환(朴昌煥), 川崎八郎, 박중하(朴重夏), 袋常三郎, 寺戶唯治, 강신중(姜信中), 심윤덕(沈潤悳), 박인규(朴寅奎), 高瀨吉雄
결 석 의 원	없음
참 여 직 원	
회 의 서 기	
회 의 서 명 자 (검 수 자)	御原正本, 高瀨吉雄, 권태성(權泰星)
의 안	자문안 제1호 1928년도 상주면 세입세출 예산 추가경정의 건 자문안 제2호 수수료 규정 개정의 건
문서번호(ID)	CJA0002657
철 명	지정면예산서(경북경남황해평남평북)
건 명	소화3년도지정면예산의건(상주면)(회의록첨부)
면 수	6
회의록시작페이지	106
회의록끝페이지	111
설 명 문	국가기록원 소장 '지정면 예산서(경북경남황해평남평북)'에 포함된 1928년 6월 15일 상주면협의회 회의록

> **해 제**

본 회의록(총 6면)은 국가기록원 소장 '지정면 예산서(경북경남황해평남평북)'의 '소화3년도 지정면 예산의 건(상주면)(회의록첨부)'에 포함된 1928년 6월 15일 상주면협의회 회의록이다. 자문안 제1호 1928년

도 상주면 세입세출 예산 추가경정, 자문안 제2호 수수료 규정 개정의
건에 대해 심의 의결하였다. 자문안 제1호 세입세출 예산 추가경정과
관련하여 전 면장 퇴직금, 도로 교량비, 화장장 수선, 전화 가설(면장
사택) 등이 논의되었다.

주로 논의된 것은 전 면장 퇴직금과 화장장에 관한 것인데 전 면장
박정한의 퇴직사유를 확인할 수 있고, 화장장과 관련하여 원 설계에
문제가 있으므로 파손된 곳만 계속 수선을 해서 예산 소비를 할 것이
아니면 후일 예산을 편성하여 개축을 할 것인지 등을 논의하고 있다.

협의원 측은 어려운 면(面)의 경제 불황을 들어 면장 사택의 전화 가
설과 예산을 확대하는 등에 대해 반대 의사를 표명하나, 면 당국은 예
산이 팽창하는 것처럼 보이는 것은 예년의 사업비를 집행하지 않았기
때문이라며 협의원 측과 입장 차이를 줄이지 않는 모습을 볼 수 있다.

내용

의장 : 개회를 선언합니다. 면장이 다음의 자문안을 제출합니다.
(중략-편자)

　　　一. 자문안 제1호 1928년도 상주면 세입세출 예산 추가경정의 건
　　　二. 자문안 제2호 수수료 규정 개정의 건

(의장, 자문안 제1호 세입세출예산추가경정의 건을 부의할 것을 고하
고, 의안을 낭독하고 대략적인 설명을 함)

의장 : 의안 전체에 대해 별도로 질의할 의견 없습니까?

12번(심윤덕(沈潤悳)) : 원안에 찬성합니다.

9번(후쿠로 쓰네사부로(袋常三郞)) : 제1관 제3항 잡급에서 면장과 면
　　고용인의 퇴직 급여금을 계상하였는데, 기정 예산액 범위 내에서

충당이 가능하지 않습니까?

면장 : 410원 추가를 요구하는 것은 여러분도 알고계신대로 전 면장 박정한(朴挺漢) 씨는 18년 이상 면 사무에 이바지하여 그 효과가 현저하였기 때문에, 이번 규정의 퇴직 급여금 외에 5개월분을 더 주려고 해서입니다. 10년 이상 면 사무에 힘쓰다가 병상의 몸이 되었습니다. 현재 상태로는 도저히 회복할 희망이 없게 되어 스스로 사직을 요청하였으므로 규정액을 지급하고자 합니다.

9번(후쿠로 쓰네사부로(袋常三郞)) : 도로교량비로 또 다시 추가 계상하였는데 겨우 이 정도 비용을 증가해서 완전한 개수를 할 수 있습니까?

면장 : 말씀하신대로 이 정도 비용으로써 완전한 사업을 마치는 것은 불가능해도 우선 대체적인 것은 가능하리라 생각합니다.

9번(후쿠로 쓰네사부로(袋常三郞)) : 기설 화장장을 보면 다소 파손된 곳이 있는 것도 사실입니다. 그렇지만 본 화장장은 최초의 설계 불량으로 연소(燃燒)의 상태가 심히 불량하므로 다액의 경비를 들여서 수리해도 가까운 장래에는 이를 완전하게 개축해야 하게 될 것이므로, 오히려 후일 충분히 연구를 마치고 근본적 개축을 강구하는 것이 어떻겠습니까?

면장 : 실은 말씀하신대로 다소 파손된 곳이 있는데, 근본적 개축을 하려면 많은 액수의 비용이 필요하니 파손된 곳을 수리하는 것이 어떨까 생각하여 계상했습니다만, 다시 연구한 후 약간의 수리로써 연소 상태를 개량할 수 있다면 그것을 수리하고, 그렇지 않으면 근본적인 개축을 행하고자 합니다.

13번(박인규(朴寅奎)) : 최근 현저하게 예산이 팽창하는 이때에 다시 전화기 신설비를 계상했는데 현재로서는 별로 중요하지 않다고 생각됩니다. 그러므로 이 신설에 대해서는 당국에서도 신중하게 고려가 필요하다고 생각합니다. 여러분의 의견은 어떻습니까?

부장 : 면 사무는 상당히 돌발 사건이 많고 면민이나 각 관공서로부터의 연락이 매우 많아서, 이후는 될 수 있는 대로 면장이 직접 그것을 해결할 수 있도록 면장의 집에 전화를 가설해서 면의 사무를 민활하게 처리하고자 하는 것입니다.

7번(가와사키 하치로(川崎八郎)) : 화장장 개축은 어떠한 설계로 수리하는 것입니까? 대체적으로 기설의 화장장은 처음 만들어질 때부터 근본적 구조가 불충분하였기 때문에 신탄과 목탄을 많이 필요로 할 뿐만 아니라 완전한 목적을 달성할 수 없어서 고충이 많다고 들었습니다. 이번의 수리에 대해 당국이 충분히 신중하게 연구해서 이러한 일이 없길 바랍니다.

면장 : 7번 의원의 말씀처럼 당국에서 철저하게 연구에 힘쓰겠습니다.

1번(권태성(權泰星)) : 본건은 당국에 일임하니 후에 상당한 연구를 진행하길 바랍니다.

9번(후쿠로 쓰네사부로(袋常三郎)) : 요즈음 불황에 비추어 예산이 최근 현저하게 증가하는 경향이 있는 것 같은데 무슨 이유입니까? 이 때문에 일반 면민의 부담은 해마다 늘어나고 있습니다. 당국에서도 가능한 절약하여 얼마간이라도 일반 면민의 부담을 경감시키는 데 힘쓰길 바랍니다.

부장 : 예산이 팽창한 것처럼 보이는 것은 사실 전년도 예산에 계상한 사업을 실행하지 않았기 때문에 이월금이 증가한 결과입니다. 이후는 예산에 계상하는 일은 가능한 한 연도 내에 완전하게 수행할 생각입니다.

의장 : 전화 증설에 대해서는 별도로 이의 없습니까?

("이의 없음"이라고 말하는 사람 많음)

의장 : 그럼 제1호 자문 원안에 찬성하는 기립해주십시오.

(모두 기립함)

의장 : 그럼 자문 제1호 세입세출 추가예산은 원안대로 만장일치로 가
    결하는 것으로 결정합니다.

의장 : 잠시 휴식하겠습니다.

(오후 0시 45분)

의장 : 계속해서 의사를 진행하겠습니다.

(오후 1시 10분)

(의장, 자문안 제2호 수수료 규정 개정의 건을 부의하겠다고 말하고
대체적인 설명을 함)

의장 : 질의하실 점 없습니까?

(전원, "원안대로 찬성"이라 말함)

의장 : 별로 의견 없으니 원안대로 가결합니다.

(오후 3시 10분 폐회)

6. 진주면협의회 회의록

1) 진주면협의회 회의록(1927년 9월 30일)

항 목	내 용
문 서 제 목	晋州面協議會會議錄
회 의 일	19270930
의 장	桂登利藏(면장)
출 석 의 원	中島官四郎(1), 松浦利三郎(2), 강도순(姜道淳)(4), 池田信造(5), 신현수(申鉉壽)(6), 福島昰(7), 杉亨(8), 김두태(金斗台)(9), 강순세(姜順世)(10), 鹽尻藏市郎(11), 강주한(姜周漢)(12)
결 석 의 원	탁정한(卓正漢)(3)
참 여 직 원	박재화(朴在華)(부장), 佐久間弘二(서기), 채규협(蔡奎協)(서기)
회 의 서 기	
회 의 서 명 자 (검 수 자)	桂登利藏(면장), 池田信造, 강도순(姜道淳)
의 안	1.세출예산 제7관 수도비 제4항 부기 변경의 건, 2.1928년도 토목비 지방비 보조신청에 관한 건
문 서 번 호 (I D)	CJA0002606
철 명	지정면세입세출예산서류철
건 명	지정면추가경정예산보고의건-진주면협의회회록
면 수	4
회의록시작페이지	84
회의록끝페이지	87
설 명 문	국가기록원 소장 '지정면세입세출예산서류철', '지정면추가경정예산보고의건-진주면협의회회록'에 실려 있는 1927년 9월 30일 진주면협의회 회의록

해 제

　본 회의록(4면)은 국가기록원 소장 '지정면세입세출예산서류철', '지정면추가경정예산보고의건-진주면협의회회록'에 실려 있는 1927년 9월 30일 진주면협의회 회의록이다. 상수도 양수관 화재 복구 공사에 대해, 다음 해에 도 지방비의 보조를 받기로 하고, 일단 응급 설비 시설을 하기 위한 추가예산을 토의하고 있다. 다음으로 자문안 2호 수도확장공사의 국비·지방비 보조의 건에서는, 수도 확장 공사에 지방비 보조를 받을 수 없다는 전망하에 방침을 바꾸어 의령(宜寧)도로의 개수에 지방비 보조를 받기로 결정하고 있다.

내 용

의장(면장) : 이번달 19일 0시 20분, 제가 관리하는 상수도 양수장에서 불이 나 건물이 거의 전소한 것은 관리자로서 정말로 유감으로 생각합니다. 당시 평의원 여러분이 여러 후의를 베풀어 깊이 감사 드립니다. 급수는 어쩔 수 없이 일시 단수를 했습니다만 전력을 다해 복구한 결과 20일 오후 4시 20분 완전히 급수가 되어 불행 중 다행입니다. 그리고 선후 처치에 관해 여러 가지 말씀드리고 싶으나 나중에 하기로 하고 의사를 진행하겠습니다.

　제1호 자문안 세출예산 제7관 수도비 제4항 부기 변경의 건을 낭독하겠습니다.(의장 낭독함)

의장 : 양수장 복구 공사는 현재 알고 계시듯이 본도 지방비 재산으로 하고 복구 공사에 대해 도청에서 여러 가지 고려 중인 것 같습니다. 복구비의 추가 예산도 도평의회를 소집할 필요가 있는데 연도 중간

이기도 하고 도저히 급히 시간을 맞출 수 없습니다. 내년도 예산에 복구공사비가 계상될 것으로 믿고 본 면으로서는 단지 우로(雨露)를 피할 응급 설비를 할 필요가 있으므로 수도비 제7관 제4항 중 800원을 응급시설비로 충당합니다. 그러므로 부기(附記) 세목과, 금액을 경정하여 세목 중에 응급 임시시설비를 계상했습니다.

11번(시오시리(鹽尻藏市郎)) : 전소된 후의 기계 수리비 금액을 알고 싶습니다.

의장 : 상세한 것은 판명되지 않았으나 약 150원 정도라고 생각합니다.

12번(강주한(姜周漢)) : 내년도는 당연히 지방비로 복구 공사를 합니까?

의장 : 도지사, 내무부장, 진주 군수 등이 여러 가지로 배려 중인 것 같으니 내년도에 복구 공사에 착수할 것으로 믿습니다.

7번(후쿠시마(福島是)) : 원안에 이의 없습니다.

12번(강주한(姜周漢)), 2번(마쓰우라 리사부로(松浦利三郎)) : 이의 없습니다.

의장 : 모두 이의 없으시니 원안으로 결정합니다.

의장 : 다음은 제2호안입니다. 일단 낭독하겠습니다.

　　　(의장 전문을 낭독)

의장 : 6월 17일 개회한 협의회에서 협찬을 얻은 수도확장공사의 국비·지방비 보조의 건은 토목과장이 부(府)에 가서 힘썼지만, 진주 수도는 종래 단수 혹은 급수제한 등을 한 적이 없고 천전리(川前里) 확장 후에도 당분간 현재 상태로 충분하다는 총독부 견해가 있어서 보조의 전망이 없다는 통고를 받아 매우 유감입니다. 또 면비만 가지고 노과지(濾過池) 배수지(配水池)의 확장공사를 시행할 정도의 여유는 없기 때문에, 방침을 변경하여 본면의 번영에 지대한 관계가 있고 다년간 현안인 의령(宜寧)도로를, 본면 경계까지(1,454m)

지방비 보조 4,850원을 받아 개수하고 싶습니다. 지난번 기타가와 (北川), 이우도(李雨道) 평의원과 함께 도(道)에 갔을 때 토목과장을 면회하여 희망을 말했습니다. 토목과장도 신청을 하면 충분히 고려 하겠다고 대답했습니다. 또 해당 노선과 관계있는 도동(道洞), 집현 (集賢), 대곡(大谷) 등 세 면에 대해서는 군에서 여러 가지를 배려하 여 동년도에 함께 기공하기로 하여 본면과 동시에 지방비 보조신청 을 하기로 되어 있습니다.

(전원 "이의 없음"이라고 말함)

의장 : 그렇다면 그대로 결정합니다.

의장 : 자문사항 전부를 토의 완료했습니다. (중략-편자)

의장 : 이로써 폐회합니다.(오전 11시 30분) (하략-편자)

7. 통영면협의회 회의록

1) 제52회 통영면협의회 회의록(1927년 3월 28일)

항 목	내 용
문 서 제 목	第52回統營面協議會會議錄
회 의 일	19270328
의 장	渡邊直躬(면장)
출 석 의 원	허기엽(許基燁)(1), 김기정(金淇正)(2), 박민홍(朴珉洪)(3), 衛藤竹彦(4), 山口精(5), 河野峰吉(8), 서정우(徐廷遇)(9), 김재균(金才均)(10)
결 석 의 원	藤田熊吉(7), 服部源次郎(11), 谷本寅吉(6)
참 여 직 원	
회 의 서 기	
회 의 서 명 자 (검 수 자)	渡邊直躬(면장), 山口精, 김재균(金才均)(이상 협의회원)
의 안	1927년도 세입출 예산에 관한 건
문서번호(ID)	CJA0002606
철 명	지정면세입세출예산서류철
건 명	지정면예산보고의건-경남통영군통영면(회의록첨부)
면 수	9
회의록시작페이지	200
회의록끝페이지	208
설 명 문	국가기록원 소장 '지정면세입세출예산서류철', '지정면예산보고의건-경남통영군통영면(회의록첨부)'에 실려 있는 1927년 3월 28일 제52회 통영면협의회 회의록

해 제

본 회의록(9면)은 국가기록원 소장 '지정면세입세출예산서류철', '지정면예산보고의건-경남통영군통영면(회의록첨부)'에 실려 있는 1927년 3월 28일 제52회 통영면협의회 회의록이다. 1927년 통영면 세입출예산을 협의하고 있다.

내 용

의장 : 개회를 선포합니다. 오늘 협의회를 연 것은 최근 의안을 드린 것과 같이 1927년도 세입출예산인데 대체로 1926년도와 큰 차이가 없습니다. 지금 서기가 낭독하겠습니다.

(서기 기노시타(木下康志), 의안을 낭독함)

5번(야마구치 세이(山口精)) : 제2독회로 넘어갔으면 합니다.

(모두 찬성)

의장 : 제1독회는 여러분이 찬성해서 예산안은 성립했으므로 제2독회로 넘어가겠습니다. 세출 제1관, 급여에 대해 협의해주십시오.

5번(야마구치 세이(山口精)) : 제2항 면 이원(吏員) 급여, 서기 급료 평균 월액 38원은 매우 적다고 생각합니다. 다른 면의 예산을 한번 참고해주시길 바랍니다.(번외 부의장 김지옥(金址沃), 다른 면의 예산을 본다) 현재 진주 같은 곳은 면장 월액 165원, 부의장 월액 83원, 서기 평균 52원이고, 또 진해에서도 면장 월액 150원, 서기 평균 43원 50전입니다. 우리 면의 수당은 매우 적고 면 사무의 능률을 증진시키려면 급여를 후하게 하여 상당히 수완이 있는 자를 채용하고 싶습니다. 이 건에 대해서는 작년 예산 편성 때도 미토(水戶) 주임의 임석을 바랐던 것입니다.

의장 : 5번 의원이 말대로 급여가 박한 것은 충분히 알고 있지만, 150원 이상의 면장과 같은 경우는 고등관 경력이 있는 사람이거나 원래

경찰서장 경력을 가진 자입니다. 면서기의 평균액은 현재 38원이나 아직 승급할 여지는 많습니다. 현재 봉급의 여유분이 552원이나 있어서 승급의 상신을 하고 있지만 군청 쪽에서 쉽게 승급해주지 않고 있습니다.

2번(김기정(金淇正)) : 지금 5번 의원의 의견대로 저도 직원 수당이 박하다는 점을 심히 유감으로 생각합니다. 사무 능률을 향상시키려면 우선 생활 안정이 필요합니다. 생활 안정이 되지 않으면 언제라도 떠나겠다는 자세가 되어 다른 직업을 구하는 등 여러 가지로 마음이 혼란스러워지므로 능률이 올라갈 수 없습니다. 충분히 고려해주시길 원합니다.

5번(야마구치 세이(山口精)) : 면장 수당 월액 120원, 부의장 70원, 서기 평균 40원으로 정정하길 바라고 다른 항목에는 이의가 없습니다.

(8번·4번 의원 찬성, 전원 찬성)

의장 : 모두 찬성하시니 5번 의원의 동의(動議)대로 정정하겠습니다.

8번(가와노 미네키치(河野峰吉)) : 수용비(需用費)에서 전년도 예산보다 현저히 증가하고 있는데 무슨 이유입니까?

회계·서기 오가타 히데오(緒方秀夫) : 등사판이 사용 불가능해져서 다시 구입했고, 현재 면 사무 이외에 사용하는 종이 대금 즉 농회나 기타 사무에 소비하는 것이 많아서 이미 작년에도 부족했으므로 올해 다소 증액한 것입니다.

8번(가와노 미네키치(河野峰吉)) : 잘 알겠습니다. 잡비 중 제전비(祭典費)가 30원인데 매우 적습니다. 이것은 50원 정도로 증액하는 게 어떻습니까. 다이쇼천황(大正天皇) 장례식 때에도 이미 제전비가 적었던 예도 있습니다.

4번(에토 다케히코(衛藤竹彦)) : 6번 의원의 수정설에 찬성하고 다른 항목에는 이의 없습니다.

(전원 찬성)

의장 : 여러분의 찬성에 의해 잡비를 50원 증액하고 수용비를 50원 감소하면 사무소비 전체는 변함이 없으니 수정하겠습니다.

의장 : 다음은 제3관 선거비에 대해 협의를 바랍니다. 올해는 선거는 없지만 만일을 위해 대비합니다.

(전원 "이의 없음. 원안대로 찬성")

의장 : 제4관 토목비에 대해 협의를 바랍니다.

4번(에토 다케히코(衛藤竹彦)) : 토목비 중 길야정(吉野町) 시구개정 경비를 계상하지 않았는데 무슨 이유입니까?

의장 : 과목이 만들어져 있으니 추가예산으로써 정리하겠습니다.

1번(허기엽(許基燁)) : 도천리(道泉里) 신정(新町) 간 도로 수리비가 600원 계상되어 있는데 이것으로는 도저히 수리가 불가능하다고 생각하는데 어떻습니까.

의장 : 말씀하신 대로 600원으로는 불가능하지만 급한 수리를 할 생각입니다. 무엇보다도 태합굴 굴착에 따라 해안에 도로를 만들 생각입니다. 면사무소 앞부터 태합굴에 이르는 도로를 연결시킬 생각입니다. 여하튼 올해는 토목비에 다액의 예산을 계상하는 것은 도저히 불가능합니다.

5번(야마구치 세이(山口精)) : 대체로 원안에 찬성합니다.

(모두 찬성)

의장 : 모두 찬성하시니 원안대로 결정하겠습니다. 제5관 권업비에 대해 협의를 바랍니다.

(모두 "원안 찬성, 이의 없음")

의장 : 제5관 권업비는 원안대로 결정하겠습니다. 다음으로 위생비에

대해 협의해주십시오.

4번(에토 다케히코(衛藤竹彦)) : 격리병사비에서, 현재 전화가 있지만 시내에 통화가 불가능하기 때문에 매우 불편하고 아무 쓸모가 없습니다. 시내에 통화가 가능하도록 시내 전화로 변경해주길 바랍니다. 다른 것은 원안에 찬성합니다.

8번(가와노 미네키치(河野峰吉)) : 4번 의원의 말에 찬성합니다. 전화가 일반에 통할 수 있게 되길 바랍니다.

1번(허기엽(許基燁)) : 4번 의원 말에 찬성합니다. 다른 것은 원안에 찬성합니다.

(모두 찬성)

의장 : 4번 의원의 동의(動議)에 대해 여러분의 찬성이 있으니 전화는 시내 전화로 접속을 신청하고 통화료와 신청료를 모두 계산해서 100원을 계상하는 것으로 하겠습니다. 다른 것은 원안대로 결정하겠습니다. 이번에는 제7관 수도비에 대해 협의를 바랍니다.

5번(야마구치 세이(山口精)) : 상수도비는 대체로 원안대로 찬성하지만 오늘 김기정(金淇正) 씨도 출석해있으므로 의장에게 질문합니다. 수도 보호 구역 중에 김기정(金淇正) 씨의 논이 있는데 면에서 구매하는 게 어떻습니까.

의장 : 다른 사람들의 것은 지가의 3배로 매수했으나 김기정(金淇正) 씨가 승낙을 하지 않아서 현재 해결이 불가능합니다.

5번(야마구치 세이(山口精)) : 이렇게 해결이 지연되면 나중에 어떤 문제가 생길지도 모릅니다. 450원 정도로 타협해서 해결하는 게 어떤지, 2번 의원 김기정(金淇正) 씨에게 묻고 싶습니다.

2번(김기정(金淇正)) : 저도 사실 다른 곳에 장래 집을 건축할 예정이지만 그것도 현재로는 바랄 수 없어서 아직 해결하지 못했습니다.

450원으로 양도하겠습니다.

(전원 모두 5번 의원의 동의(動議)에 찬성함)

의장 : 5번 의원의 동의(動議)에 모두 찬성하시니 미해결된 김기정(金淇正) 씨의 논 792평은 대금 450원으로 매수하겠습니다. 다른 것은 원안대로 결정하겠습니다. 다음은 제8관 경비비에 대해 협의를 원합니다.

5번(야마구치 세이(山口精)) : 경비비 이하 제9관 기본재산 조성비 및 적립금곡, 제10 재산관리비, 제11 잡지출, 제12관 차입금비, 제13관 예비비에 대해서는 특별한 문제가 없다고 생각합니다. 모두 합해서 협의하기를 바랍니다.

1번(허기엽(許基燁)) : 5번 의원의 말씀에 찬성합니다.

(모두 찬성)

의장 : 지금 5번 의원의 말에 모두 찬성하시니 한꺼번에 협의를 하겠습니다.

5번(야마구치 세이(山口精)) : 원안대로 찬성하고 이의 없습니다.

(모두 찬성, 이의 없음)

의장 : 세출은 이것으로 전부 결정했으니 세입으로 넘어가겠습니다.

5번(야마구치 세이(山口精)) : 세출에서 결정한 이상 세입은 제1관부터 제11관까지 합해서 협의하면 어떻겠습니까?

(4번(에토 다케히코(衛藤竹彦)), 5번 의원에 찬성. 1번(허기엽(許基燁)) 찬성. 모두 찬성, 이의 없음)

의장 : 5번 의원의 말씀에 모두 찬성하시니 전반적으로 협의를 하겠습니다.

5번(야마구치 세이(山口精)) : 제7관 제1항에 길야정 매립지 매각대금 1평 3원으로 한 것은 매우 싼 듯한데 어떻습니까.

의장 : 그것은 지역민에게 불하하는 것이고 대체로 기부를 시킬 예정이라 제3자가 매입할 토지가 아니므로 싼값에 견적을 낸 것입니다.

5번(야마구치 세이(山口精)) : 기부는 도저히 성립할 것 같지 않으니, 현재 토지 시세로는 1평 당 적어도 50원 이상이니 1평을 30원으로 하면 어떻습니까. 다른 항목은 이의 없습니다.

(8번(가와노 미네키치(河野峰吉)), 5번 의원에 찬성. 모두 찬성)

의장 : 5번 의원의 동의(動議)에 모두 찬성이니 토지 매각대금은 30원을 300원으로 수정하고 다른 것은 원안대로 결정하겠습니다. 다음은 임시부 세입출에 대해 협의를 바랍니다.

5번(야마구치 세이(山口精)) : 본건에 대해서는 최근 일반 시민과 협의를 마쳤으니 작업에 대해서는 이견이 없지만 기부금 7만 5,000원 지출 방법에 대해 충분한 설명을 원합니다.

의장 : 태합굴 기부금은 7만 5,000원을 4개년으로 분할하여 지출하는 것인데 우선 기채를 기본으로 하고 첫해 즉 올해는 지출 기부금 1만 6,000원과 면비 2,750원, 합계 1만 8,750원을 지출하는 것으로 하고 있습니다.

5번(야마구치 세이(山口精)) : 지정 기부금을 첫해에 1만 6,000원 계상한 것은 도저히 불가능하지 않나 생각합니다. 따라서 1만 원 기채를 기본으로 하고 6,000원을 기부, 면비에서 2,750원, 합계 1만 8,750원으로 하고, 2년차에는 기채 1만 원, 기부금 5,000원, 면비 3,750원, 합계 1만 8,750원, 3년차에는 1만 5,000원 기채, 3,750원 면비, 합계 1만 8,750원, 4년차에는 1만 5,000원 기채, 3,750원 면비, 합계 1만 8,750원을 지출하면 어떻습니까.

2번(김기정(金淇正)) : 5번 의원의 동의(動議)에 찬성합니다.

(의원들 모두 5번 의원에 찬성)

의장 : 5번 의원의 동의(動議)에 모두 찬성하시니 수정하겠습니다.

의장 : 제1독회와 제2독회가 통과되었으니 제3독회로 넘어가겠습니다.

5번(야마구치 세이(山口精)) : 예산 중 부기(附記)란에서 다소 철저하지 못한 부분이 있는 듯한데 그 정정은 의장에게 일임하니 충분히 유의해서 정정해주십시오.

(각 의원 5번 의원에 찬성)

의장 : 부기(附記)에서 불충분한 부분이 있는 것은 주의해서 정정하고 군청에 진달하도록 하겠습니다. 그러면 이것으로 오늘은 폐회하겠습니다. 그러나 1926년도 추가예산이 아직 남아있으니 내일 오전 10시부터 개회하겠습니다. 모두 출석해주시기 바랍니다.

(오후 6시)

2) 제54회 통영면협의회 회의록(1927년 6월 20일)

항 목	내 용
문 서 제 목	第54回統營面協議會會議錄
회 의 일	19270620
의 장	渡邊直躬(면장),
출 석 의 원	衛藤竹彦(4), 山口精(5), 谷本寅吉(6), 河野峰吉(8), 서정우(徐廷遇)(9), 김재균(金才均)(10), 藤田熊吉(7), 허기엽(許基燁)(1)
결 석 의 원	服部源次郎(11), 김기정(金淇正)(2), 박민홍(朴民洪)(3)
참 여 직 원	
회 의 서 기	
회 의 서 명 자 (검 수 자)	渡邊直躬(면장), 山口精, 藤田熊吉
의 안	1.통영면 특별부과금 부과규정, 2.통영면 수도급수규칙 개정안, 3.1927년도 통영면 세입세출 추가경정예산의 건, 4.선박통과료 징수규정
문서번호(ID)	CJA0002606
철 명	지정면세입세출예산서류철
건 명	지정면추가경정예산보고의건(회의록첨부)
면 수	5
회의록시작페이지	218
회의록끝페이지	222
설 명 문	국가기록원 소장 '지정면세입세출예산서류철', '지정면추가경정예산보고의건(회의록첨부)'에 실려 있는 1927년 6월 20일 제54회 통영면협의회 회의록

해 제

본 회의록(5면)은 국가기록원 소장 '지정면세입세출예산서류철', '지정면추가경정예산보고의건(회의록첨부)'에 실려 있는 1927년 6월 20일 제54회 통영면협의회 회의록이다.

'면에 관한 서류'철의 '수도급수사용료 변경의 건(통영면)- 경상남도 지사 통영면협의회 회의록'(CJA0002679 1153-1158면)에 동일회의록이 있다.

내 용

(상략-편자)

의장 : 개회를 선포합니다. 오늘 협의회를 개최한 이유는 의안을 받아 보신 대로 몇 건이 있는데 우선 첫째로 통영면 특별부과금 부과규 정입니다. 이 건은 올해 5월 5일 제53회 협의회에서 협의를 한 것이 지만 그 내용을 진달한 결과 수정 지시가 있었기 때문에 이번에 다 시 의안을 만들어 여러분께 배부했습니다. 원안을 일단 낭독시키고 여러분에게 수정 요지를 설명 드리겠습니다.

(미우라(三浦) 서기, 낭독하고 요지를 설명함)

의장 : 본안에 대해 충분한 토의를 바랍니다.

8번(가와노 미네키치(河野峰吉)) : 본안에는 대체로 이의가 없습니다.

(전원 찬성)

의장 : 본건에 대해 이의가 없으니 의제로 하고 지금부터 제2독회로 넘어가겠습니다.

5번(야마구치 세이(山口精)) : 본안 제1조부터 제9조까지 총괄해서 협 의하면 좋겠습니다.

다니모토 도라키치(谷本寅吉, 6번)·허기엽(許基燁, 1번) : 5번의 동의 (動議)에 찬성합니다.

(전원 찬성)

의장 : 5번 의원의 동의(動議)에 전원 찬성이니 총괄해서 심의를 바랍

니다.

5번(야마구치 세이(山口精)) : 제2조 부동산 대부업은 아까 미우라(三浦) 서기의 설명처럼, 부동산 중 토지 대부업을 제외한 것이라면 건물 대부에 한정되는 것처럼 생각되는데, 이는 현재 필요 없다고 생각하니 삭제를 바라고, 기타는 전부 원안대로 찬성합니다.

1번(허기엽(許基燁))·8번(가와노 미네키치(河野峰吉)) : 5번 의원의 말에 찬성합니다.

(전원 찬성)

의장 : 5번 의원의 수정설에 전원 찬성하니 부동산 대부업을 제외하고 다른 것은 원안대로 결정하고 제3독회로 넘어가겠습니다.

5번(야마구치 세이(山口精)) : 제3독회는 생략하고 의장에게 일임합니다.

(1번(허기엽(許基燁))·8번(가와노 미네키치(河野峰吉)) 찬성, 전원 찬성)

의장 : 5번 의원의 동의(動議)에 전원 찬성하시니 제3독회를 생략하겠습니다.

의장 : 다음은 수도규칙에 대해 협의를 원합니다. 우선 원안을 낭독시키겠습니다.

(고토(後藤) 기수, 원안을 낭독함)

의장 : 지금 낭독한 것에 대해 충분한 토의를 원합니다.

6번(다니모토 도라키치(谷本寅吉)) : 본건에 대해서는 대체로 이의가 없습니다.

(전원 찬성)

의장 : 본건에 대해 이의가 없으신 듯하니 의제로 하고 제2독회로 넘어가겠습니다.

5번(야마구치 세이(山口精)) : 본안도 조항 심의를 생략하고 전문(全

文)에 걸친 협의를 하고 싶은데 간화회(懇話會)에서 협의했으면 합
니다.

(전원 찬성)

의장 : 5번 의원의 동의(動議)에 대해 전원 찬성이니 간화회로 넘어가
겠습니다.

(오전 11시부터 12시까지)

의장 : 간화회에서 얼마간 의견도 있었던 모양이니 지금부터 본회의
로 넘어가겠습니다.

5번(야마구치 세이(山口精)) : 본건에 대해 이의는 없지만 부산 쪽의
수도규칙과 비교해 다소 차이점이 있다고 생각합니다. 선박용 급수
1m³까지 15전, 1m³가 늘어날 때마다 20전, 5m³까지 3원, 1m³가 증가
할 때마다 50전으로 정정하면 어떨까 생각합니다. 다른 것은 이의
없습니다.

(7번·10번 의원이 5번의 동의(動議)에 찬성, 전원 찬성)

의장 : 5번 의원의 동의(動議)에 전원 찬성하니 제2독회는 통과하고
제3독회로 넘어가겠습니다.

5번(야마구치 세이(山口精)) : 제3독회는 생략하고 의장에게 일임했으
면 합니다.

(4번·6번이 5번 의원의 말에 찬성, 전원 찬성·이의 없음)

의장 : 5번 의원의 말에 전원이 찬성하니 결정하겠습니다. 다음은 1927년
도 통영면 세입출추가경정예산에 대해 협의를 바랍니다. 지금 서기
가 낭독하겠습니다.

(기노시타(木下) 서기, 낭독함)

의장 : 부장(副長)이 설명을 하겠습니다.

5번(야마구치 세이(山口精)) : 대체로 이의가 없습니다.

(전원 찬성)

의장 : 대체적으로 이의가 없으니 제2독회로 넘어가겠습니다.

5번(야마구치 세이(山口精)) : 본건은 제6관 이하 13관까지 총괄해서 심의하고 싶습니다.

(전원 찬성)

의장 : 전원 찬성이니 전부에 걸쳐 심의를 해주셨으면 합니다.

(전원 찬성)

의장 : 전원 찬성이니, 전부에 걸쳐 심의를 원합니다.

6번(다니모토 도라키치(谷本寅吉)) : 전부 이의 없습니다. 원안대로 찬성합니다.

(전원 찬성)

의장 : 전원 찬성이니 결정하겠습니다. 지금부터 제3독회로 넘어가겠습니다.

6번(다니모토 도라키치(谷本寅吉)) : 제3독회를 생략하고 의장에게 일임합니다.

(전원 찬성)

의장 : 전원 찬성이니 제3독회를 생략하고 원안대로 결정하겠습니다.

의장 : 다음은 선박통과료 징수규정에 대해 심의를 원합니다. 서기가 낭독하겠습니다.

(기노시타(木下) 서기 낭독)

의장 : 본건에 대해 토의를 원합니다.

5번(야마구치 세이(山口精)) : 본건은 아직 협의할 시기가 아니라는 느낌이 있습니다. 기부금 모집 등의 선결문제가 있고 우선 사업 진척과 함께 구체안을 작성하여 협의회에 부쳐도 늦지 않다고 생각합니다. 본 문제는 부결을 바랍니다.

(1번, 10번 의원이 5번 의원 설에 찬성. 전원 찬성)

의장 : 이 문제는 5번 의원의 동의(動議)에 전원이 찬성하니 부결하겠습니다.

의장 : 오늘은 이것으로 폐회하겠습니다.

(오후 2시)

3) 제57회 통영면협의회 회의록(1927년 10월 14일)

항 목	내 용
문 서 제 목	第五十七回統營面協議會會議錄
회 의 일	19271014
의 장	渡邊直躬(면장)
출 석 의 원	山口精(5), 河野峯吉(8), 衛藤竹彦(4), 藤田熊吉(7), 谷本寅吉(6), 김재균(金才均)(10), 박민홍(朴民洪)(3), 허기엽(許基燁)(1)
결 석 의 원	服部源次郎(11)
참 여 직 원	
회 의 서 기	
회 의 서 명 자 (검 수 자)	渡邊直躬(면장), 山口精(5), 河野峯吉(8)
의 안	목면 시장 건축물에 관한 건 차입금 보조인가 신청의 건
문서번호(ID)	CJA0002681
철 명	면에관한서류
건 명	경남통영군통영면면차입금의건(회의록첨부)
면 수	3
회의록시작페이지	868
회의록끝페이지	870
설 명 문	국가기록원 소장 '면에 관한 서류'에 포함된 1927년 10월 14일 통영면협의회 회의록

해 제

　본 회의록(총 3면)은 국가기록원 소장 '면에 관한 서류'의 '경남 통영 군 통영면 면 차입금의 건(회의록 첨부)'에 포함된 1927년 10월 14일 통영면협의회 회의록이다. '태합굴착국고보조공사의건철'(CJA0013799) 의 '태합굴굴착공사의건'496~498쪽에 동일회의록이 있다. 목면시장 매점 건축 문제와 태합굴 공사 차입금 보조 신청을 논의하고 있다. 태합굴 공사를 위해 면비에서 내야 할 돈 5만 원에 대해 면은 차입금을 신청하면서, 선박이 통항할 때 내는 통과료를 징수하여 채무 상환 재원으로 쓰겠다고 했으나 반려되었다. 사업 주체가 면이 아니고 도(道)이므로 통과료 징수를 면이 할 수 없으며 면은 지방비 보조를 신청하는게 맞다는 이유이다. 이 지방비 보조 신청 건은 이의 없이 만장일치로 통과되었다.

내 용

1927년 10월 14일 오전 9시부터 통영면사무소 회의실에서 협의회를 열다.

1. 자문사항 : (1) 목면 시장 건축물에 관한 건 (2) 차입금 보조인가 신청의 건
2. 출석자 : (중략·편자)

의장 : 개회를 선포합니다. 오늘 협의할 것은 두 가지 문제인데 목면 시장에 매점 건축을 하는 건과 태합굴 운하 차입금 보조 신청 건입니다. 첫 번째 목면시장에 매점 건축의 건은 최근 상무회(商務會) 사람이 건축하여 기부를 하고 싶다고 신청한 것도 있지만 다소 폐해도 따를 것이라서 이를 폐지하고, 면 경영으로서 건축하여 대여하는 것이 낫다고 의견이 일치하여 그 내용으로 상담을 했는데 이해를 얻었습니다. 별지 평면도와 같이 매점은 19간이고 약 2,750원 정도의 견적서가 나와 있습니다.[46] 그리고 그 돈은, 올해부터 4개년간은 태합굴 공사 기부의 의무비 때문에 세입에 여유가 없으므로

어쩔 수 없이 식산은행으로부터 차입하여 건축하고, 임대료를 징수하여 상환하는 방법을 쓰면 5개년 정도로 상환이 가능하다고 생각합니다. 임대료는 양쪽 3개 곳은 1개월 6원, 다른 곳은 5원 정도로 예상하고 있습니다. 별지 평면도 및 견적서를 일람하고 의견을 주시기 바랍니다.

5번(야마구치 세이(山口精)) : 본건은 지난번 협의회에서도 한번 이야기한 것이라서 본 면의 재원으로 된 것이고 그 취지가 승인된 것이니 건축하는 것에 찬성합니다.

8번(고노 미네키치(河野峯吉)) : 저도 건축에 대해서는 이의가 없습니다. 임대료 등에 대해서는 건축 후 다시 상의할 때가 있으리라 생각합니다.

(전원 이의 없음, 찬성)

의장 : 전원 찬성이니 면채(面債)를 일으키고 건축하기로 인가 신청 수속을 하겠습니다.

의장 : 그리고 태합굴 운하 공사의 기부금 5만 원 차입금 인가신청을 제출했지만 서류가 반려되었습니다. 그 이유는 통과료(通過料)는 우리 면이 채무 상환 재원으로서 징수하는 것으로 인가신청을 제출하였지만, 이는 사업 주체가 면이 아니므로 인정하기 어렵고 상환 재원으로서는 도에서 징수하고 면은 지방비 보조를 바라는 게 옳다는 의미입니다. 우리 면으로서는 매우 좋은 상황이라고 생각합니다. 여하튼 차입의 명의는 우리 면에 있지만 10년째에는 자연히 소멸하는 모양이 되기 때문입니다.

---

46) 동일 회의록이 있는 '태합굴착국고보조공사의건철'(CJA0013799)의 '태합굴굴착공사의건' 496쪽에서는 매점이 20간, 3,750원의 견적서로 표기되어 있다.

4번(에토 다케히코(衛藤竹彦)) : 우리 면으로서는 통과료를 징수하여 채무 변제를 하면 매우 복잡하지만 지방비 보조로 반환하는 것이라면 그 이상 좋은 일이 없다고 생각합니다. 이대로 보조 신청하길 바랍니다.

8번(가와노 미네키치(河野峰吉)) : 4번 의원 말에 찬성하고 이의 없습니다.

(전원 찬성, 이의 없음)

의장 : 전원 찬성이니 지방비 보조신청을 하겠습니다. 오늘은 이것으로 폐회하겠습니다.

(오전 11시)

4) 제62회 통영면협의회 회의록(1928년 3월 28일)

항 목	내 용
문 서 제 목	第六十二回統營面協議會會議錄
회 의 일	19280328
의 장	渡邊直躬(면장)
출 석 의 원	허기엽(許基燁)(1), 박민홍(朴民洪)(3), 衛藤竹彦(4), 김재균(金才均)(10), 서정우(徐廷遇)(9), 谷本寅吉(6)
결 석 의 원	藤田熊吉(7), 服部源次郎(11), 河野峯吉(8), 山口精(5)
참 여 직 원	
회 의 서 기	
회 의 서 명 자 (검 수 자)	渡邊直躬(면장), 衛藤竹彦(4), 김재균(金才均)(10)
의 안	소화3년도 세입출 예산에 관한 건
문서번호(ID)	CJA0002657
철 명	지정면예산서(경북경남황해평남평북)
건 명	지정면예산보고의건(통영면)(통영면협의회회의록첨부)
면 수	5
회의록시작페이지	298
회의록끝페이지	302
설 명 문	국가기록원 소장 '지정면 예산서(경북경남황해평남평북)'에 포함된 1928년 3월 28일 통영면협의회 회의록

해 제

본 회의록(총 5면)은 국가기록원 소장 '지정면 예산서(경북경남황해평남평북)'의 '지정면 예산보고의 건(통영면)(통영면협의회회의록첨부)'에 포함된 1928년 3월 28일 통영면협의회 회의록이다.

내 용

의장 : 개회를 선포합니다. 오늘 협의회를 연 것은 얼마 전 의안을 드린 바와 같이 1928년도 세입출예산 건입니다. 대체적으로 1927년도와 큰 차이는 없습니다. 지금 낭독하겠습니다.

(부장(副長) 김지옥(金址沃), 낭독하고 설명함)

4번(에토 다케히코(衛藤竹彦)) : 제2독회로 넘어갔으면 합니다.

(전원 "찬성")

의장 : 제1독회는 여러분의 찬성에 의해 예산 가결하고 제2독회로 넘어가겠습니다. 세출 제1관에 대해 심의를 바랍니다.

1번(허기엽(許基燁)) : 제1관 이하 전반에 걸쳐 심의했으면 합니다.

(전원 "찬성")

의장 : 1번 의원의 동의(動議)에 모두 찬성하시니 세출 전반에 걸쳐 심의를 바랍니다.

4번(에토 다케히코(衛藤竹彦)) : 면서기 증원 건에 대해서는 1927년도 예산에서 협정한 바 있는데 올해에 또 계상한 것은 무슨 이유입니까.

번외 부장(副長) : 본건은 1927년도에도 계상했지만 인가가 나지 않아서 계속 올해에도 계상한 것입니다.

4번(에토 다케히코(衛藤竹彦)) : 연공가봉(年功加俸)을 계상했는데 1927년도에는 보이지 않는데 왜입니까.

번외 부장(副長) : 1927년도까지는 연공가봉을 바라는 자가 없었는데 작년 6월 30일부터 면장 및 서기에 대해 급여되면서부터 경정한 것입니다. 그래서 올해 예산에 계상했습니다.

10번(김재균(金才均)) : 면서기 증원은 필요하지 않다고 생각합니다.

지금 인원으로 충분하다고 생각합니다.

4번(에토 다케히코(衛藤竹彦)): 저는 10번 의원 말에 절대 반대합니다. 현재 상황을 보면 사무는 계속 증가하고 과세 징수도 자연히 늦어지고 있습니다. 특히 태합굴 굴착공사로 더 복잡할 수밖에 없으므로 원안대로 1명 증원이 필요하다고 생각합니다. 또 제3관 토목비로 1,200원 계상했는데 통영시의 도로는 어디나 조악하다는 점은 누구나 아는 바입니다. 특히 길야정(吉野町) 복부상점(腹部商店) 앞부터 매립지에 이르는 도로는 매우 조악합니다. 비가 내리면 통행이 불가능할 정도입니다. 이 도로에는 제1착으로 시구개정을 하자는 논의가 있었는데 어떻게 되어가고 있습니까?

의장 : 질문하신 토목비도 태합굴 기부금 때문에 거의 여유가 없어서 계상이 불가능합니다. 또 복부상점 앞부터 매립지에 이르는 도로는 개수하자는 논의가 있었지만 승낙하지 않는 사람도 있어서 일단 진행되지 않고 있습니다. 이를 강제하려면 토지수용법에 의하는 것 외에는 없습니다. 소액의 돈으로는 개정이 불가능하므로 본년도에는 급한 개수를 하는 수밖에 없다고 생각합니다.

1번(허기엽(許基燁)) : 토목비 계상이 매우 적다고 생각합니다. 신정(新町)의 아침시장으로 가는 도로가 매우 조악하여 도저히 시가지 도로로 보이지 않습니다. 예비비 내에서 200원을 나누어 토목비로 조입하자는 동의(動議)를 제출합니다.

(전원 "찬성")

의장 : 1번 의원에게 모두 찬성하시니 예비비 내에서 금 200원을 토목비에 계상하는 것으로 결정하겠습니다.

10번(김재균(金才均)) : 토목비는 일반도로 수리비인데 등외도로도 수리비를 계상해주십시오.

의장 : 일반도로는 등외도로입니다. 일반도로를 등외도로로 바꾸어도 좋습니다.

10번(김재균(金才均)) : 원안대로 찬성하고 이의 없습니다.

(전원 "이의 없음, 찬성")

의장 : 전원 찬성하시니 예비비 중 200원을 토목비로 조상(操上)하고 다른 것은 전부 원안대로 결정하겠습니다.

의장 : 세입 제1관에 대해 심의를 바랍니다.

1번(허기엽(許基燁)) : 제1관부터 이하 전체에 대해 심의하길 바랍니다.

(전원 "찬성")

의장 : 모두 찬성하시니 전체에 걸쳐 심의를 해주시기 바랍니다.

1번(허기엽(許基燁)) : 세입에 대해서는 원안에 찬성하고 이의 없습니다.

(전원 "이의 없음, 원안 찬성")

의장 : 세입에 대해서는 원안대로 모두 찬성하시니 결정하겠습니다. 그러면 제3독회로 넘어가겠습니다.

4번(에토 다케히코(衛藤竹彦)) : 제3독회는 의장에게 일임하겠습니다.

(전원 "찬성")

의장 : 그러면 원안에서 불비한 점으로 가봉 부분을 정정하고 그 내용으로 진달하겠습니다. 오늘은 이것으로 폐회하겠습니다.

(오후 4시 10분)

5) 제64회 통영면협의회 회의록(1928년 8월 27일)

항 목	내 용
문 서 제 목	第六十四回統營面協議會會議錄
회 의 일	19280827
의 장	渡邊直躬(면장)
출 석 의 원	허기엽(許基燁)(1), 谷本寅吉(6), 藤田熊吉(7), 河野峯吉(8), 서정우(徐廷遇)(9), 김재균(金才均)(10)
결 석 의 원	山口精(5), 박민홍(朴民洪)(3), 衛藤竹彦(4), 服部源次郎(11)
참 여 직 원	김지옥(金址沃)(부면장)
회 의 서 기	桑原武雄
회 의 서 명 자 (검 수 자)	渡邊直躬(면장), 河野峯吉(8), 허기엽(許基燁)(1)
의 안	吉野町 시구개정의 건 소화3년도 통영면 세입출 추가예산의 건
문서번호(ID)	CJA0002657
철 명	지정면예산서(경북경남황해평남평북)
건 명	지정면예산보고의건(통영면)(통영면협의회회의록첨부)
면 수	3
회의록시작페이지	307
회의록끝페이지	309
설 명 문	국가기록원 소장 '지정면 예산서(경북경남황해평남평북)'에 포함된 1928년 8월 27일 통영면협의회 회의록

해 제

본 회의록(총 3면)은 국가기록원 소장 '지정면 예산서(경북경남황해평남평북)'의 '지정면 예산보고의 건(통영면)(통영면협의회회의록첨부)'에 포함된 1928년 8월 27일 통영면협의회 회의록이다.

내 용

1928년 8월 26일 오전 11시부터 통영면사무소 회의실에서 협의회를 열다.

자문사항 : 제1호 의안 - 길야정(吉野町) 시구개정의 건, 제2호 의안 - 1928도 통영면 세입출 추가예산의 건

(중략-편자)

의장은 개회를 선포하고, 제1호 의안을 부의하여 다음의 설명을 함.

의장 : 7월 4일 서면결의를 거친 시가지 조성은 대구부 이케다 스케타다(池田左忠)에게 실행시켰는데, 시가지에 유곽이 인접하고 동충(東忠)곶 신시가지의 구획은 협소할뿐더러 지세의 요철이 심하여 난잡하고 시가지의 체재가 되어 있지 않습니다. 그래서 시가지를 균등하게 하기 위해 받아보신 지도처럼 시구를 개정하려는 것입니다. 충분히 협의해주시길 바랍니다.

6번(다니모토 도라키치(谷本寅吉)) : 이를 개정하려면 어떤 방법으로 시행합니까. 또 그 재원 등에 대해 듣고 싶습니다.

번외 : 이미 아시는 바와 같이 새로 재원을 염출하여 실시하는 것이 아니라 이케다 스케타다(池田左忠)가 해당 관유지 불하 후 공사에 착수하고 동시에 도로와 배수 시설을 조성하는 것이라서 면에서는 이케다 스케타다(池田左忠)의 민유지 매상 때 원조를 주기로 한 것입니다.

의장 : 본건은 상당히 중요한 사항이므로 잠시 휴식하면서 충분히 말씀을 나누시기 바랍니다.

의장 : 지금부터 회의를 열겠습니다.

6번(다니모토 도라키치(谷本寅吉)) : 이 지도에서 1,2의 선은 별로 필요가 없습니다. 3의 선은 비교적 큰 건축물이 있으므로 이들 3선을 폐지하고 새로 (2)의 선을 만들어 실행하길 바랍니다.

7번(후지타 구마키치((藤田熊吉)) : 6번 의원의 수정설에 찬성합니다.

("찬성"이라고 말하는 자 다수)

의장 : 6번 의원의 수정설에 다수 찬성하시는데 이의 없습니까.

("이의 없음"이라고 말하는 자 다수)

의장 : 전원이 수정설에 찬성하시니 수정을 요구하시는 대로 결정하겠습니다.

의장 : 다음 제2호 의안 1928년도 통영면 세입출추가예산에 대해 협의를 바랍니다. 지금 낭독하겠습니다.

(서기 구와바라 다케오(桑原武雄), 낭독함)

부장(副長) 김지옥(金址沃) : 설명을 드리겠으니 승인을 원합니다. 세출에서 서기 3명이 퇴직했는데 1명분은 이미 정한 예산에 계상되어 있지만 2명분이 부족하기 때문에 2명 46원의 추가가 필요합니다. 세입 영업세할에서 1,710원의 본세 증가에 대해서, 1원 당 50전의 부과율로 855원의 증수가 되므로, 잡급 추가 246원을 공제한 잉여 609원은 예비비로 조입할 예정입니다.

8번(고노 미네키치(河野峯吉)) : 본건은 단순히 예산 추가가 필요한 것이니 별다른 의견 없습니다.

(전원 "이의 없음")

의장 : 그러면 원안대로 결정하고 수속을 진행하겠습니다. 오늘은 이것으로 폐회하겠습니다.

(오후 1시)

6) 제64회 통영면협의회 회의록(1928년 11월 1일)

항 목	내 용
문 서 제 목	第六十四回統營面協議會會議錄
회 의 일	19281101
의 장	渡邊直躬(면장)
출 석 의 원	衛藤竹彦(4), 山口精(5), 谷本寅吉(6), 藤田熊吉(7), 河野峯吉(8), 서정우(徐廷遇)(9), 박민홍(朴民洪)(3)
결 석 의 원	허기엽(許基燁)(1), 김재균(金才均)(10)
참 여 직 원	
회 의 서 기	
회 의 서 명 자 (검 수 자)	渡邊直躬(면장), 谷本寅吉(6), 서정우(徐廷遇)(9)
의 안	소화3년도 통영면 세입출 추가 예산의 건 영조물 건설의 건
문서번호(ID)	CJA0002657
철 명	지정면예산서(경북경남황해평남평북)
건 명	지정면예산보고의건(통영면)(통영면협의회회의록첨부)
면 수	3
회의록시작페이지	318
회의록끝페이지	320
설 명 문	국가기록원 소장 '지정면 예산서(경북경남황해평남평북)'에 포함된 1928년 11월 1일 통영면협의회 회의록

해 제

본 회의록(총 3면)은 국가기록원 소장 '지정면 예산서(경북경남황해평남평북)'의 '지정면 예산 보고의 건(통영면)(통영면협의회회의록첨부)'에 포함된 1928년 11월 1일 통영면협의회 회의록이다.

내 용

1928년 11월 1일 오후 2시부터 통영면사무소 회의실에서 통영면협의회를 열다.

자문사항 : 1. 소화3년도 통영면 세입출 추가 예산의 건 2.영조물 건설의 건

출석의원 : (중략-편자)

의장은 개회를 선포하고 제1호의안 1928년도 통영면 추가예산 건을 부의한다고 고함. 면서기 구와바라 다케오(桑原武雄)가 해당 추가예산표를 낭독하고 다음 설명을 함.

서기 구와바라 다케오(桑原武雄) : 태합굴 굴착공사비 기부는 1928년도를 첫해로 하여 1931년도까지 기부하는 것으로 원서를 냈는데, 도청으로부터 1927년도까지와 1928년도분을 합해서 본년도에 기부하고 1930년도까지 기부를 끝내라고 통지가 있었습니다. 즉 본년도 기부액은 3만 7,500원이 됩니다. 그 중 2만 원은 이미 차입 인가가 완료되었습니다. 면비에서 지출할 부분도 별로 큰 문제 없습니다. 1만 1,000원 기부금에 대해서는 당연히 노력이 필요한데, 본년도에 3만 7,500원을 기부하는 것에 대해 의견을 말씀해주십시오.

8번(고노 미네키치(河野峯吉)) : 본건에 대해서는 이의가 없는데, 1만 1,000원 기부모집은 현재 상태로는 곤란하다고 생각합니다. 어디까지 모집을 수행하실 의향입니까?

의장 : 질문하신 건에 대해서는 충분히 연구한 후 다시 협의할 생각입니다.

5번(야마구치 세이(山口精)) : 원안대로 이의 없습니다.

(전원 "이의 없음")

의장 : 이의 없으시니 원안대로 결정합니다.

의장 : 다음은 영조물 건축 건인데, 핫토리 마쓰야(服部益也) 씨가 기부 신청한 재장(齋場)의 재료와 금 500원으로써 화장장에 재장을 건설하는 것에 대해 의견을 말씀해주십시오.

8번(고노 미네키치(河野峯吉)): 건설에 대해서는 이의 없습니다. 가급적 완전하게 건설하도록 연구해주시기 바랍니다.

(전원 "이의 없음")

의장 : 이의 없으시니 건설하는 것으로 결정합니다.

의장 : 고(故) 핫토리 겐지로(服部源次郎) 씨의 사거에 대해서는 면민을 대표하여 조전(弔電)을 타전해두었습니다. 그리고 핫토리 마쓰야(服部益也) 씨가 고 핫토리 겐지로(服部源次郎) 씨의 유지에 의해 우리 면 소방조에 500원, 화장장 건설비로서 500원, 공원 건설비로서 500원 외 재장(齋場)에 사용할 재료를 기증했습니다. 공원 건설비는 당분간 보류하는 것으로 하고 다른 것은 예산에 계상할 생각이므로 알려드립니다.

의장 : 오늘은 이걸로 폐회하겠습니다.

(오후 3시 40분)

7) 제65회 통영면협의회 회의록(1929년 1월 28일)

항 목	내 용
문 서 제 목	第六十五回統營面協議會會議錄
회 의 일	19290128
의 장	渡邊直躬(면장)
출 석 의 원	허기엽(許基燁)(1), 衛藤竹彦(4), 山口精(5), 谷本寅吉(6), 藤田熊吉(7), 河野峯吉(8)
결 석 의 원	박민홍(朴民洪)(3), 서정우(徐廷遇)(9), 김재균(金才均)(10)
참 여 직 원	김지옥(金址沃)(부면장)
회 의 서 기	
회 의 서 명 자 (검 수 자)	
의 안	소화3년도 통영면 세입출 추가 경정 예산 및 차입금에 관한 건
문서번호(ID)	CJA0002657
철 명	지정면예산서(경북경남황해평남평북)
건 명	지정면예산보고의건(통영면)(통영면협의회회의록첨부)
면 수	3
회의록시작페이지	328
회의록끝페이지	330
설 명 문	국가기록원 소장 '지정면 예산서(경북경남황해평남평북)'에 포함된 1929년 1월 28일 통영면협의회 회의록

해 제

본 회의록(총 3면)은 국가기록원 소장 '지정면 예산서(경북경남황해평남평북)'의 '지정면 예산 보고의 건(통영면)(통영면협의회회의록첨부)'에 포함된 1929년 1월 28일 통영면협의회 회의록이다. 태합굴공사를 위한 면의 기부금 모집이 거의 진전되지 않아 다시 차입금을 쓰기로 하고 그 상환 방법에 대해 논의하고 있다.

내 용

1929년 1월 28일 오후 2시부터 통영면사무소 회의실에서 통영면협의회를 열다.

1. 자문사항 : 1928년도 통영면 세입출 추가 경정 예산 및 차입금에 관한 건

1. 출석의원 : (중략-편자)

의장 : 개회를 선포함. 1928년도 통영면 세입출예산 추가경정 및 차입금에 관한 건을 부의하는 뜻을 고함. 면서기 구와바라 다케오(桑原武雄)가 해당 예산서를 낭독하고 다음 설명을 함.

면서기 구와바라 다케오(桑原武雄) : 태합굴 지정기부금은 최근에 1927년도 분을 추가하여 1만 1,000원으로 경정하고 작년 1928년 가을에 완료할 계획이었는데 불황과 가뭄 때문에 거의 진척되지 못하고, 할당액 1만 261원에 대해 7,400원의 신청이 있었는데 실수령액은 겨우 1,992원 50전입니다. 예정액의 5분의 1에도 미치지 못하는 상황으로 도저히 예측 불가능합니다. 지금 차입금으로써 본년도 말까지 지방비로 기부하고 차년도부터 10개년간 상환하는 것으로 하면 아주 어렵지는 않으리라 생각합니다. 그 재원은 현재 영업세할만이 5할을 부과할 여유가 있지만 오로지 경상비를 절약해서 상환할 예정입니다. 그 방법으로 별도의 면채를 일으키는 것입니다. 이미 받은 기부금은 반환할 예정입니다.

또 하나는 잡급의 위로금 중에서 면 고용인 급료로 충당하기 위해 150원을 유용하고자 하는데 찬성을 원합니다.

6번(다니모토 도라키치(谷本寅吉)) : 지금 설명에 의해 대체적으로 알겠

습니다만, 여하튼 기부 예정이 없다면 차입금에 의하는 수밖에는 방법이 없습니다. 그 상환 재원은 영업세할을 증징해서 마련한다는 듯한데, 이 기부금을 영업자에게서만 징수하는 것은 공평하지 않습니다. 현재 영업자는 본세의 고율에 대해 불평을 품고 있는 상황입니다. 많이 연구하셨겠지만 다른 방법은 없는지 고려를 부탁드립니다.

의장 : 본안에 대해서는 대단히 고심을 했지만 이 외에 제한외부과(制限外賦課)를 하는 길이 있는데 그것은 어쩔 수 없는 경우, 즉 경비를 극도로 감축하고 모든 부과가 극한에 달해있는 때가 아니라면 인가할 수 없습니다. 여러 연구도 하고 당국의 의향도 물어보았는데, 공평하게 부과하는 것은 물론 우리도 바라는 바입니다. 영업세만 직접적으로 기부금으로 충당하는 식인데 일반 경상비에서 나오는 것이므로 경비를 절감하고, 부족분이 생길 때에는 영업세할을 증징하는 외에 방법이 없습니다.

6번(다니모토 도라키치(谷本寅吉)) : 조선인 측이 기부하도록 지금 일단 노력해보면 어떻습니까.

번외 : 기부 신청자들은 대부분이 현금이 없어서 거의 불가능한 상태입니다.

의장 : 일본인 측이 이미 신청한 부분도 전부 완결되지 않으면 출금할 수 없는 자가 다수이므로 도저히 불가능합니다.

6번(다니모토 도라키치(谷本寅吉)) : 면경비 절약은 가능성이 없습니까. 현재 인건비 등을 줄이는 것은 불가능하다고 생각됩니다.

의장 : 1929년도 예산에서 가능한 절약할 수밖에 없다고 생각합니다.

4번(에토 다케히코(衛藤竹彦)) : 차입금은 변동될 수 없는 것이므로 신년도 예산 편성 때 충분히 절약하는 것으로 하고, 상환에 대해서는 신년도 예산편성 때 연구 토의할 기회가 있으니 본안에 찬성합니다.

(전원 "찬성"이라고 말함)

의장 : 전원 찬성이니 본안대로 예산을 추가경정하고 상환재원에 대
　　해서는 1929년도 예산 편성 때 충분히 토의하는 것으로 하겠습니다.

8) 제78회 통영면협의회 회의록(1931년 3월 7일)

항 목	내 용
문 서 제 목	第七十八回統營面協議會會議錄寫
회 의 일	19310307
의 장	山口精(면장)
출 석 의 원	김혁구(金爀求)(1), 송병문(宋秉文)(4), 백덕희(白德熙)(5), 松浦喜作(6), 藤田熊吉(7), 河野峰吉(8), 谷本寅吉(9), 齋藤寅之助(10), 衛藤竹彦(11)
결 석 의 원	강상영(姜祥榮)(2), 김영태(金永台)(3), 鴨谷陸太郎(12)
참 여 직 원	고보윤(高寶潤)(부장(副長)), 桑原武雄(서기), 若竹繁(서기), 小林富三(기수), 瀨間平八郎(서기), 佐藤德重(조선총독부 군수), 이수종(李秀宗)(조선총독부 군속)
회 의 서 기	
회 의 서 명 자 (검 수 자)	
의 안	자문안 1호 통영운하 해저도로 축조 건, 2호 통영운하 해저도로 축조공사비 차입 건, 3호 통영운하 해저도로 축조에 대한 사무비 및 공사 감독비를 도지방비에 기부하는 건, 4호 통영운하 해저도로 축조공사비 분담에 대해 산양면과 계약 체결 건, 5호 통영면 특별부과금 부과규정 중 개정 건
문서번호(I D)	CJA0015458
철 명	국고보조태합굴해저도로공사준공건(제1차궁민구제사업)(경남)
건 명	통영읍운하해저도로축조공사비기채의건(회의록)
면 수	7
회의록시작페이지	493
회의록끝페이지	499
설 명 문	국가기록원 소장 '국고보조태합굴해저도로공사준공건(제1차궁민구제사업)(경남)'철에 포함된 1931년 3월 7일 통영면협의회 회의록

해 제

본 회의록(총 7면)은 국가기록원 소장 '국고보조태합굴해저도로공사 준공건(제1차궁민구제사업)(경남)'철의 '통영읍운하해저도로축조공사비 기채의건(회의록)'에 포함된 1931년 3월 7일 통영면협의회 회의록이다.

내 용

의장 : 지금부터 개회하겠습니다. 오늘 협의사항은 며칠 전 도(道)에 서 결정한 것인데 예산 편성 상황도 있어서 특별히 급하게 본회를 개최한 것입니다. 2,3년 전부터 현안이던 통영운하 해저도로 축조 문제는 작년 말 총독부에 진정하고 올해 양해를 얻어 국비 6만 원, 지방비 2만 원 보조가 결정되었습니다. 그 후 사토 도쿠시게(佐藤德 重) 군수가 노력하셔서 도청과 두세 번 절충을 했는데 쉽게 결정되 지 못하고, 마지막으로 이번 달에 군수가 도에 가서 부담 관계, 공 사시행 주체, 산양면과의 경비 분담 등을 결정했습니다.

그리고 총독부와 도에서는 사회정책상 교통료를 취하는 것은 불가 하다는 의견입니다. 또 우리 면의 현재 상황은 시민이 상당한 부담 을 지고 있어서 더 이상 부과하지 않는 방침으로 나아간 결과 지금 배부된 안을 만든 것입니다. 이 안은 오늘 아침에 만든 것이라서 이 전에 배부해 드릴 수가 없었습니다. 이 점을 양해해주시기 바랍니다.

11번(에토 다케히코(衛藤竹彦)) : 잠시 휴식을 하며 연구하고 싶습니다.

("찬성 찬성")

의장 : 11번의 휴식 동의(動議)에 다수 찬성하시니 잠시 휴식하면서 충분히 심의하시길 바랍니다.

(이때 약 2시간 반 휴식하며 간담회 식으로 질문 응답을 하고 양해를 얻기 위해 힘쓴다.)

의장 : 회의를 계속하겠습니다. 장시간에 걸쳐 간담도 했으니 양해하셨으리라 생각합니다. 1호안부터 4호안까지는 모두 관련이 있으니 일괄해서 부의하겠습니다.

10번(사이토 도라노스케(齋藤寅之助)) : 이 기회를 놓치면 불가능한 것이니까 장래 대통영 건설을 위해 원안에 찬성합니다.

7번(후지타 구마키치((藤田熊吉)) : 원안에 찬성합니다.

6번(마쓰우라 기사쿠((松浦喜作)) : 원안에 찬성합니다.

4번(송병문(宋秉文)) : 원안에 찬성합니다.

9번(다니모토 도라키치(谷本寅吉)) : 저는 물론 원안에 찬성합니다만, 그 전에 한마디 희망을 말하고자 합니다. 이 사업이 잘되어야 하는 것은 말할 것도 없습니다만, 본안을 보면 중요한 임무를 담당한 군과 면 당국이 매우 노력했다고 생각합니다. 제가 휴식 중에 말한 것은, 사업 그 자체에 반대하는 것이 아니라, 해저도로 최초 계획에 비해 경비 부담 방법이 원안과 다르다는 것입니다. 즉 시민대회 때, 공비는 전부 교통료로써 기채 상환에 충당하기로 하고 시민에게는 한푼도 부담시키지 않는다는 언명이 있었습니다. 그런데 본안에 의하면, 금후 20년간 특별부과 외 매년 3,750원을 부담해야 한다는 점입니다. 금후 이러한 중대 문제는 며칠 전에 제안 또는 간담해주시길 원합니다. 그러나 이 좋은 기회를 놓치면 안되니 원안에 찬성합니다.

11번(에토 다케히코(衛藤竹彦)) : 사업에 대해서는 9번과 같이 찬성합니다. 다만, 면 당국에서는 본건 이외에 수도 확장 등 여러 긴급한 사업이 많은데, 지금 보조를 얻지 못해서 착수할 수 없는 사업에도,

이 지하도 문제와 마찬가지로 열심히 노력해주시길 바랍니다.

8번(고노 미네키치(河野峯吉)) : 본안은 지금까지 우리가 예상하고 있었던 부담 방법과는 근본적으로 차이가 있지만, 긴급한 상황이니까 원안에 찬성합니다.

의장 : 제2호 의안은 통영운하공사비 기부금으로서 종래 부담한 3,750원을 계속 이어 해저도로 축조비 기채상환금으로서 이후 20년간 부담하는 것인데 현재 내만(內灣) 준설공사 기채상환비 1,780여 원은 본년도에 완료하고, 기타 통영운하공사 기채상환비는 1932년도 이후에는 선박 교통료를 징수하여 전부 지방비 지변으로 옮기는 것이므로, 장래 우리 면의 재정상 경리에 힘든 점은 단연코 없다고 확신합니다.

5번(백덕희(白德熙)) : 원안에 찬성합니다.

1번(김혁구(金爀求)) : 8번 의원의 말에 동의합니다.

("독회 생략"이라는 소리 들림)

의장 : 전원 찬성이고 또 충분히 질문 심의했으니 독회를 생략하고 1호부터 4호까지 일괄해서 원안대로 결정하겠습니다.

("찬성 찬성")

의장 : 다음은 제5호안인데, 번외 구와바라 다케오(桑原武雄) 재무주임이 상세히 설명 드리겠습니다. (하략-편자)

김윤정

전북대학교 고려인연구센터 학술연구교수

숙명여자대학교 문학박사. 주요 논저로 「1920년대 조선 사회주의 정치세력의 의회정치와 '지방의회' 인식」(『사림』 69, 2019), 「일본 제국/식민지 체제와 전체주의 담론의 긴장: 『조광』의 텍스트를 중심으로」(『역사연구』 47, 2023) 등이 있다.